羅振玉 著
羅繼祖 主編
王同策 副主編

羅振玉學術論著集

第七集

張中澍 陳維禮 羅繼祖 王同策 整理

第七集目次

雪堂藏古器物目録

予冠歲即好蓄古器物，積四十年，始爲之《簿録》。約爲四類：曰金，曰石，曰陶，曰雜器。都計其數，得二千有奇，而歷代泉幣及歷代私印、明器中之人畜車馬、田宅井竈，以數繁不與。殷墟甲骨不可數計，亦不與焉。集録既竟，爰書其端曰：

古器物之學，蓋萌芽於漢京。其事散見於《史記·封禪書》、《漢書·郊祀志》、《律曆志》，歷魏、晉以逮隋、唐。若魏大和中魯地得齊大夫子尾送女器之犧尊，王肅據以訂康成「畫鳳皇羽婆娑然」之誤，見《毛詩·閟宫》疏又晉永嘉時，曹嶷於青州發齊景公冢，得犧尊，亦爲牛形，見《南史》。〔一〕顔之推據秦鐵權銘「丞相狀綰」，訂《史記》「隗林」之非，見《家訓·書證篇》。後魏景明中，并州人王顯達獻新莽權銘八十一字，見《隋書·律曆志》亦見《魏書·宗室元匡傳》。苻堅得魯襄公鼎，見《高僧傳》道《安傳》。齊始興王蕭鑑督益州，于州園古冢得銅器、古璧及金銀爲蠶蛇形者數斗。又廣漢什邡人段祖獻淳于於鑑，並見《南史·齊高帝諸子傳》淳于，亦見《隋書·斛斯徵傳》。唐上元三年，楚州刺史崔侁獻定國寶玉十三枚，見《舊唐書·肅宗紀》。此均古器物之見載籍者。

其蒐集古器物，始於梁之劉之遴；而輯古器物文字、圖像爲專書，則始於天水之世。宋代著録彝器之外，凡任器，若釜、甑、燈、錠、匳、鑑之類，微論有文字與否，悉圖寫其狀，詳記其所出之地、藏器之人與重量、尺寸，其法頗備。至我朝，斯學益盛。然不免重文字而略圖像，貴鼎彝而忽任器，似轉遜於前世。及百年以來，乃始擴其範圍，若古器物範，若封泥，若餅金，若三代陶登、陶量，若範金、陶土之梵象，皆前人所未見。而近三十年來，若明器，若珧骨、犀象、彫鏤諸器，若殷墟甲骨，若竹木諸器，則又道、咸諸賢所不及見也。其據古器物以考古制，若程易疇先生之於考工，若吴清卿中丞之於古權衡、度量及古玉瑞，並精邃過於前人，實爲斯學之中興。

兹録所載，凡前賢所未見，固不僅明器、甲骨、竹木已也。若有文字之矢族、馬銜，三代之弩機，周秦之符，周漢之權、彝器、機輪，斧弩之範、門關之籥、兵器之蒺藜之類，不可具述。而尤關考證者，於戈戟之鐏鐓，可訂鄭注「凡矜八觚」之誤。於古貝分天生與珧製、玉製、石製、骨製、銅製，可驗用貝之先後沿革；於殷墟小圓貝，知爲圓錢之濫觴；於古勺，知有受一升及不及一升之差；於古石磬，知程氏「磬折古義」不盡合於古器；於古磚文，知許君「漢興有草書」之説信而有徵。如是之類，亦不遑備舉。又有道、咸以來，有其器而前人不能確定其名者，若車輨，若鉦，若鐃，若門鋪等，今均一一爲之定正。

予於此學，有所記述，別爲《古器物識小録》，以與此目並行。

方今山川之寶，日出不窮，後之視今，亦猶今之視昔。今後所出，吾生猶及見者，當爲補録。吾生所不及見者，則冀後賢爲我補之。此一編者，不過爲斯學之引導而已。

甲子四月，上虞羅振玉書。

雪堂藏古器物目録總類

藏金一　彝器百有十

鼎廿四	鬲八	甗二	彝十二
敦十八	簠八	簋二	尊三
壺一	卣三	觚三	觶七
爵十六	角一	勺一	盤一
盉一			

藏金二　商周至明有文字諸器四百五十有六

樂器十	兵器百廿二	車馬器十三	宮室器四
任器五十九	權量四十三	貨幣四十二	符牌廿一
官印五十六	農器六	券二	不知名古器廿二
梵像五十三			

藏金三　無文字古器百五十有七

樂器二　兵器五十八　車馬器六　任器七十

量度六　古器範二　明器十二　不知名古器一

藏石一　七十有六

有文字古器五　無文字古器廿六　漢至金石刻四十五

藏石二　四十有八

墓誌四十八

藏陶　五百十五，又殘四百餘

有文字古器五十四，殘四百餘。無文字古器九　磚甓六十三

瓦當百四十七　貨幣範廿五　封泥二百十七

雜器　百八十七

玉類百有十，又三百餘。貝類十五，又二百餘。珧類四　燒料類十四

犀象類十　骨類七十五　竹木類九

雪堂藏古器物目録

藏金一　彝器百有十

鼎　廿四器

祖戊鼎二字
亞矢鼎二字
酉父癸鼎三字
亞形𢍜父丁鼎三字
𩐁鼎四字
析子孫𢍜鼎四字
右作旅鼎四字
□作寶彝鼎四字
□氏鼎五字
□歎鼎五字

大亥方鼎六字，凡二器同文。

𠂤作隩仲方鼎七字

義仲方鼎九字

虢叔大父鼎十三字

雝伯鼎十五字

袓鼎十六字

穌□妊鼎十六字

仲義父鼎十七字

白氏娟氏鼎二十字

虢文公鼎二十字

師趛小鼎二十八字

𢿱鼎三十一字

仲師父鼎三十六字

吕方鼎四十二字

鬲　八

史秦鬲二字

仲釩父鬲六字

樊君鬲十字

鄭羊伯鬲十二字

昶仲無龍鬲十五字

又十七字

虢叔妃鬲十八字

白□父作畢姬鬲十九字

甗　二

父乙甗三字，有黄金目。

亞形父辛甗蓋，三字。

彝　十二

魚彝一字

衛彝一字

亞形戈父己彝三字

䣄作父辛彝六字

師爲隩仲彝六字

日庚作父癸彝八字

劃□作祖戊彝九字

向作父癸彝十字

臣□作父丁彝十三字，存殘底。

迪伯彝十六字

郲伯作光父乙彝五十二字

小臣宅彝五十二字

敦　十八

作寶彝敦蓋，三字。

白作敦四字

䱷䛸妊敦十二字

滕虎敦十二字，二器同文。

㠯伯達敦蓋，十六字。

稻嫼敦蓋，十七字。

叡敦十七字

己侯�子敦蓋，十九字。

豐兮□敦器、蓋各二十字。

德克敦二十一字

彝公敦蓋，二十三字。

事族敦蓋，二十八字。

鄦侯少子敦三十六字

伯家父敦蓋，三十八字。

㞢敷敦蓋，五十五字。

靜敦九十字

不嬰敦蓋，百五十一字。

簠 八

𨚕伯簠六字

虢侯簠六字，刻字。

王子申簠十三字

伯勇父簠十七字

寶侯作叔姬媵簠十七字

楚子簠十八字，存殘底。

白其父慶簠二十二字

陳侯作孟姜媵簠二十七字

簋　二

鄭義羊父簋蓋，十三字。

白庶父簋蓋，十四字。

尊　三

穽尊四字

員父尊六字

𢦏作父丁尊七字

壺　一

𦒻孟壺蓋，十四字。

卣　三

奚卣器、蓋各一字。

戈卣器、蓋各一字。

山西小卣二字。失蓋。

觚　三

叔觚一字，陽。

析子孫父乙觚五字

□作祖癸觚八字，殘存下截。

觶　七

敏觶一字

史農觶二字

兄丁觶二字

父乙遽觶三字

祖辛觶蓋，亞形中三字。

禦父辛觶六字

戈父癸爵三字

冄父癸爵三字

析子孫父癸爵五字

角　一

父丁角蓋，亞形中三字。

勺　一

鄗勺一字

盤　一

䄞盤可辨者十一字

盦　一

子叔嬴盦十二字

藏金二　商周至明有文字諸器四百五十有六

樂器　十

卿鐘六字

昆夷王鐘十五字

鑄侯求作季姜賸鐘十七字

楚鎛三十餘字

公孫班鐘四十六字

鉦鐵約九十字

左鐃二字，前人誤以爲「鐸」。

漢錞于二字，陽。

東魏□門寺鐵梵鐘武定二年

齊鐵梵鐘天保□年八月

古兵　百廿二

夭戈一字，陽。

㙐戈一字，陽。

衞戈一字

穴戈一字

軍戈一字

錯金戈存一字半

□陽戈二字

小戈二字，陽。形制極小。

守陽戈二字

邾戈二字

武城戈二字

夾車戈二字

鄭武庫殘戈三字

攻戈三字

□谷還戈三字

□左司馬戈四字存三

□□司馬戈四字

錯金殘雕戈存四字

陳□鋯鍪四字

陳戈四字

陳子戈五字

□子戈五字

闟邱戈存五字

郾王喜戈存五字，形類戟。

左軍戈存六字

□侯戈存六字

郾王喜戈存七字，形類戟。

又字數不可定。同上。

又同上

又七字。但存内文曰：「郾王詈作□□鋸。」

十八年□左軍殘戈存七字

右工戈八字

□侯戈八字存六，末乃「鍨鍗」二字。殘，但存内。

梁戈存十四字

六年鄭右軍戈十四字

□四年下軍戈十六字

郾侯戈十八字
大祖日己戈二十二字
祖日乙戈二十四字
大兄日乙戈十九字
□□軍戈鐔三字
右戟一字
□子戟二字
雞鳴戟二字
□子戟四字
非釪戟八字
三年戟十三字
廿三年戟存十五字
廿三年戟約十餘字，漫没不可定。
漢河陰戟二字，隸書。
漢上黨武庫戟四字

槉矛一字

右宫矛二字

□巽矛二字

東周矛四字，陽。

□左大矛四字

郾王戎□矛四字

郾王喜矛六字

郾王詈矛八字

鄴□劍二字

斵劍存四字，僅「之雕」二字可辨。

郾王喜劍六字，僅辨三字。

又存四字

又六字辨五

大攻□劍五字

錯金劍五字可辨

元年劍十六字

又面十二字，背五字。

八年相邦劍十八字

又同上

又同上

又同上

四年相邦劍二十字

十五年劍十七字，背五字。

又二十三字，存十八字。背五字，存四字。

異文劍面、背各有字二行，不知何國文字。

漢丙午銅劍格二字

又「五月丙午」四字

左字矢族一字

公字矢族一字

貝字矢族一字

商丘矢族二字

左罒矢族二字，陽。四品。

罒切矢族二字，陽。

戈北矢族二字。五品。

右□矢族三字，陽。二品。

又五字，陽。

左字矢括一字。三品。

左攻弩機三字。二品。均但存機牙，三代時物。

屯官弩機篆書二字，秦漢間物。

漢圉工孫小弩機四字

又永元七年弩機三十二字

又延熹五年八月書言弩機

又河内工官弩機千二百三甲

又二千二百八十二甲

又六千一百十六乙

又六千七百卅六乙

又百卌九丙

蜀景耀二年弩機三十字，但存郭。

魏正始二年左尚方弩機三十二字

又正始五年中尚方弩機三十九字。又後刻「東莞官弩」四字。

韓字弩機字在郭端，郭側有「一十四」三字。

千卌一弩機三字

廿九弩機二字

癸斧一字，陽。

豐斧二字

明洪武十年銅銃筒

又鳳陽南守司殘銃

又正統八年銅銃

又中路隆門關堡蝦蟆口南臺防禦銅砲

又南京兵仗局造神機銃匙景泰二年

車馬器　十三

下宫車書二字

嫚妊安車書五字

陳鍵三字。二品。

漢安昌車轅冒錯金二字

左字馬銜一字

□叔馬銜二字

靈邱騎馬印四字。秦漢間物，以烙馬者。

漢宜牛馬鐸三字

又宜子孫大吉利鐸六字

又大吉宜牛馬小鈴五字。二品。

又□□王宜牛羊小鈴六字存四

宫室器　四

門鋪二字，陽。

漢雍庫鑰十一字

又葆調八字

寺塔銅鐸「嚮聲流轉□滿十方」八字，隋唐間物。

任器　五十九

漢譙鼎蓋，四字。

又柴是鼎四字

又張氏鼎十字

又修鼎十一字

又廣陽鼎蓋，十二字。

又十一年鼎十八字

又安邑共廚鼎十八字

又重九斤十二兩鼎存十九字

又頻共鼎器二十字，蓋六字。

又杜宣共鼎存二十餘字

又□□廚鼎器、蓋共存五十餘字。

又萬金扁壺二字，陽。

又李□壺五字，陽。

盛季方壺六字。晚周器。

漢杜陵東園扁壺永始元年。三十九字。

又十六年鍪十九字

文正公籩坐六字。宋元間物。

漢嚴氏洗四字

又四魚洗「富貴昌宜侯王大吉」八字。

又光和七年洗十九字

新莽承水槃始建國元年正月。二十二字。

漢蘭宮燈二字

又宜子孫燈三字

又大吉利燈三字

又真定燈八字。失上盤。

又桂宮雁足燈竟寧元年。四十四字。

又中宮内者行燈建昭三年十二月。四十六字。

新莽中宫行燈始建國地皇二年二月。十九字。

漢宜子孫熨斗三字

又大吉羊宜官杖首五字，陽。

公□半鉤二字

古鉩鉤二字

又二字

又一字

漢大幸半鉤二字。

又千幸半鉤二字，陽。

又益壽半鉤二字，陽。

又巨万鉤二字，陽。

又千万鉤二字。二品。

又宋□鉤二字

又徐則鉤二字

真定鉤二字，正書。隋唐物。

漢趙充國印鉤三字

又日益壽半鉤三字，陽。

又日利千万鉤四字，陽。

又長幸未央鉤四字，陽。

又位至三公鉤四字

又子午卯酉鉤四字

又大者千萬家鉤五字

又五月丙午鉤五字。錯銀已脱。

又建初七年五月五日造鉤九字。錯金半脱。

又永元□□五月丙午日鉤十字。錯金。

又大吉利鈴三字

又大吉利宜子鈴五字

又日入千金鈴二面同文，共八字。

又宜子孫小圓鈴三字。即前人所謂「九子鈴」。

又長宜子孫小圓鈴四字，同上。

南漢鐵尊大有戊子。六字。

又乾和元年。六字。

權量　四十三

郯權四字

秦廿六年詔小權五品

又狀如菡萏

又六斤權二品

又八斤權二品

又十六斤權三品

漢銅官累斤七兩。六字。

又鐵二斤十兩。七字。

新莽圜權始建國元年。十五字。

元總府造權至元七年

又至元二十二年權

又保定路權至元二十三年

又益都路總管府權至元二十九年

又建康路權大德二年

又□州路權大德三年

又無爲州權大德四年

又益都路權至大元年

又杭州路權至大元年

又慶元路總管府權皇慶元年

又□□路總管府權皇慶元年

又天曆二年權

又真定河間宣課所權丁酉年

秦廿六年詔銅量三品

又詔版二品

又背有大字

㚖成侯鍾十二字

漢余道官量

又衞少主菅邑家銅鍾十五字

又利成家銅鍾十六字

又雒陽武庫鍾元封二年。三十二字。

又乘輿御水鍾建平四年。三十三字。

又雒陽銅勺四字

貨幣　四十二

郢金存二字。四品。

又二字。二品。

安陽空首小幣狀如農器之錢，首空，中可施柄，與空首布略同而較厚，乃錢之初制，後乃改空首而爲平面矣。

又平陽同上

又山陽同上

又郝同上

漢榆莢半兩大範

又半兩大範

又圜範

又鐵範

又五銖大範背一

又背四

又背五

又背十三

又背廿三

又背廿四

又背廿六

又背廿七

又背廿九

又背卅

又小範僅一泉，四出。

又二泉

又建武十七年五銖範背二十七字

又五銖範背「市」字

新莽貨布範

又貨泉範背「千萬」。

又大布黄千範

又栔刀五百範背八字，僅辨「八千萬」三字。

又大泉五十大範陰文

又小範

又背「日利千萬」。

又貨泉範背文漫滅

又背「千萬」。

又壯泉三十範

又小泉直一範

北齊常平五銖範

元至元貳貫鈔板

又直定路銀定

符牌　廿一

齊符七字。形似熊。

辟大夫虎符十一字

秦陽陵虎符左右各十二字

漢安國侯虎符九字。銀錯不可拓。

河間□□虎符僅辨二字。似晉制。

虎符漫不可讀，僅辨一「右」字。同上。

唐太子少詹事魚符

又還州刺史魚符

又濛州刺史魚符

又縉雲殘魚符

僞周同字龜符乃符之下半，僅一「同」字。

宋寶祐牛符

印牌文曰：「印入牌出，牌入印出。節度□印」十二字。

遼文德縣界步士劉珎信牌八字

又盧龍縣界信牌

西夏國書銅牌表三字，裏四字。
又表裏各四字
金國書銅牌首篆書「佛」字。
元國書銅牌
明東平守禦夜巡牌
又養鷹官勇士牌

官印　五十六

頤州之印似唐制
大毛村印同上
遂州武信軍節度使印有乾寧□年二月款，然形制與唐印略殊。
宋教閲忠節第二十三指揮第二都朱記元祐三年少府監鑄
又將領軍馬朱記建炎二年十一月二十四日。「使」下有「押」字。
又漳州主管常平官記紹興四年，文思院下界鑄。
又輅馬廄門朱記似宋初
又交鈔壹貫背合同印

州南渡税場記正書，似宋代。

金第十將第六十指揮之記大定十三年六月，禮部造。

又延安府第六將蕃第二十五指揮之記

又移改達葛河謀克印大定十九年八月，禮部造。

又遂城縣酒務記泰和四年十月，禮部造。

又西京差委金字號之印大安元年七月，禮部造。

又瑞州差委木字號之印大安元年

又山東東路按察司差委火字號印大安元年八月，禮部造。

又上京差委火字號之印大安四年，禮部造。

又山東路統軍判官印貞祐二年十月，山東行□部造。

又翰林侍讀學士之印貞祐二年十一月，行宫禮部造。

又萬户所印貞祐五年，中都路經略使司造。

又都統之印興定二年，行宫禮部造。

又行宫尚書户兵部之印興定三年四月，行宫禮部造。

又萬户之印興定四年二月，懷州行部造。

又規運柴炭監記正大二年五月，行宫禮部造。
又收字都統所印正大四年十一月，行宫禮部造。
又虢州司候司印正大十年
又規指副使之印天興元年四月，行部造。
又副統之印恒山公府，開興元年四月造。
又樞密院經歷司之印
又元帥都監之印
又監軍之印
又義軍副使之印
又義軍副統之印
又副統之印
又招撫副使之印
又軍民都提控印
又都提控所之印
又都提控印二品

又提控之印

平陰縣税務之記

府坫税務之記

西夏國書印三品

蕃文印八角式，不知何代，姑附此。

元黄妃站印至元五年

又管軍總把印至元十四年八月日，中書禮部造。

又左衛阿速親軍百户印元統三年九月，中書禮部造。

又國書唐縣□□義兵百户印至正十八年正月，中書禮部造。

又國書印

明北津渡巡檢司印洪武十八年十月，禮部造。

又睢陽衛左千户所百户印洪武二十二年五月，禮部造。

又永寧州永豐倉記正統七年正月日，正字二千四十七號。

附都綱之印明張獻忠大順元年十二月

農器　六

張二銅犂二字。漢晉間。

元李進惠銅犂至正十三年

又李猪狗犂範

又乂成犂範

又引鎮白白犂

又省成乂成姓犂

券　二

漢房桃枝買地鉛券

明賜沈清鐵券正統七年四月，錯金書。

不知名古器　廿二

合符半劍狀如半劍，二片相合，如符。每片一同字。

不知名小器二字，陽。

泃城小器三字

皮氏大鈴四字

廿四年小器

□□罠小器六品。三四五字不等。末皆有「罠」字，餘不可識。

漢完字小器一字

又千金氏小器三字

又都昌侯殘器三字

又官律所平小器四品

又市官所平小器四字

又宜月巨久小器四字

又塗金小器狀如初月。裏有「丁□一百六十八」七字。

又□陽殘小器存六字

梵像　五十三

魏比丘甘道可造像大和二年十一月十日

又李□造像大和三年

又李晃之造彌勒像大和八年十月十六日。塗金。

又公孫元恩造多寶佛像大和十六年四月十二日

又□□恩造像正始元年五月

又潘早造像正始四年七月

又陳王之造觀世音像延昌二年四月

又王□造像正光二年三月十三日

又潘文豪造像正光二年六月十七日。損足。

又爲佛保本願造像太昌元年十一月十四日

東魏劉暉造多寶像興和二年九月

又郭延□造像武定三年六月

又杜歸洛造觀世音像武定六年七月

齊王豐造彌勒像天保三年四月八日

又趙陽奴造觀世音像天保四年五月四日

又李普憐造觀世音像天保四年十二月十二日

又造釋迦像天保四年十二月十二日

又郝景尚造像銅碑乾明元年

又孟元禮造雙觀音像河清二年四月廿六日

又劉倉造像河清三年四月十日

又諸葛休寧造像武平元年正月卅日
又傅次胡造觀音像武平二年十二月廿五日
又張國詳韓桃花造像武平四年二月十八日
又王丁貴造像武平五年四月八日
北周沙門空成佛弟子高興造像保定元年正月
隋郭清醜造彌勒像開皇元年十二月
又嚴□□造像開皇二年十月十九日
又董寄□造像開皇七年五月十三日
又比丘惠寶造像開皇七年十月十九日。塗金。
又衛共和造像開皇八年十一月十五日
又關子英造像開皇九年四月十一日
又靳遵貴造像開皇十一年二月十六日
又尹士寬造觀世音像開皇十二年三月十五日
又王元造像開皇十二年四月廿二日
又邢士遷造像開皇十三年五月三日

又翟子休造像開皇十四年十二月十六日

又崔元偘造像開皇十五年四月廿五日

又孫志通造像開皇十九年八月廿三日

又都邑常士貴生等造像坐開皇□□年三月八日

又爲荆黑兄弟造像大業二年四月三日

又侯彦造像大業三年五月十三日

又□通達造像大業四年十一月十二日

祕仙造像太歲在丁卯六月。紀年漫滅，妄人改鑿「大康廿年」。

梁女足造像無年月

朱辶弟造觀世音像無年月

唐慶州都督楊文幹請空法大師造佛碑武德六年

又道民祖澤造像貞觀五年二月八日

又皇甫改慜造觀音像龍朔元年十月

又左多弟造觀世音像麟德元年三月十五日。塗金。

又淳于君儒造彌勒下生像坐總章元年十二月

又于元亢造彌陀像坐垂拱四年十二月二日

又西明寺沙門李宗海及魚常侍等造像廣德二年。塗金。

明周府造像洪武丙子四月。塗金。

藏金三　無文字古器百五十有七

樂器　二

旋蟲二品。以持鐘懸者。

兵器　五十八

雕戈長尺三寸，下無胡。

又傅柄處表裏均有鷹形

銅鐏二品。有花紋。一長三寸九分，圍三寸一分；一長三寸五分，圍長同。其一末爲八觚。

又三品。無花紋。一長六寸五分，上受矜處斜削，圍三寸；一長五寸五分，圍三寸四分；一長四寸五分，圍三寸。其末皆八觚。

銅鐓二品。一長三寸九分，圍長同；一長三寸，圍長同。

雞鳴戟

厹矛三鋒

矛七品

矢族二十二品

具鋌族鐵鋌，長九寸二分。

又銅鋌，長七寸。

又銅鋌，長六寸五分。

矢括七品

又二品。有花紋。

又塗金

射決

刀長三尺一寸七分，廣一寸三分。

刀環

蒺藜二品

胄

車馬器　六

車鑾

又小。二品。

又爲鸞首形。安轅端與前安轅上者異，殆魏晉後物。

馬鑾上有連蟬紋

馬銜

任器　七十

貝二品

匕長尺一寸，有花紋。

鸞刀首有鑾，中含丸。上兩刃，如劍，長尺二寸。

刀柄端爲犧首，長尺二寸。二品。

又疏首空中，内實以鐵，長尺二寸。

又長尺有九分，刃廣處寸八分。

又長尺有三分，近〔首〕處廣六分，近末處廣四分。柄有刻鏤，狀與戰具之刀同。

削長九寸三分

又長九寸二分

又長八寸五分

又長八寸

小刀鞘如今西洋小刀，反折入鞘中，刀失鞘存。鞘端曲鋭，蓋兼以爲觿。

觿長八寸五分，上有五鹿。

又小

師比十三品

銀釵有「念四記」三字，殆宋元物。(二)

又有「□李宗□」四字。

又有「□□記」三字。

又有「□記」二字。

又曲首

銅釵長六寸三分。二品。

又長五寸八分。三品。有「金果□記」四字，亦宋元物。

銅笄二品

又塗金。首爲球形。

鑷上套以小龜，可上下以司弛張。

銅翦

丁銅冒、銅幹，長八寸三分，末折損。

又冒巨，而鐵幹甚細而短，已折。

又冒塗金，亦鐵。幹已折。

又冒略小，亦塗金。

斧二品。一有花紋，一素。形制大小同。

又三品。無花紋，形制大小各異。

鉞

斤二品。有花紋。

鑽長九寸四分强

鉋刁廣一寸八分

鑿

鎌曲長一尺一寸三分

鳩杖首嵌金銀

又雙鳩嵌銀

黄金甲飾

雞首杖首

小鈴有舌

蝶鉸塗金

銅蝶書帙角飾

齒輪二品

重環三品。有花紋。

鳩車

量度　六

龍勺容四分升之一

又容量同。漢器計，二品。

漢尺長於建初，尺二分强。

宋銅尺當建初尺，一尺三寸。

又鐵尺塗銀，有刻鏤，無寸度。當建初尺，一尺三寸一分。

古器範　二

斧範

弩機牙範

明器　十二

鉛人二。上有朱書。

鉛戈

小戈長三寸一分

小劍長三寸一分

小弩機長二寸，上有「中士」二字。

鳳舟

金竈二品。塗金。

又一品。不塗金。

竈突爲鳥首形

又附釜甑三

不知名古器　一

銅片上雕一獸，一身十二首，均如人面。

藏石一　七十六

有文字古器　五

漢四時嘉至斷磬

唐元次山硯有「聲叟」二字。

宋樓攻媿硯

又洮河碧硯背有咸淳辛未「阿翠象」及題字，側有馬湘蘭、張芥航題記。

明湯若望製日晷

無文字古器　廿六

殷墟雕磬殘

又特磬碎

又殘

又殘

又完，較小。

古編磬二，一完一折。

殷墟雕石九品，殘。

石貝

玉豚二品

又三品。小。

石銚

石器狀如鉢而大

茶磨出鉅鹿故城

鎮坐石師子同上

漢至金石刻　四十五

漢殘碑陰「魏郡韓妙□」等三十餘字。

又光和六年殘畫像並坐存完字七，半字三。

又黄腸石殘字□□五年四月。存十字。

又殘碑陰「重百」等五字。

又殘石「欲無永崇」四字。

又「任州郡薄督」五字。

又「以炳厥亮嶔」，完字三，半字一。〔三〕

又「夙夜在公」，完字三，半字一。

又「拜君武」等字。

又「郎行」等字。

又「陳平」等字。

又「處士」字。

又「灰綜」字。

又「百卌」字。

又「甲五」字。

又「臻」字。

又「濟」字。

魏殘石「上七廟三祖樂」六字。

又正始石經春秋殘石存十字

後魏汝南王爲孝文皇帝等造像殘石正光三年十一月

又鄧定安造像孝昌元年八月

西魏比丘法勝等造像大統元年七月

東魏杜超造像武定二年八月

豆陵苟邑等造像殘石年月泐

齊王令元寺尼僧弁僧妍造像天保五年十二月五日。像損，坐存。

又郄肱造父母像天保六年三月

又比丘僧憐造像坐天保六年五月

又南子胤造像天統二年七月

又王幽遠造像天統三年六月

又張仲連造像天統五年二月

又劉仕寬造像武平四年正月四日。像損，坐存。

又劉季遵造像武平六年六月

隋張龍伯造天宫記開皇五年九月

又王朔德造像開皇七年九月

又任伯生妻慕容含姿造像坐開皇十三年二月

又房山靜琬法師刻經殘石

唐李侯保造像貞觀十五年十月

又李旡難爲亡父造像永徽五年八月

又龍朔元年殘造像

又侯德褒造像乾封二年二月

又李安兄弟造像上元三年

又清信女楊三娘造像永隆二年正月

又青州修獄得石菩薩記殘石景龍二年十月

又佛典殘石有畫像

金奥屯良弼題名泰和六年二月。後有金國書二行。

藏石二　四十八

墓誌　四十八

晉魏雛墓誌元康八年二月。誌刻磚上，紀年刻二石柱上，故入石類。

後魏討虜將軍周千記墓誌永平三年十月

又比丘尼統慈慶墓誌正光五年五月，常景撰，李寧民書。

北齊陽州長史鄭子尚墓誌並蓋武平五年十二月

北周邵州使君寇嶠妻薛墓誌並蓋宣政二年正月

隋張僧殷息潘慶墓誌開皇九年十月
唐吴國公記室參軍劉粲墓誌貞觀元年七月
隋江都安德府司馬孫隆墓誌貞觀八年十一月
唐坊州司倉參軍董柱墓誌貞觀廿三年十一月
又吕買墓誌並蓋永徽元年十月
又王君墓誌永徽三年十月
又朔陂府折衝都尉段會墓誌永徽三年十一月
又斛斯府君夫人索氏墓誌永徽三年十一月
又曹夫人墓誌永徽四年八月
魏宣簡公孫王惠墓誌永徽六年十月
唐韓智門墓誌顯慶元年六月
又荀氏楊夫人墓誌顯慶三年五月
又張達妻李夫人墓誌顯慶四年二月
又范信墓誌顯慶四年十月
又蕭君夫人柳氏墓誌顯慶五年二月

又高德墓誌顯慶五年十月
又左翊衛解斯師德墓誌並蓋龍朔元年八月
又斛斯祥墓誌並蓋龍朔二年七月
又范彦墓誌並蓋總章二年二月
又韓昱墓誌咸亨二年三月
又飛騎尉張貞墓誌咸亨五年八月
又李定品靈廟文垂拱三年十月
又忠州司馬匹婁德臣墓誌永昌元年四月
僞周上柱國王玄裕墓誌天授二年十月
又劉夫人郭寶墓誌萬歲通天元年二月
又張達妻徐夫人墓誌萬歲通天元年六月
又雲騎尉牛阿師墓誌聖曆二年臘月
又左玉鈐衛將軍高慈墓誌聖曆三年臘月
又成州長史張安墓誌並蓋長安四年十一月
唐中興戍主楊丞胤墓誌神龍三年七月

又殘墓誌有「景龍三年」字，姑附此。

又敷城公李誕墓誌開元十二年十一月

又高守墓誌開元十二年閏十二月

又成德軍大將李懷實墓誌建中三年四月

又試泗州長史畢君夫人趙氏墓誌元和五年八月

又懷州録事參軍崔稃夫人鄭氏墓誌元和十二年七月

又邢真賢墓誌並蓋長慶二年十一月

又王守廉墓誌元和六年九月

又桂州刺史劉栖楚墓誌並蓋大和二年五月

又孫廿九墓誌大中六年

晉清河縣男張明墓誌天福八年正月

宋資教大師卵塔記開寶六年十月

又神山縣令王安裔墓誌宣和六年閏三月

藏陶　**五百十五**又，殘者四百餘。

有文字陶器　五十四又，殘器四百餘。

陶登大小九品

陶量大小十一品

陶登斷幹二百餘枚

陶量碎片二百餘枚

不知名殘刻十一字

秦瓦量殘詔

漢陶瓮「常飲食百□宜子孫」八字印。二品。

又「□宜飲食百□宜孫子」九字印。二品。

又「家常富貴」四字印。二品。

又「取□□家常貴富」七字印。二品。

又陶鼎兩耳上各有「大王」二字。以下十器均明器。

又穀倉朱書「大麥萬石」四字。

又朱書「粱米萬石」四字。

又醯器朱書「醯一器」三字。

又永建二年陶缶朱書二十五行，乃鎮墓物，出洛陽。草書。

又缶墨書「南方赤」云云十七行，亦鎮墓物，出關中。草隸書。

又小水瓮隸書「三石五内四」五字。

又隸書「河一二石五十斤」七字。

又陶杯隸書「大吉」二字。

孫吴陶瓿隸書，二小碑文同。首有「會稽」二字，下書「出始寧」云云。凡三行，碑旁有人物伎樂。出上虞龍山。

隋陶碗墨書「開皇」。

金澄泥硯有「西京南關史思言羅土澄泥硯瓦」十三字印記〔四〕。

又畫枕背有「明昌六年」墨書題字。

父乙卣蓋範七字

漢機輪範三品。每品有「東三」二字古隸書。

見日之光鏡範二品同文

陶坏二字

又四字

博陵郡之印似唐物

漢居攝二年都司空殘瓦

新莽始建國天鳳三年保城都司空殘瓦

無文字古器　九

漢龜魚盤

又尊

又四神竈

小方鼎有銀釉

勺同上

獸圈有守者以足踏弩衞獸。同上。

矢族範上下具

釵範

半鉤範

磚甓　六十三

齊字磚

漢草書磚「日入千萬」。

又「大富貴，宜君王，□百萬」等字三行。上二磚艸法從篆出，殆在漢初。

又淳于

又次□大工刌作千九

又百八十

又四十六。以上四磚，隸書而帶草勢。

又吉語方磚「千秋萬世，子孫益昌，長樂未央」。

又「長樂未央，子孫益昌」。

東魏天平磚

唐開元廿年磚

漢美人鄭躭磚

又萬擊磚

又功曹廷掾磚

又安憙丞劉磚

太原平陶郝厥磚

吕猛妻馬磚

後魏劉中宗磚太和廿年二月

又畢小妻蘇貫針磚太和廿三年六月

又京兆郡殘磚□始四年閏九月。即「正始」，是年閏九月。

又逢法慶磚正光元年八月

又劉詳□妻張磚孝昌二年八月

王相買磚□興二年。「興」上一字漫没，姑附此。

東魏王法壽妻楊公主磚興和三年十一月。

又趙□□磚武定元年十一月

又吕光□磚武定二年

又王外慶磚武定二年二月

又楊道顯磚武定二年六月

又張氏妻赫連阿妃磚武定二年十月

又張羽生磚武定五年二月

又相里才高磚武定五年

又魯□磚武定六年六月

北齊張黑奴妻王洛妃磚天保五年十月

又魏世儁妻車延暉磚天保七年
又比丘尼靈辨磚天保八年正月
又□息奴子磚天保八年五月
又楊六磚天保八年
又張胡仁磚河清元年八月
又扈歲磚天統五年
又比丘尼道洪磚武平元年十月
張元穎磚無紀年
頓丘殘磚同上
吴慈恩磚同上
隋田景申磚開皇十二年二月
又李興祖息煞鬼磚大業元年十二月
唐趙仁表磚誌麟德二年二月
又閻夫人栗智果磚誌咸亨三年十月
又夫人桓氏磚誌永徽五年十一月。墨書。

又楊□磚誌顯慶四年九月。朱書。
又汜水縣令柏順磚誌並蓋調露□年。墨書。
僞周鳳閣令史宫餘福妻趙三娘磚誌光宅元年十二月，宫孝順書。墨書。
又蓋文廓磚誌大足元年九月。墨書。
又□鷹揚衛司戈騎都尉王庭磚誌長安三年七月。朱書。
唐張貞簡磚誌□□元年乙卯正月甲申朔。朱書。乃開元三年。
又劉海達磚誌開元六年正月。墨書。
又李德磚誌開元廿六年。墨書。
又宋府君夫人張氏磚誌天寶七載十一月。墨書。
又張貞簡妻孫氏磚誌僞燕順天元年十一月。墨書。
又臧氏小娘子地券大中十二年五月。墨書。
金買地券泰和元年二月。人名漫没。朱書。
元齊□□地券至元二十五年戊子。朱書。
又王居信地券至正九年己丑二月。朱書。
高昌□君磚誌延壽十七年三月，當唐貞觀十四年，乃高昌滅亡之歲。朱書。出吐魯番。

瓦當　百四十七

羽陽千歲瓦

維天降靈十二字瓦

漢並天下瓦二

佐弋瓦三

上林瓦三

又半瓦四

甘林瓦

衞瓦二

鼎胡延壽宮瓦四

八風壽存瓦二

成山瓦二

關瓦九。出新安。

與華無極瓦五

與華相宜瓦二

高安萬世瓦

安世萬歲瓦

安世瓦

馬氏殿當瓦

馬氏萬年瓦二

焦瓦

天秦龍興化牟古聖瓦出易州

竺□生寺瓦出易州

神零冢當瓦

萬歲冢當瓦三

長久樂哉冢瓦

樂大萬當瓦

五穀滿倉瓦

永保國邑瓦

永受嘉福瓦

飛鴻延年瓦

延年半瓦

延年益壽瓦二

延壽萬歲瓦

富貴瓦

大富八字瓦損

□富宜子瓦損

富貴萬歲瓦五

千秋萬歲瓦十一

千秋萬歲余未央瓦二

千秋萬歲常樂未央昌瓦

千秋利君瓦

千秋萬世瓦

萬歲半瓦四

長樂未央瓦五

長生未央瓦五

長生無極瓦六

常生無極瓦

長寧無極瓦

與天無極瓦

與天地無極瓦損

億年無疆瓦二

又連筩一

永奉無疆瓦二

君宜侯王瓦

君長宜官瓦

大吉五五瓦

獸首半瓦八

又有鉩在筩上

鳳瓦二

朱鳥瓦

白虎瓦

子母鹿瓦損

雙鹿半瓦六

又人鹿各一

樹半瓦四

花紋瓦二

貨幣範　廿五

齊夻化沙範面、背二範完具。背「吉」。

又略損，背無字。

漢五銖殘磚範本始元年□月壬

又本始二年九月丁未

又永元元年十月辛酉

又八月乙未築

又遂第二

又四月壬□□□山

新莽大泉五十殘磚範

又小泉直一殘磚範

小五銖殘磚範

寶三化石範

漢莢錢五銖石範二

又半兩石範七

又二面。殘。二。

又有半半兩兩及傳形諸異品

吳大泉當千石範

封泥　二百十七

詔斧古坏

長□同上

奉常

孝昭園令

中郎將

公車司馬

挏馬農丞

少府

樂府鍾官

尚書令

大官丞

導官導丞

居室丞

中尉

大匠丞

右校丞

私官丞

大長秋

鐘官火丞

技巧錢丞

中和官丞

宮司空丞

雒陽宮丞

兵府

司空三

武庫丞

馬□丞

□軍司馬

梁丞相

代相

淮陽相

泗水相

膠東相

高密相

齊内史
齊悼惠寢
齊□寢長
齊郎中丞三
齊中廄丞
齊内官丞四
齊大倉
齊御府
齊御府丞三
齊宦者丞
齊武庫丞
齊食官丞二
齊都水
齊鐵官二
齊司空長

齊司宮丞五
菑川廄丞
長沙内史二
長沙都水
楚永巷
饒侯相
載國大行
定陵□丞
博陽邑丞
俊靡邑丞
廣侯邑丞
南郡守
南陽太守二
五原太守
代郡太守

遼東太守

遼西太守

廬江太守二

常山太守

泰山太守

武都太守二

天水太守

巴郡太守

楗爲太守

越嶲太守

蜀郡太守

沂郡太守

無鹽太守

河北尉

南□尉

長間尉
蜀郡都尉
琅邪都尉
廣漢都尉
武都候
定襄千人
扜關尉
安成陶尉
新都令
西成令二
青衣邑令
襄陽長
灊街長
汁邡長
嚴道長

長安丞二

來無丞

濕陰丞

蒲反丞

臨晉丞

□墨丞

虢丞

槐里丞

東安平丞四

西安丞十一

成都丞

文陽丞

邯鄲丞

東武丞

𡥈丞

載丞

臨淄丞五

請郭丞

於陵丞

靈壽丞

臨朐丞二

彭城丞

邦丞

騶丞十一

又白文

宕渠丞

南宮丞

東平陵丞

九門丞

抒□丞

益丞

都昌丞

弁丞

菅丞

臨□丞二

徐□丞

平□丞

嚴道橘丞

嚴道橘園十三

橘監

雒右尉

遂久右尉

汁邡右尉

郿右尉

僰道右尉

鄒之右尉

鄒之左尉

臨菑左尉

藍田二

梓桐

庫二

廐

傳舍

冶府

倉

市

發弩三

雜器 二百二十八又小五百餘

玉類 百有十又珠三百餘

青玉圭長尺一寸

墨玉圭長尺二寸

碧玉圭長尺一寸三分

青玉圭長七寸六分强

石圭長尺一寸三分

白玉圭類廣寸六分，長尺六分。

褐石圭類長尺一寸八分。無穿。

白玉石圭類長九寸一分

灰色玉璋長尺八寸

墨玉璋長尺四寸

又斷璋

白玉璧

蒲璧小

穀璧二

又小

蒼玉璧徑八寸

蒼玉環

環五

又二。小。

又小。有穀紋。

聯環三片相合。二。

又小。一。

白玉聯環四片相合

立體聯環三片，存一片。

白玉雕龍環

瑗二

旋機二

璲二

百玉璏二

墨玉戈折首無刃。二。

又殘戈有刃，但存少半。

玉斧三

玉律琯長四寸三分，徑一寸强。

又長三寸三分，徑八分。

玉劍長九寸二分。

佩環有四邸

交龍佩

雕龍佩

雕玉圜佩二

雕玉雞佩三

雕玉衝衡長方形。上下皆有五，上以繫組，下以施佩。

小佩十三。狀如蠶，或如蛹、如蛾。大小不等。

雕玉鼉佩

雕玉佩

雕玉鳩佩

褐玉佩獸形

雕玉獸形圜佩

雕玉笄

玉觿小。六。

又

小玉衡

玉鳩杖首

玉蟬三

又三。小。

雕玉人首形器

雕玉器柄

雕玉小器中有穿，上下通。

不知名雕玉器作鳥形

小璧類中有穿，甚小。

不知名黄玉器有三穿

不知名衡玉上平列二穿

玉師比三

又黄玉，首折。

又「劉桓」二字印。

玉貝

白玉並蒂蓮女飾，有金坐。

白玉同心佩

雕玉小器圓形。二面各雕雙蝶相向，而中空。

琅玕珠三百餘，皆有穿。

齊上官長孫氏冢中記天保三年

吴越投龍玉簡

貝類　十五又小貝二百餘

天生大貝十品

又小貝五品

殷墟人制貝二百餘。圓如小錢，中有穿，徑約二三分。大小厚薄不均，乃古之貨幣。今臺灣土番尚用之，惟形制又小耳。

珧類　四

殷墟圓形珧器狀如璩

又小璧有雕瑑，已碎。

又珧製貝五品

又不知名物長條形

燒料類　十四

大笄有銀柄

小佛像十三

犀象類　十

殷墟雕犀殘品

又雕牙匕柄

又雕牙殘魚尾三

象箸上雕馬首。一長九寸五分，一長九寸一分。二品。

明直殿監牙牌崇禎八年

又御馬監牙牌崇禎八年

又錦衣衛牙牌東司房十一號

骨類　七十五

雕骨殘器嵌青琅玕

又器柄同上

雕骨匕長尺一寸七分

又長八寸八分

又但存殘葉

又存柄。二。

素匕二

又殘三

雕骨管

雕骨碎片二

雕骨獸首小器三

又龍首小器似杖首

殘雕骨器六

骨笄疏首。四。

又素笄九

骨貝五品

骨幣範礴。大二品。

又又小。二品。

又[illegible]衡。八品。

又虞一釿。四品。

又[illegible]一釿。三品。

又朱一釿

又涅金

又莆坂一釿

又盧氏

又陽山

又晉陽一釿

骨族三品。六枚。

漢骨尺短於建初尺二分

竹木類　九

竹絲書帙唐代物

紫檀書籤

日本百萬木塔三。中藏《陀羅尼呪》。

宋紹聖二年抵當庫楬墨書二行

宋木尺當建初尺，一尺二寸九分，出鉅鹿故城。

又當建初尺，一尺三寸二分。同上。

又當建初尺，一尺三寸八分。同上。

〔校記〕

〔一〕「顔之推」，原作「顔師古」，誤。

〔二〕「有『念四記』三字」原文作「四字」。

〔三〕「完字三，半字一」，原文如此。當作「完字四，半字一」。

〔四〕「十三字印記」，原文作「十二字」，當有誤。

雪堂所藏金石文字簿録

宣統辛亥冬，予既携家浮海賃屋於日本京都田中村。明年，卜築於馬塲橋。其地密邇東山，風景幽勝。然閉門無以遣羈懷，故每歲輒一再至滬江訪朋舊。丁巳夏，苦熱，不可就舟車，乃逭暑蕉窗下，命亡兒福萇檢所藏石刻，比較新舊本異同以遣日。率日校數碑，由亡兒手記之。尚未及半，而秋風起，遂閣置巾笥。明年春而疫作，家人多抱病，亡兒病尤劇。欝欝無所寄懷，欲續未竟之緒，以問醫量藥，方寸不能專壹，乃至六朝而止。及己未返國，再逾年而兒亡。以此稿半爲亡兒手迹，不忍啟視。益以人事旁午，李唐以後亦未及續校。舊稿將以饗蠹，乃友人勸以既成之稿先付影印，且徐謀補校。乃勉徇其請，録付手民，則亡兒之墓木已拱。予亦日就衰病，續成之事，殆不可期。展覽此書，追思疇昔，爲之泫然。丁卯六月，松翁書。

雪堂所藏金石文字簿録目録

周

曶鼎　　石鼓文五本　又縮摹二本

秦

瑯邪臺刻石四本　　泰山刻石殘字

繹山刻石　　會稽刻石

漢

地節買山記　　五鳳二年刻石

甘泉山刻石　　麃孝禹刻石

三老諱字忌日記　　開通褒斜道刻石二本

昆弟六人買山地記　　永元石堂記

陽三老石堂記　　□允字子游殘碑二本

祀三公山碑　　泰室闕銘

少室闕銘三本
又東闕銘二本
開母廟西闕銘五本
泰室東闕銘二本
延光殘碑
陽嘉殘碑並陰二本
裴岑立海祠刻石二本
景君碑六本
武氏石闕記三本
楗爲楊君頌
孔廟置百石卒史碑六本
李孟初神祠碑
孔君墓碑
韓勑造孔廟禮器碑二本
劉平國治路誦四本
鄭固碑三本
倉頡廟碑二本
封龍山碑
孔宙碑四本
張壽殘碑三本
衡方碑四本　又陰一本
史晨饗孔廟奏銘四本
史晨饗孔廟碑四本
夏承碑
西狹頌二本
孔彪碑三本
楊叔恭殘碑二本
郙閣頌二本
武榮碑三本
楊淮表記二本

魯峻碑五本
熹平殘碑
韓仁銘五本
崇高請雨銘
尹宙碑五本
三公山碑二本
校官碑二本
劉梁殘碑二本
白石神君碑四本
曹全碑五本
張遷表頌二本
鄭季宣碑三本　又陰一本
嚴季男刻石
樊敏碑
高頤碑
孔褒碑八本
唐公房碑四本
劉曜殘碑
楊君殘銘
殘碑陰三本　俗名竹葉碑
元孫殘碑
正直殘碑
懷君殘碑
日晷拓本
武梁祠畫象題字二本
武梁祠畫象殘石
白楊村畫象
負扆圖刻石
嘉祥畫象刻石
皋陶等字畫象刻石

宋

爨龍顔碑二本

梁

瘞鶴銘二本　始興忠武王碑

北魏

中岳靈廟碑四本　始平公造象記

孫秋生造象記　石門銘

元颺妻元氏墓誌　司馬景和妻墓誌銘

元颺墓誌　皇甫驎墓誌銘

温泉頌　楊大眼造象記二本

魏靈藏造象記　刁遵墓誌八本　陰一本

崔敬邕墓誌　張猛龍清頌碑三本

齊郡王妃常氏墓誌　根法師碑

高貞碑二本　曹望憘造象記

李謀墓誌　劉玉墓誌

後周

賀屯植墓誌

隋

趙芬殘碑二本
諸葛子恒平陳功德頌四本
曹子建碑
賀若誼碑
安喜公李君碑
善法寺舍利塔記
唐高祖爲太宗造象記
郭雲銘
甯贙碑三本
李氏女墓誌文
元公夫人姬氏墓誌
文殊般若碑二本
龍藏寺碑五本
張景略銘
城皋公扈志碑
張通妻陶墓誌
董美人墓誌
蘇慈墓誌
蔡君夫人張貴男墓誌
張貳息君卿造象
陳叔毅修孔子廟碑三本
元公墓誌
宋永貴墓誌

雪堂所藏金石文字簿録

周

曶鼎未剔本

此鼎舊藏鎮洋畢氏靈巖山館。畢氏籍没，此鼎遂亡，故拓本甚難得。然鼎藏畢氏時，文字已爲俗工剔損。此爲出土時初拓，雖文字不如已剔之清晰，而精湛不失本來面目。已剔本則字畫多失真，變成鈍滯，不足觀矣。

石鼓文第二鼓五字未損本

此第二鼓「氏鮮鱄又之」五字未損本，乃明季所拓，福山王文敏公懿榮舊藏。有「懿榮」、「福山王氏珍藏」、「冷翠微館」、「翰林供奉」、「三爲祭酒」五印。

又明朱臥庵藏本

此明朱臥庵舊藏，有「臥庵老人」及「聽雨堂」印。第二鼓五字未損，與前本同，而字畫較肥，因拓手率略，僅上墨一次，非兩本有殊也。前有唐鷦庵司馬跋，謂後來文字明顯，乃經磨洗所致，殆不然也。此本拓既粗劣，紙亦狹小。第一、第六兩鼓又經損蝕不完，以其舊拓，存之。鷦庵，嘉興人，名翰題。富收藏，精鑒別。所藏後人不能守。二十年前，在滬上所見金石書畫多司馬物也。所撰《荀子補校》，寫謝金圃先生刊本上。今藏予家，不知尚有清本否。原跋附録：

石鼓文，明季搨者，第二鼓「氐鮮鱄又之」尚完。以余所見者考之，蓋崇正間物。至我朝，已蝕泐矣。此講金石者咸知之，然未有議及鼓文磨洗重剔者。予年來留心諦審崇正時本，墨稍重，字畫極瘦勁。即國初拓者，亦復如一。惟萬曆以前本，字畫肥潤，與崇正間搨者互勘對，時隔三四十年，而前者轉模糊，後者轉明朗。求坡公「娟娟缺月隱雲霧」一段光景，邈不可得，其爲磨洗重開之確據，斷可識已。爰稽其時，殆在天啟、崇正間乎？自來言石鼓者，罕及此，書以表之。石鼓爲石刻法物之冠，尚復遭此劫，況其他乎？甲戌春日，既獲是本，遂記之。鶚。〔一〕

杜方伯藏本有「黄帛」二字，尚完好，明中葉拓本也。字畫肥瘦同此，墨色黝而有光明，拓之至佳者。丁丑春日記。

又劉彦沖舊藏本

此百餘年前拓本，第二鼓五字已損，而拓墨精善。前有「劉彦沖」及「月波榭」二印，鄧守之傳密題籤。後有馮景廷先生桂芬跋，謂各本以范氏天一閣爲最。然第一鼓「兹目寺」，「寺」亦作「時」。案：今拓本「寺」字無可容偏旁之處，是范本亦未足據云云。今考天一閣本「弓兹以寺」，並不作「時」。先生因其下句「迺敺其時」作「時」而誤記耳。附正於此，並録原跋：

諸家所録石鼓文，楊升菴不足論。自餘各本，以范氏天一閣本爲最。然第一鼓「兹目寺」，「寺」亦作「時」。案：今拓本「寺」字無可容偏旁之處，是范本亦無足據。朱氏文藻云：「無一書與今拓本吻合者。」信然。馮桂芬識。

又 沈鈁齋舊藏本

此沈鈁齋梧舊藏，後歸方子聽濬益，有「鈁齋考定」、「謙受」、「定遠方濬益」、「謙受印」四印，乃百年前拓本。第二鼓五字已損，以後有潘迪音訓，故存之。

又 盛伯熙祭酒精拓本

此宗室伯熙祭酒盛昱官國子祭酒時，命黟縣黃牧父士陵手拓，氈墨至精。凡舊拓不能辨之殘畫，皆明晰可見。前有篆文朱記，文曰：「光緒乙酉，續修監志洗拓，凡完字及半泐字可辨識者，尚存三百三十餘字。」別有釋國子祭酒宗室盛昱、學録蔡賡年謹次。又有「牧父手拓」印。牧父又嘗校正天一閣本刻石。國學伯羲祭酒後，王文敏公及汪柳門侍郎鳴鑾爲祭酒時，並有監拓本，然不如牧父所拓之善矣。牧父工篆書，能刻印，曾校書於粵中廣雅書院。十餘年前已卒，不知有遺著否。

又 顧氏縮摹本　朱建卿題字　徐壽臧舊藏

石鼓摹本，甲秀堂帖以後，此爲最精。兵燹以後，硯已不存。此本前有朱建卿先生善旂題字，徐穀孫先生雙鈎硯篋上程易疇、翁正三兩先生題字，並附識其後。册尾有建卿手札三紙。兹録兩題，並節書手札于後：

嘉靖中，汝和以善書徵入直文華殿，授中書舍人。隆慶中，以修國史擢大理評事。此硯乃秘翰入直時所得上方之賜，故有「内府之寶」四字印。咸豐壬子九月，拓寄壽臧尊丈真鑒。凡九紙。善旂。咸豐二年壬子嘉平月，平湖朱建卿丈從京邸寄到石鼓硯拓本。因借王芑亭兄昔年所得精本，鈎此硯匣上二刻，補之。徐士燕識。此硯乾隆辛丑春新安曹竹虚侍郎購得。侍郎名文埴，後晉宫保、大司農，即曹相國文正公之父。其得此硯時，在侍郎任也。購時翁閣學爲作緣，有閣學與竹虚先生手札，知當時以數千金得之。文正公出閣學之門，世誼甚篤，乃于尺牘中知之。大司農以此名其齋。今《石鼓硯齋全集》裒然兩大套行世是也。

又胥倫手拓精本

顧氏硯本石鼓文，予求之二十年，乃得之嘉興徐氏。乃不逾年，又得貴筑黄氏藏本。上有「胥倫所拓金石記」小印，氈墨尤善，並拓硯篋上文字。程易疇先生題後，又有孫恂士效曾七古一章，則徐本所無也。

秦

琅邪臺刻石明拓本　崇禹舲舊藏

此明拓本。「後世爲之」「之」字乃「成功盛德」之「德」字，尚未爲苔蘚所掩。有「曾在崇禹舲處」及「翰林供奉」二印。蓋初爲崇禹舲中丞所藏，後歸王文敏公者。予藏明拓二本，氈墨之善，此爲第一。

又明拓本　椒花吟舫舊藏

此亦明拓。「之」字、「德」字未掩而拓墨遜於前本，亦有破損處。有「椒花吟舫」及「伯義得來」二印。宣統初元得之都肆，蓋意園故物也。

又嘉慶間拓本

此石明已中裂。嘉慶初年，知縣事泰州宋楙讓鎔鐵束之。〔二〕此初鐵束時拓本，「致後嗣爲之者」「爲」、「者」二字掩其半，「之」字全掩。至道光間，鐵復剥落，「爲」、「者」二字復可見，而「之」字則損半矣。此幀有「均初所藏」、「沈樹鏞印」、「鄭齋」三印。予尚有趙撝叔所藏本，與此同時拓而較精，上有趙之謙印。

又陳壽卿手拓並東面足本

此同治癸酉高要何蘧庵瑗玉爲陳壽卿太史所拓，太史以贈吴平齋觀察者。石東面尚存字迹，而無一字可識。拓之自蘧庵始。蘧庵嘗客簠齋，于萬里沙祠得秦千秋萬歲瓦當數十。又手拓此碑，自刻小印曰「曾登琅琊，手拓秦刻」。此幀上太史題識不及蘧庵，故特詳記之。十餘年前，聞此石爲野火所焚。人間相斯石刻，遂僅存「泰山」九字矣。〔三〕簠齋手題録後：

秦《琅邪臺西刻石》，前二行「五夫五夫二楊樛」爲始皇從臣題名，後十一行爲二世詔。《泰山石》僅餘九字，海内唯此爲第一古碑矣。秦併天下，十五年而亡。今存斯書至少。予既獲鐵權木量所用銅版，復假拓三銅量，集秦篆之大成。並精拓此刻，兼訪拓秦瓦，以明篆學。先寄藏九字詔版之歸。安吴退樓主人。

今篆上推祇至李，豐碑屹立創於秦。試呼篆祖兼碑祖，珍重柔毫作字人。海濱病叟再題。

秦《琅邪臺刻石》之東面雖有字，而不可辨，蓋始皇詔。世怨暴秦椎擊之與？海上風雨所摧與？昔無拓者，諸家莫言之。

同治癸酉，余始訪得，贈退樓大雅考之。陳介祺記。

泰山殘字 九字初出土本

此二十年前得之亡友章碩卿大令壽康。拓墨至精，上有「徐氏玉林堂」印，乃徐紫珊舊藏。

嶧山刻石 鄭文寶重刻明拓本　試硯齋舊藏

此石明以前已中斷。第一行第八字「昔」字下起，斜裂至第八行第五字「黔」字下止。至明季，又從第一行第四字「維」字起，至第五行第六字「臣」字止。又斜裂，致第一行「維」、第二行「極」、第三行「暴」、第四行「泰」、第五行「臣」、陰面第四行「盛」、第五行「死」、第六行「矣」八字均損。又鄭文寶跋第一行「殊」、第三行「士」、第五行「郎」三字均損，此均不損。又第一横斷處，亦至明季加甚。此本陽面之「昔」、第一行。「直」、第二行。「成」、第四行。「從」、第五行。「開」、第六行。陰面之「於」、第三行。「德」第四行。七字，視明季以後泐處尚少。至鄭跋中之「侍」、第一行。「廣」、第二行。「鄒邑」、第三行。「石于」、第四行。「諸」第五行。七字，則此本均完好不損，蓋拓於明之中葉也。前有籤題稱宋拓，下鈐「竹廬」印。又有王夢樓題籤，署試硯齋藏。後有陳碩甫、馮景廷二跋：

憶余於道光戊子出都過岱登絶頂時，通州徐樹人宰泰安，以鈎橅舊拓本見贈。蓋明嘉靖間出諸榛莽，移置碧霞宫東廡，宫火，碑失久矣，即此二十九字也。于後予至武林，又僅得十字。我朝嘉慶年間，蔣伯升令泰安，甃玉女池得殘石二，嵌諸宫壁。孫子瀟詩云：「殘星熒熒一十點，七十八年潛水中。輕摹一紙寄人間，壓倒紛紛漢晉帖。」唯此十字爲秦真刻。兹碑乃徐鼎臣模本，其門人鄭文寶所刊。去古雖遠，猶測見秦碑面目。吾吳秋谷潘子收藏漢隸甚富，而以茲碑首列，知存古也。南園叟陳奂讀碑，因并志之。

《説文》明言《嶧山刻石》「攸」作「汥」，必不誤。今石文作「攸」，不合。此杜工部所謂傳刻失真之證也。惟薛氏《鐘鼎款識》載《大夫始鼎銘》作「攸」，《宰辟父敦銘》一作「攸」，二、三作「攸」。此文中直作兩叚，正與作「攸」作「攸」合。是今本《説文》中直不斷亦誤，當據以訂正之。同治五年立秋日，馮桂芬識。

會稽刻石申屠橅本 話雨樓舊藏

此石在國初已磨刻他文，傳本至罕。此本爲話雨樓舊藏，楮墨古黝，乃明中葉以前拓本。册内凡六跋，王氏《碑目》録其四，徐、殷二則後來所增也。又有趙烈文觀款，不録，録其六題：

《會稽刻石》，徐髯仙曾有臨本，爲好古者所珍。鐫石行世，内闕文三字，又遺一字。當其臨時，碑已剥落，不得見全文矣。今此帖完好無闕，是髯仙以前之拓無疑。臨摹愛護，樂莫如之。甲寅春日，西沙王杶識。

吾浙有秦篆石刻二：一在於潛石柱山，一在會稽何山，即《會稽頌》。宋王十朋登山，墨片紙而還，已云「漫漶」。同里趙文晉齋云：「其文尚可辨。」屢邀予往訪，因憚於虎豹叢中，卒亦勿果。此本乃申屠駉重刻，已被明人鑱去，寓目絶少，况祖刻乎？至石柱山刻石于奕正《天下金石志》，已稱剥落不存，並傳模之本而亦亡矣。旭翁此刻，尤可寶也。問蘧徐楙。

《會稽刻石》非《嶧山刻石》比，因惟有申屠駉摹本。今則石且不存，况此本紙墨融洽，確是明搨。凡深於搜羅金石家，始知此本爲難得，當與泰山二十九字並重珍者，當知所寶愛矣。質之話雨樓主人，不知以爲然否？葉汝蘭拜觀，因識。

太山原石二十九字，今嵌泰安府岱廟壁間。余按郡時，曾親見之，真秦刻也。琅邪石刻今在諸城縣，余亦購得拓本，獨會稽石刻未之見。此册紙墨古雅幽靜，的是明洪、永間拓本，雖覆刻，可寶也。述齋殷壽彭。

秦刻相斯真蹟，今唯存殘刻之又殘十字，從泰山玉女池搜得者；又《琅邪臺》二世詔文，其餘皆後人重摹也。然《嶧山刻》，鄭文寶摹勒。在關中者至今無恙，而申屠所摹之《會稽頌》，今已不存。存者珍逾球璧已。昔年仁和老友趙晉齋魏貽余一本，今又見此，此外恐未易數數覯也。道光癸未十月既望，張廷濟。

咸豐十年庚申閏三月，避警盛川，得假觀于寓舍，幸甚，幸甚！德清徐傳經頌魚氏識。

漢

地節買山記 惠秋韶藏本　石佚〔四〕

此石出蜀中，舊藏吴興姚氏，已久佚矣。此本上有「惠」字印，乃仁和惠秋韶兆壬物，後歸亡友盩厔路山夫大令佺。舊有秋韶跋，大令重裝時去之，蓋不知秋韶爲何人也。惠君曾撰《帖考》，予有傳寫本，亦道、咸間治金石之學者。大令工八分書，學力至深，老而不輟，爲予在淮安時談藝老友。予曾爲文誌其墓。

五鳳二年刻石 明拓至精本　唐蕉庵舊藏

此本上有「唐翰題」印，拓墨至精。高德裔跋，一筆不損，乃明中葉拓本也。

甘泉山刻石 大興劉氏藏初拓本

此本鈐「劉銓福印」、「長壽萬年宜子孫」及「子重」、「劉子重銓」、「閉門訟酒之裔」、「專祖齋」、

「祁季聞」、「之謙審定」八印。後有趙撝叔跋及樊文卿致劉子重手簡。趙跋釋「鳳」者乃「石」字，其後二行乃「第百八」，末行不可識。撝叔謂第一行是「元鳳」，次行爲「第」字，後二「大」字乃「殿」字誤也。樊釋「高度所造」，尤鑿空無理。

此横石上四字，依青浦所録，幾如圖識。樊説亦未然。蓋次行「第」字甚顯，仍是前三石一例。後二「大」字仍「殿」字。首行上作「兀」，乃「元」之半。下一字作「[illegible]」，是「鳳」字。建武泉范，「[illegible]」、五鳳二年十月磚「[illegible]」，與此皆類，可互證也。元鳳爲西漢昭帝建號，歷七年而宣帝即位，與翁説昭、宣之間適合。不知當時諸君何以故爲荒怪，未見及此，抑所據墨本形像萬殊耶？姑備一説，惟重公教我。癸亥八月十有九日，悲盦之謙記。

子重仁兄大人左右，《甘泉刻字》已模完，奉還，謝謝。中殿一石，阮釋末有八字，今已不見「第百卌」。横石末隱有六字，夾「百卌」字中間，阮所未釋。又一横石四字，阮翁無釋，《萃編》疑爲「□[illegible]歲庚[illegible]」，文義不連，奇而無理，以別石證之，必非是，彬妄爲臆釋。是「高度所造」四字，或西京不禁二名，則「高度克造」也，似較原釋爲勝。又方石字諸家無釋，彬妄釋爲「第百」二字，亦雲霧中彷彿求得，留作他日聚訟之資可耳。法家教我。長夏如年，無以消遣，務求檢借古帖數種，並望將《法華經》註本假閲，餘容面談，即請吟安。弟彬頓首。

麃孝禹刻石 初拓本　沈韻初舊藏

上有「沈樹鏞」印。

三老諱字忌日記 初出土本　趙撝叔舊藏

此周氏初得石時拓本，上有「周世熊印」、「餘姚客星山周清泉手拓」、「清泉」及「趙之謙」印。

鄐君開襃斜道刻石孫伯淵藏　乾隆以前拓本

此整紙本有「孫星衍印」、「松江沈氏藏本」、「樹鏞審定」三印。此碑數十年前拓本，「治級王弘」之「治」字，今泐甚，不復可識。又「瓦卅六萬」之「萬」字下半，近亦泐甚，此均尚完好。光緒間，洗石拓本，則此二字均甚明晰，然「治」字舊从「冫」，新拓則从「氵」矣。

又翦裝本

此亦「治」、「萬」二字未損本，旁有咸豐壬子錢唐吳仲英超手寫釋文，謂近拓「巴郡徒」之「徒」字損「彳」旁，「開道」之「開」字已泐。「廣漢揚顯」之「廣漢」二字，非乾隆以前拓本，均不可見。今合近拓十餘本校之，皆不然。又，近人謂最舊拓本乃有「鉅鹿」二字，後復剜明，亦未然。

昆弟六人買山地記初出土本

有「趙之謙印」、「沈樹鏞印」、「靈壽花館鑒藏」印記，又道光癸未吳榮光等題刻。

永元石堂記初出土拓本

有「少河」及「錫庚閱目」及「承壽雙碑館」、「又雲考藏」四印，乃朱少河先生藏，後歸楊又雲者。

陽三老石堂記初出土本

有「王懿榮印」。

□允字子游殘碑初出土本　朱竹君先生藏本

此碑初出土時，「字子游」之「游」字，水旁尚模黏，此本亦然。有「朱筠竹君印」、「少河印」。

又 舊拓本

有「嘉興唐翰題觀」印，「游」字水旁已明白可見。予取近出一石，合裝爲軸。

祀三公山碑 桂未谷藏本

此本上端缺數字，以舊拓，存之。有桂未谷先生跋，在下角：

是碑歐、趙、洪三家不著于録，惟元人《河朔訪古記》略言之。予裝裱金石，多依原舊尺幅。此碑行間茂密，尤不得割裂翦截也。乾隆庚子春正月廿有八日，墨潭過訪，屬爲書此。未谷記于八旗官學。

泰室闕銘 明拓翦裝本

此銘近百年拓本，「衆庶」之「庶」字，下「灬」已不分明。「元初五年」，「初」字已半泐。「萬年呂常」之「常」字，亦不甚可辨。第二十四行之首「君」字，亦半泐。此均完好。前有鄧守之題籤，後有何子貞、馮景廷、張廉卿三題：

瘦勁似吉金，東京碑中自有此一派，最爲高古。蝯叟。

古有「崇」無「嵩」，元初年間尤不應作「嵩」。又，「泰室」字至爲分明，或誤以爲「奉堂」。前人書之不可盡信，有如此者。同治五年秋日，馮桂芬識。

隸書以與篆籀近者爲最上，後世日變而日遠於古，渾厚之氣亡矣。乃此碑在漢隸中，故宜爲上佼也。光緒紀元冬十月二十九日，武昌張裕釗識。

少室神道西闕銘 明拓本　張氏東軒舊藏

又 明拓本　文選樓舊藏

此銘存字近拓本與明拓略同，惟篆額中之「道」字，今本上半全泐，明本尚見筆畫；「闕」字之上半亦泐，明本則尚明晰耳。此本上鈐「家住揚州文選樓」、「隨曹憲故里西海許大甄校石刻文字」、「江都汪氏三世收藏之印」、「江都汪氏孝子祠收藏印信」、「許翰之印」等諸印記。後有「雍正二年歲次甲辰閏四月望前一日製」墨書一行。

又 足拓本

此銘傳世舊拓但有「□蕺林芝」以下十九行，然予舊藏黃小松先生足拓，則「□蕺林芝」以前尚有十餘行，但存行末半字十餘。惟第五行「山」字、第七行「靈」字、第十行「疇」字可識。此十餘行，舊拓亦間有之。惟此上層仍有字十餘行，亦但存半字。其可識者「蠡以」二字，則小松先生以後絕無拓者。其本爲溧陽端忠敏公假去，不復見還。常以諸家均未著録爲憾。往歲游洛，欲親往手拓，以事不果，乃倩工拓十餘本而歸。于是天壤間始有足拓，惟欲令盡拓，闕上畫象，則未償此願，但得半耳。安得有好事者，如予言一往鑒拓乎！

又東闕題名 明拓本　文選樓舊藏

近拓本第一行第二字「孟」、第五字「袒」、第二行第三字「鄭」之下半、第三行第四字「文」、第五字「令」均泐甚，此尚朗然可辨。有「喜荀審定」印。

又 乾隆拓本　何夢華舊藏

與明拓略同，惟首行「孟」字、「袒」字較明本稍泐。

開母廟西石闕銘 明初拓本　張氏東軒舊藏

此與前《少室闕銘》同裝一册，板面刻字署「東軒收藏」，下有「鐵崖」及「張氏鑒藏圖書」印。張氏不知何許人，以題字書法觀之，殆二、三百年迹也。此本墨黝如漆，爲明中葉以前拓。惟用墨太濃厚，不能見用筆之妙，爲可惜耳。然以乾嘉以前拓本較之，如第十三行「玄」字，第十四行「山辛」二字已損泐，此本則完全無闕。三十年中，僅見此本，朋好所藏，未有其比也。

又 明拓本　汪容甫先生舊藏

此本前有汪中之印，後有「汪容夫」三字印。又有朱書二行云：「較顧亭林《金石文字記》多四十八字；　較吴山夫《金石存》所載多四字。」下不署名，驗其筆蹟，蓋出容夫先生手也。以校明初本，「山辛」二字與彼不殊。惟「玄」字之下半泐，其右旁如龍眼大，殆亦明中葉所拓也。後有跋尾三段，楷書甚精，下亦不署名，録之如下：

右漢《嵩山開母廟石闕銘》，今在河南登封縣嵩山啟母廟南。漢避景帝諱，改「啟」字曰「開」。《史記》：「啟，禹子，其母塗山氏之女也。」《尚書》：「娶于塗山。」屈原《天問》：「焉得彼嵞山女，而通之于台桑。」《吕覽》：禹見塗山氏女，未之遇而巡省南土。女乃歌曰「候人兮猗」，實始爲作南音。《列女傳》：美其彊于教誨，則母固賢矣哉。《淮南子》：禹娶塗山，治水時，禹自化爲熊，以通轘轅之道。塗山氏見之而慚，遂化爲石。時方孕啟，禹曰：歸我子。石破北方而生啟。其石在嵩山下。其説固荒誕不經，然《漢書・武帝紀》元封元年：「春正月，行幸緱氏，詔曰：朕用事華山，至于中嶽，獲駮鹿，見夏后啟母石。」應劭注：「啟生而母化爲石。」文穎注：「在嵩高山下。」則自漢時相傳，以爲靈蹟，有由來矣。此闕立于安帝延光二年，爲潁川太守朱寵等興修祠廟所造。其制累石而成，兩觀雙植，中爲石門，亦有石方數尺，上琢樓臺，覆蓋如佛寺經幢。前刻銘文，每疊僅三字。後畫月中兔、杵臼、詹諸形，年代久遠，廢圮淪碎。洪氏《隸釋》不載，以其書篆體也。惟顧亭林《金石文字記》及葉封《嵩陽石刻集記》録其文，亦斷續不全。蓋當世久鮮完本，至今所拓者，僅存中一段數十字矣。余于丙午歲秋，在桐蔭齋，方展閱《太清樓帖》，有人持此本來售，遂留而裝成之。較《金石記》所載尚多四十八字，紙墨皆舊，古香拂鼻，的是宋元時物也。每於明窗净几，展玩數過，如對上古尊彝。爰録顧氏釋此本所增多字於左：

漢時篆書紕繆，自秦隸既行，六書之學日微。此文「鯀」作「鮌」，「眂」从「氏」，「條」从「彳」，俱別體。《廣韻》作「鯀」，《玉篇》又作「骸」，皆後世譌字。云「木連理于芊條」，「芊」亦「竿」俗字。顧炎武以爲「芊」，非也。其文合于古者，惟「德」作「悳」，用本字。云「則文燿以消摇」，不从「辵」。按：「河上乎逍遥」，《釋文》云：「本又作消摇。」據此文，則漢時不从「辵」，後人所改也。云「九域尐其修治」。《説文》：「尐，少也，讀若輟。」

按：《後漢書・安帝紀》云，延光三年「潁川上言：木連理」。此闕文云：「木連理於竿條」，即其事也。又，《元和郡縣志》云：登封縣東北七里，今龕中鑿石像，其石漢安帝延光三年立。今崇福觀在縣北七十里，觀東二十步，世傳爲啟母廟舊址，其石存也。但《後漢書》言「木連理」乃在三年，《元和志》亦言立石在三年，今石刻作二年甚明，未知其故。又唐崔融《啟母廟碑記》云：

顧野王《輿地志》、盧元明《嵩記》以爲翟陽婦人，即《太平御覽》引《嵩高山記》「昔有婦女姙身三十月生子，五歲便入嵩高學道，通神明，爲母立祠，號開母祠」者也。據此，則非啟母。然石銘稱述相鯀及禹治水之事，其説又古，豈後世之事有適相合者耶？

又明末拓本　文選樓舊藏

此與前太室東西闕銘同裝一册，上有「李鐵橋」、「李東琪印」、「家住揚州文選樓」、「隨曹憲故里許翰之印」、「江都汪延熙」、「仲愙氏藏」等印。校之前本，「玄」字下半泐，痕大如胡桃，而未嘗與下「九山」之「九」字相連。「山辛」二字未泐。

又乾隆拓本　陳曼生舊藏

此本上鈐陳鴻壽印，拓墨甚精，「玄」字下半泐，痕幾倍于明末拓本，然仍未與「九」字相連，「山辛」二字已損。第一行之前有「川郡陽」三字，則以前拓本所失拓也。今此三字尚存，然視此爲漫易矣。「長西河」之「長」字，今本左旁已泐。「趙鄴」之「鄴」，今本「白」字已失，此均尚完好。又「河寫」之「寫」字，「宀」上微泐少許，與明本同。今本泐處且浸及「舄」字之首。「陰陽穆清」之「陰」及「陽」字之偏旁，今亦漫易，此則明晰。「九域少其修治」之「治」字，今本「水」旁下部略損，此尚完好。「萬祺」字，今本漫易，此本甚明晰。此與新本異同之大略也。然新本字迹雖存，而字口剥蝕，此則潔潤，相去不啻霄壤矣。

又何夢華藏本

上鈐「何元錫印」。存字與前本同，殆同時所拓。氈墨亦精，視前本略遜耳。予二十年前，嘗校勘王蘭泉先生《金石萃編》于河西。「圜陽」之「圜」字，《萃編》作「[illegible]」，固疑無从「人」之理，而據近拓，末由斷定。兹見舊拓，則其文顯然作「圜」，並不从「人」。舊所懷疑，乃得冰釋。又合觀諸本，得增補《萃編》未及者十四字，第一行「□□□開母廟」以前，有「川郡陽」三字。「防百川」上，乃「工範」二字。「震驚」下，乃「禹」字。「爰納」下，乃「塗」字。「杞、繒」上，乃「三正」二字。「陰陽」上，乃「翯化」二字。「胙日新而累熹」句下，乃「□□□而慕化」。「咸來王而會朝」下，乃「□□□其清靜」。「九域尐其脩治」下，乃「□□□□祈福」。又「繒」从「[illegible]」，而《萃編》誤从「魯」。相「宥」之「[illegible]」，乃石泐「宀」字之半。「宀」下从「有」，顯然可辨，《萃編》誤作「肩至」。「貞祥」之誤「原祥」，「□替」之非「漸替」，則往者已舉正矣。附記於此，以補舊作《校字記》之闕。

泰室東闕銘 乾隆拓本　陳曼生舊藏

此銘文在篆、分之間，諸家無著録其文者。惟陸氏《金石續編》著録《潁川太守太室題名》，謂磨泐已甚，可辨者惟「延光四年三月」及「孔子大聖潁川太守楊」十數字耳。今合諸舊本觀之，計全文四十五行，可辨者尚得三十八字。録之如下：

三第三行末。三第四行末。延第六行末。光四年三此下一字非「月」字、第七行之上半。□孔子大第八行。「大」下一字，已不可辨。潁川太守易偏旁不可辨。第九行首。□□廟第十三行首。屬第十三行末。申□□懷第十八行首。

□辭曰第二十行首。「曰」下空數字。□中嶽第二十一行首。被第二十三行末。□存蘋乎第二十五行首。然北□京雒南第二十六行首。淵第二十六行末。雨□第四十行末。子子第四十一行末。兮□□第四十二行末。兮可□第四十三行末。兮第四十四行下空數字。字第四十五行。下空。

其「辭曰」以下當爲銘文，則非題名可知。此拓本甚精，「延光」之「光」字，明白可見，近拓則漫不可識矣。

又何夢華藏本

存字與前本同。

延光殘碑阮文達公舊藏本

此碑書體詭異，半不可識。《萃編》所録，可信者，但得半耳。此本上有阮文達公手題「諸城延光殘碑」六隸書，下鈐「阮元之印」、「詔勘石經」二印，下角有提督山東學政關防。又有「夢華過眼」印，蓋文達視學山左時所拓，何夢華時客幕中也。與今本相校，惟末行「延光」上一字，今本泐甚，此本尚清晰，然卒不能定爲何字也。

陽嘉殘碑並碑陰石已燬

此石藏海豐吴氏，久燬於火，此其初拓之精者。〔五〕

又硃拓本

敦煌太守裴岑立海祠刻石 翁覃溪舊藏本

此石舊拓多淡墨粗拓，精本甚少。此本墨色深黝，有「詩境」印，乃大興翁氏故物。

又 翁叔均藏本

此道光間固蓮溪將軍拓贈翁叔均者。有錢梅溪署題及韓履卿、張叔未、陳壽卿、李方赤、龔定庵諸家題識：

紀文達公《如是我聞》載此碑云：「在巴爾庫爾城外海子上，海子爲冷龍所居，城中不得鳴夜砲。」夜砲一鳴，則冷龍震動，天必奇寒。所謂海子，漢之蒲類海也。當時，吏民建祠，刊石在海子之傍，故云「立海祠」。「德」字之誤，不攻自破矣。質之叔均仁兄，以爲然否？　韓崇。

如此方是《永和刻》真拓，他得自塞外者，時多覆本也。昔年辛酉歲，從京中廠肆買八紙，已重摹之石。此紙寬，全形具在，尤難得。道光壬寅正月廿一日，叔鈞翁世好自吴江平望來竹里，審視而識之。七十五歲老者張廷濟。

是碑重摹本亦在巴里坤，此則固蓮溪慶由哈密擢科布多大臣時手拓原石寄祺者，可與方赤翁所藏徐星伯手拓本對勘也。叔均道兄鑒之。道光庚子六月廿二日初伏，古平壽陳介祺識。

徐星伯祠部贈余碑，較此本拓手少遜。叔均得此，可作枕中秘矣。蓮溪西曹舊友，恨不分惠一本耳。庚子八月十九日，方赤李璋煜識。

道光庚子八月望，在叔均齋中觀此固將軍慶在塞外親拓本，末行「祠」字之上，灼然是「海」字，非「德」字。仁和龔自珍記。

北海相景君碑 明拓本　魏稼孫舊藏

此本紙墨甚古，「國□□寶」之「寶」字，僅損四之一。「歍歔哀哉」之「歍」字，下三點全存。「殘僞易心」之「殘」字不損。「商人空市」之「市」字，尚存「十」形。魏稼孫跋稱二百年内外物。予以邵僧彌藏本與此相校，彼本「市」字較此已略損黍米許，故知爲明拓。子齋藏本，此爲最先。

乙亥五月二日，得於福州懷瑜堂骨董肆中。次日燈下，以舊藏本對校，此多筆畫數處，蓋二百年内外物也。錫曾記。

又 明拓本　張若村藏本

此本與前本同，惟「空市」之「市」字，較魏本損黍米許。有「張重光印」及以亦印。末有二《跋》。前有鄧守之題籤，後有陳碩父、何子貞題記。

陳眉公謂歐陽公《集古録》云：故北海相景君「碑銘有云：不永麋壽。予家集録三代古器銘，眉壽者皆爲麋壽。蓋古字簡少通用，至漢猶然。」余按：麋羣多至千百。京房《易傳》云：「廢正作淫者，大不明，國多麋。」又曰：「震逐泥厥咎，國多麋。」《博物志》云：「麋千千爲羣。」麋壽者，言多壽如千秋云也，非通用「眉」字也。庚申秋七月十六日，午睡足。若村張重光書以記之。

《金薤琳琅》謂《北海相景君碑》《金石録》云在濟州任城縣，蓋任氏在漢爲任城人也。予按：濟州即今濟寧州。今碑在州學，不知何年移置於此。《通志金石略》以不知其地，故直云未詳。姚江謝中香大中近過濟寧，拓以見惠。予家自祖宗來藏碑頗富，兼以予好收録，中間得於朋友之助者，十常四五，如此碑也。癸酉燈夕，若村張重光書於石間草堂。

《書》曰：「在水之湄。」湄，水隒也。《左傳》：「余賜女孟諸之麋。」《爾雅》：「水草交爲麋。」麋，借字。湄从眉，本義字。古字用借，不獨見古器銘矣。張君以「麋壽」之「麋」作本義字解，是恐不然。己未十二月，七十四老人陳奂記。氊蠟致佳，竟不能多識出數字，此拓本所以貴古也。然自足珍秘。子貞記。

又明拓本　邵僧彌舊藏

此本有張叔未題籤及題字，又有「僧彌」、「徐籀莊」、「之謙審定」、「趙之謙」諸印。後有碑陰，非一本。然拓墨至精，亦舊本也。有六舟所得金石印。此本存字與張本同，惟「空」下之「市」，較前又損黍米許矣。

右《北海相景君碑》，結體方整，有分法。王元美嘗稱其書古雅，非溢詞也。余又謂絶似《三公山碑》。《集古録》云：是碑殘闕，文不堪讀。〔六〕在文忠時已如此，無怪今之更加摩滅也。是册較明拓本尚多十餘字，其完善者九字，蓋四五百年前舊物。得之當益寶貴，願勿輕易示人。道光二十年庚子冬十月，籀莊賢甥得此本，携來清儀閣，乞爲審定。因書數語歸之，張廷濟。

又蘇米齋舊藏本

此亦明季拓，前有覃溪閣學題籤及附記，存字與邵本略同，「市」字則又略損。翁題録後：

蒼質渾古，鼎彝之亞。

此與塔景園本不能甲乙，宜同看之。

皆今日之舊拓本，不易得者矣。此本更舊。

此碑不能比「魯峻」，而可並「張遷」，尚在「衡方」之上。

凡左右「卩」，皆从「㔾」。

後又有楊峴跋，不録。

又徐紫珊舊藏整裝本

此本上有「徐紫珊秘篋」印。校蘇齋本，「寳」字、「市」字又略損少許，國初拓本也。

又乾隆庚戌黄秋盦手拓本

此本前有秋庵先生題籤云：「乾隆庚戌八月，秋盦拓本。」有「小松所得金石」、「汪喜荀印」、「延熹經眼」諸印，並有碑陰。文中殘字、不損，與他本同。今本則損其首，約大如棗實形矣。「歍」字下三點損其二，今本則全損。「寳」字約存三之二，今本則存半，且漫漶幾不可辨。「晶白清方」之「清」字，明本水旁三點第二筆微損，此本倍之，今本則但見首一筆。「蓄德修道」之「道」字，明本首字完好，此本首字下方較損，今本則首字損將及半。「市」字此視明本尚存大半，今本全不可見。「覞荚椞謨」之「覞」字，明本完好，此本中間微有泐痕如緑豆者二，今則連合爲一矣。後有李眉生臨米蘇齋本跋並自題識，不録。

武氏石闕記椒花吟舫藏本

有「椒花吟舫」印，並拓上截畫象。

又沈均初藏本

此本上有「松江沈樹鏞」、「鄭齋考藏金石文字」印及「沈樹鏞」、「鄭齋鑒藏」印。有覃溪及青陽王尚書題記：

漢《武氏石闕銘》見於趙氏《金石録》者，今在濟寧。其第六行「关」即「夭」字。第三行二「李」字，趙作「季」，皆誤也。此碑上有畫二層。

覃溪外舅云：　是碑「匽」字，可與武梁祠像榆母贊語相證。宗誠。

又 唐鷦庵藏本

有莫子偲題籤及鷦庵題字。

楗爲楊君頌 王仲瞿藏本

此本有「王曇印信」、「仲瞿」等印，後有「道光元年秋紹曾樵過」款一行，則此本亦曾藏吴門陸氏也。

孔廟置百石卒史碑 明拓本　孫伯淵舊藏

此本有「季仇印」及「旭庭鑑賞」、「見山」諸印。墨色沉黝，微傷濃重，明拓往往然矣。以國初拓本校之，無「常人掌領」之「常」字，下半「巾」字雖有泐處而筆筆可見，國初本則末畫不可尋矣。「請置百石□□一人」，「置百」二字之間無泐痕。國初本則自「置」之末畫泐至「百」字之上，惟未連及「百」字耳。「故事辟□」，「故」字尚存「攵」字之首二畫，國初本則但存其半「古」字矣。「事」字尚見「⺕」之半，國初本乃又加損。「辟」字存「啐」，國初本則作「[illegible]」矣。予所藏諸本中，此爲第一。後有楊見山跋，不録。

又國初拓本　沈均初舊藏

此本「置百」二字間已泐，「常」字末筆不可見，「故」字但存「古」，「辟」字存「卄」，爲國初拓本。前有趙撝叔題籤，有「樹鏞私印」、「鄭齋所藏」、「鄭齋考藏」、「沈樹鏞印」。後有楊聾石跋，言是王氏話雨樓中世藏，而不見王氏印章，疑此跋從他本移來者。

右漢《孔廟置百石卒史孔龢碑》，古拓最精本也，爲王氏話雨樓中世藏漢碑。傳至近時，文字多漫漶難讀。此碑完好，僅剥損數字。因在曲阜孔廟，得人力護持，非深山曠野歷敲火礪角之劫者可比。一切考據，王司寇《萃編》彙集古今諸家，無遺憾矣。惟翁學士覃溪先生《兩漢金石記·跋》詮釋文中「給犬酒直」「犬」字，謂即「發」字，省「發」爲「犮」，又省「犮」爲「犬」云，未免十分穿鑿。古者牲牢犬豕並用。《禮記》：「士無故不殺犬豕」，此用犬之明證也。碑文又云：「給牛羊豕雞」，上文云「給犬酒直」，亦是順筆成句，其用「犬」字，原作「牲」字解耳。此學士偶然意見之偏，後生不敢承順也。道光庚寅小暑後二日，揮汗記。楊澥。

又國初拓本

此册存字與沈本同，而「辟」字又微損，殆後于沈本三四十年。然氊墨至精，後有翁覃溪、孔荃溪、趙在翰三跋，又有「嘉慶丙子題」款一行，下鈐「藤花吟館」印，不知爲何人也。趙跋謂舊拓之精者；翁跋則云數十年舊拓，惟用墨過重。一册之中而有雪嶺墨池之判，可發一笑。覃溪閣學平生最好鑒評，然得者一二而失常八九，此亦其一也。

此在今日亦是數十年舊拓矣，惟用墨過重耳。末有據《圖經》云云。失去後，有辨此題之誤者，愚竊以爲不然也。丁丑夏五月十四日，八十五叟方綱。

此本拓手雖未精，然的係□□。「辟雍」「辟」字露幾及半，是近時不可多得之本矣。荃谿孔昭虔識。時嘉慶丁丑初伏日。

漢刻以《百石卒史》爲最。此本神采奕奕，如「百石卒史」，「史」字下半波磔，隱隱猶存「辟雍」「辟」字。中截亦可意求，爲舊拓之精無疑。道光六年，車過濟南雒華山館誌。趙在翰。

嘉慶丙子秋，購於京師之琉璃廠。

又朱少河舊藏本

此本與前本同，墨色甚舊，有朱錫庚少河印。上粘紅籤，疑亦少河先生手筆也。

又潘秋谷藏本

此册存字與前本同。莫子偲題籤後有彭允初、何子貞、陳碩父題記：

此碑在孔廟中最爲雄傑，然風神故自駘宕。至魏代諸碑，雄傑有餘，而駘宕不足。譬之《車鄰》、《駟鐵》，伯者之風；視雅、頌之音，亦已遠矣。此碑或標鍾太尉書。無論時分相縣，即以氣體論，與《受禪》、《勸進》諸碑，豈有相似處邪？司空公以下題名二列石刻在中間闕處。《金薤琳琅》未載此文，今割附于後。彭紹升記。

橫翔捷出，開後來雋利一門，然肅穆之氣自在。何紹基記。

案：碑云：孔「龢修春秋嚴氏經，通高弟」。「嚴」，即莊彭祖。避明帝諱，「莊」改爲「嚴」。《魯峻碑》：「峻治顔氏春秋。」顔，安樂也。蓋漢末何劭公學未興，所治《公羊》從顔氏，或從莊氏。二氏皆本西漢人，而與東漢諸儒説是自不同。此可與秋谷共證之。夫容山寄民奐識。

又 顧南雅舊藏本

此册前有「曾留南雅處」印，乃顧吴羹先生故物。「辟」字較前本但存其半，蓋乾嘉間拓本也。以較國初本，又有損泐。如「郭玄辭對」之「對」，國初本「丵」之末畫損半，明拓不損。此本則全損。「故事」之「故」，國初本「古」尚完好，此拓則「古」之末畫亦泐。「給牛羊豕」之「豕」，國初本下半完好，此本諸撇之末已略損。「□犬酒直」之「犬」，國初本尚存太半，此但依稀見末二畫筆迹。又以較今本，則「辟」字全不可見。「長吏備爵」之「備」字，尚存其半，今又加損。又「大常祠曹」之「大」，「蜀郡成都」之「都」，「年卌以上經通一蓺」之「以」、「經」、「通」三字，「惶恐叩頭」之「頭」字，今本又加泐矣。此册後有鹽官朱漁璜跋，多節録前人考訂。然亦勤學之士，愧不知其人也。録之如左：

《集古録》作「魯相置孔子廟卒史碑」，《隸釋》作「孔廟置百石卒史孔龢碑」，《金石略》、《天下碑録》皆作「司徒吴雄等奏孔子廟置卒史碑」。「百石卒史」，《通典》譌爲「百户吏卒」。《三國志》同《通典》，《水經注》譌爲「百夫吏卒」。《山東通志・闕里志》譌爲「百户卒吏」。孔繼汾跋此碑，以爲《闕里舊志》載碑文，訛者不可勝言，信然。《漢書・儒林傳》：「郡國置五經百石卒史。」《倪寬傳》：「補廷尉文學卒史。」臣瓚以爲「卒史秩百石」者。若三輔卒史，則二百石，《黄霸傳》云「補左馮翊二百石卒史」是也。秩有不同，故以石之多寡判之。元嘉惟有二年，此稱「三年三月」，蓋是年五月始改元永興。吴雄以元年爲司徒，趙戒以二年爲司空，至永興元年十月，亦皆罷矣。

《後漢書》：廷尉吴雄「以明法律，斷獄平，起自孤宦，致位司徒」。附見《郭躬傳》。趙戒，桓帝初「以定策封厨亭侯」。附見其子《趙典傳》。戒以阿附梁冀，傾陷忠良，爲清議所不齒。故范史於《李固傳》贊云，其視廣、戒，「猶糞土也」。碑因魯相尊師重道，循例轉奏，遂得玷名金石。讀者不可不辨。

讀此碑起末，知漢時三公奏事之式與《獨斷》所云「奏者亦需頭，其京師官但言稽首，下言稽首以聞」相合。然「誠惶誠恐」、「頓首」、「死罪」字，蔡氏略之不書。今以碑所載，可證其有遺典也。書名不書姓者，以位列三公故也。唐、宋告身章奏署名，凡丞相不著姓者，類此。庚子秋日，漁璜朱元吕。

此碑後刻云：「後漢鍾太尉書，宋嘉祐七年張稚圭按圖題記。」按：此碑永興元年造，元常獻帝初始爲黄門侍郎，距永興且四十年。此非元常書，明甚。未知稚圭所按，爲何圖也。

碑稱：「孔龢修春秋嚴氏經。」按：公羊春秋有顔、嚴之學。下邳嚴彭祖，眭孟之弟子也。朱氏《經義考》云：「嚴氏流派，史未之詳，而其承師條下所列治嚴氏者，於漢史外遍徵《隸釋》，而獨不及於孔龢，何也？」《易·説卦傳》「幽贊于神明。」《釋文》云：「本或作讚。」此碑正作「幽讚」，可知陸氏之有所本也。

是碑及《史晨前後碑》、《北海相景君碑》皆仁壽硯齋故物，簽題皆其墨跡。予得自廠肆，歷有年矣。《史晨前碑》的是明拓，日照許印林同年借閲，愛不釋手。《後碑》及《景君銘》及此碑，印林亦審爲百年來拓本。近時舊拓稀少，不得不什襲珍之。仁壽硯齋主人有知，應慰碑之尚不入傖父手也。丁未首夏二十日，古鹽官朱元吕跋於都門達子營壽亭侯廟之齋。

李孟初神祠碑 初出土本　潘秋谷藏本

此碑乾隆時初出土，翁閣學、王少寇先後著録。其文又互有得失。翁釋第一字作「君」，今審視非「君」字，少寇闕之，是也。第二字是「故」字，兩家均未釋。「除」下一字已闕，翁釋補近似。「郎中」下，翁作「辶」，王釋「遷」；今按，釋「遷」是也。「皆不」之下，王闕，翁釋「彳令」；今按是「得令」。「共案文」下，翁、王皆闕，今按是「書」字。「南部游□」，翁釋「游」，下一字作「攵」，王闕；今按是「徹」字。「貴君諱」下一字，翁作「戊」，王作「咸」；今審「戊」字中間已泐，不能定爲何字。「字元博」下隔數字，翁釋「仲□□□漢海」，王釋「仲興」以下文闕；今審是「仲興缺漢海」。「掾吴定」下，翁、王均作「尉□」，今考是「叔卿」。「時嗇夫」，翁釋「夫」上缺，王釋「嗇」；案「嗇」是也。「叔艾佐」下，翁釋「□□攷」，今審「攷」是「敬」字。「户□□□伯」，翁誤「户」作「后」。「賊捕掾」上一字，翁無釋，王釋「時」；案，王釋是也。「京□甫」上似「甯」字，二家均無釋。「供功□史左□」，翁釋「□功實史左治」，王釋「供功曹史左治」；今按「供功」下一字非曹，其上从「宀」下从「貝」，甚明。惟中間不能定爲从「毌」與否。「左」下一字，「氵」旁甚明，其他半亦不能確定。「爲台唐譚」上，翁釋「亭𠂉」，王無釋；今按，是「亭長」二字。予往歲校勘《金石萃編》，苦不能得善本，凡翁、王所已釋諸字，今本漫泐不可辨者至二十餘；兹乃獲善本，爲之校定，亦快事矣。後有彭允初、馮景廷二跋：

魏武定荆州，分南郡地置襄陽郡。既敗于赤壁，南郡以西爲蜀，襄陽爲魏。自晉訖明，襄陽或爲郡，或爲州，或爲府，與南郡更不相屬。此碑繫襄陽于南郡，當不在建安以後。和帝一號元興，桓帝一號永興。碑文「興」字上彷彿「永」字，其在桓帝時無疑。玩其字體，頗類《石經》，豈亦出伯喈之手歟？碑近方出土，未見前人著録，故論之。紹升。

《金石萃編》録此文，「永興二年」下尚有「六月己亥朔」等字。考《通鑑》是年紀，「秋九月丁卯朔，日有食之」。逆數至六月，「己亥朔」正合。《萃編》不引九月，轉引四月、六月，則《通鑑》無此文，誤也。馮桂芬識。

孔君墓碑 陳曼生舊藏本

此碑馬氏邦玉《漢碑録文》僅録二十八字。此本拓墨甚精，上有「陳鴻壽」印。詳審此本，可識者三十七字。馬氏釋「廿九世」之「九」字，實未能確定。碑字七行，行十六字，額書「孔君之墓」。録文如後：

□□□元年乙未青龍□□□□□□□

□□□□□□廿□世□□蓋□□□□

學□□□□□履方約□□□□□□□

□□□德□州里朝廷□□□□□□□

府掾守長史兼行相事所在□行□□□

吉安緒亻□□□□刊石建□□□□□□
□□□□□□□　此□□□□□□

韓勅造孔廟禮器碑明拓本

此本有「胡震之印」、「閔釿范禾印」、「范禾金石」、「叔蓋」等印，墨色黝古。「追維太古」之「古」字，下略有泐痕而迹無缺。近拓則損及下「口」字。「自天王以下」之「自」字，首筆完好，今本已泐。「亡于沙丘」之「于」字，泐痕如大豆，今則數倍，且連及次行之二字。「修飾宅廟」、「廟」字完全，今則已泐其半。「違越絶思」、「違」字微損，今損及半。「絶思」二字之間泐痕如榛實而字無損，今則大且再倍，浸及字畫。「永享牟壽」之「牟」，旁有泐痕，字迹無缺，今亦泐痕加倍，損及字畫。「元方三百」、「百」字首畫損四之一，今損半字矣。舊本多失拓陰側，此本亦無之。

又明拓本

此本存字與前本同，雖有陰側而有攙配者。前有莫子偲題籤，後有張廉卿跋，但論書法，不録。

龜兹左將軍劉平國治路誦初拓本

此誦在新疆阿克蘇塞木里山。〔七〕吴興施均甫太守補華佐張勤果公曜西征幕府時，獲石拓本，往歲自山左寄予者。拓本甚草率，蓋軍中無良工也。石後有「京兆長安淯于伯□作此誦」三行十一字，近來拓本多無之。

又翦裝本

與前本殆同時拓。

又整裝本

此較前二本拓墨校精，字畫多可辨。而第四行首之「谷」字已佚，則此本當拓于施氏氈墨之後矣。又無「涫于伯□」等十二字，殆收藏者失之也。

又陶方之制軍精拓本

此爲陶方之制軍督陜、甘時精拓本。以初拓校之，已泐七字，損四字。第二行「秦人」之「秦」、「趙當卑」之「當」，第四行「谷關」之「谷」、「至十日」之「至十」，第六行「堅」，第六行「子孫」之「子」均泐。又第三行之「□當卑」之「當卑」及「共來作」之「作」，第六行「堅固」之「固」，初拓本均完好，此已損半，而「涫于伯□」等十二字尚存。

郎中鄭固碑明拓整裝本

此碑翁閣學謂第二行「籍」字全見，「膺」字猶見上半者，舊拓也。「籍」字上止露頂，「膺」字全不見者，新拓也。此本「膺」字全存，墨色沉黝，爲明代拓本。以乾隆升碑後本校之，如「含中和之淑質」之「質」字，僅損下角，乾隆本乃損其半。「遂窮究于典籍」，「籍」字全泐。「造膝佹□」之「佹」字尚可辨，乾隆本僅存少許。「先屈計椽」，「計」字之「言」旁，大半尚可辨，今盡泐。「善性形於岐

□」之「於」字，上半尚可辨，今亦泐盡。「配食斯壇」之「食」字，此存太半，今存不及半。「貢計王庭」，「庭」字完好，今損小半。又下附裝雍正六年李鶡所得殘石，亦百年前舊拓也。

又 翦裝本

此本「膺」字存半。其異于前本者，「籍」字之「耒」旁已泐，如銀杏狀。「先屈計椽」之「計」字，「言」旁下半之「口」已泐，然尚見點畫。乾隆後本則並點畫亦不可見矣。其他與前本同。前有莫子偲題籤。

又 孫氏五松園舊藏本

此本「籍」字下角「日」字微損，又後于前本三四十年，他字則與前本無異。有「孫星衍印」、「五松居士沈樹鏞印」、「鄭齋審定」諸印。下附裝殘石初出土本。此碑出土後，刻「鄭固碑殘石」五字，此乃尚未刻字時所拓。以已刻字本校之，第一行「悳」字之前存「讓」字之「言」旁，「悳」字下存「能」字之上少半，今均泐。末行存「焉」字之過半，今僅存三之一矣。

倉頡廟碑 舊拓本

此碑頗漫漶，嘉、道以後，剥蝕有加。碑陽第六行「以傳萬嗣」下，此本尚有「陶」字及「陶」下殘字一角；後拓本則「嗣」字但存大半，「陶」字全泐。第七行「三綱六紀」，後拓本「六」字存半，「紀」字全泐。第八行「非書不記」，後拓本「記」字全泐。第九行「其翁、王二家不出「其」字，今增釋。爲德也莫」下，尚有一字不可辨，後拓則但及「爲」字之半，「德也莫□」全泐。第十行「循環無端」下尚有七字不可識，後拓則「端」下但有三字。第十一行「薦祀告」下尚有二字不可識，後拓僅及「薦」字之半。碑陰第五行題名上列「池陽吉□□二百」，後拓本「二百」字泐過半。第六行上列「高陵□□千」之「千」字，後拓亦泐。其左右兩側，則後拓本與此本無殊。

又 沈均初藏本

整紙拓本上有「沈樹鏞印」、「均初所藏」、「松江沈氏鄭齋考藏印」、「鄭齋」、「趙之謙印」。前記諸字均已損，蓋百年内拓本也。然碑陰題名第九行上列，翁氏以爲全不可見者，此本尚辨一「千」字。因拓墨尚精，故并存之。

封龍山碑 初出土本

此碑道光丁未竇應劉楚楨先生宰元氏時訪得。此本有庚戌冬莊君跋。庚戌爲道光三十年，乃出土後三年也。又近拓本校之，碑題「頌」字此本明白，今拓漫不可辨。「名與天同」之「同」字，此尚完好，今本損下半。「漢亡新之際」，「漢」字此本可辨，今本漫不可識。「遂采嘉石」之「采」，今本下半有泐痕。「如銀杏」，此本無之。「其辭曰」，今本「其」上已損泐，此本完好。末行「韓林」，今本「林」字全泐。出土雖未甚久，而損泐已如此矣。莊跋録後：

漢封龍山頌，延熹七年建，自來金石家未著於録，惟《天下碑目》曾列其目云：「在獲鹿縣四十里飛龍山上。」考「封龍」一名

「飛龍」，山接元氏界。獲鹿、元氏，在漢俱屬常山郡也。庚戌冬月，漁人莊縉度借觀並記。

孔宙碑 明拓本

此碑下半，近拓泐甚。此本「少習家訓」「訓」下泐痕去字甚遠。「黔首猾夏」「猾」字「犬」旁第二、三筆未泐連。「以文修之」「以」旁之几中間未泐。「明器不設」之「設」从「巳」，無損泐。「凡百印高」之「高」字下「口」字與泐痕不相連。近人有謂「高」字下「口」與泐痕不連爲宋拓者，非也。「其辭曰」之「辭」字，但損末筆分許。「夙夜在公」之「夙」字，第一筆旁無泐痕。「於卞時雍」之「卞」字，上二畫未泐連。「帥彼凶人」之「人」字，下泐痕未與字相連。「歿垂令名」之「歿」字从「□」，明白無損，乃明拓之尤先者。舊本多無碑陰，此有之，亦同時所拓，與今本無殊。惟下一列「故吏泰山南城禹規」之「南」字，今本泐少半，此本不泐耳。前有莫子偲題籤。

又 吾竹房舊本

此冊有「吾進私印」、「大末吾氏書畫記」、「竹素山房」印，乃國初拓本。以前本校之，「少習家訓」之「訓」字，與前本同。「黔首猾夏」之「猾」字，「犬」旁第二、三筆間泐痕僅如粒米。「以文修之」「以」字，几旁中間已泐。「明器不設」之「設」，巳有泐痕如黍米。「凡百印高」「高」下之「口」已與下泐痕相連。「其辭曰」之「辭曰」，泐及「寸」字旁少許。「於卞時雍」之「卞」，首二筆泐連。「夙夜」之「夙」，與前本同。「帥彼兇人」「人」下泐痕較甚，然尚未與下泐痕連。「歿垂令名」之

「殁」字之「曰」，泐少半。

又褚千峰手拓本

此本有褚峻手拓、千峰氏二印，較後于前本，然諸字悉與前本同，惟「辭」字第一筆，略損耳。

又吴平齋舊藏

此本有歸安吴雲平齋考藏金石文字印及題字。「其辭曰」之「辭曰」，第一筆已損。又後于褚本數十年。以今本校之，今本「訓」、「猾」、「以」、「設」、「高」、「夙」、「卞」等字，益泐甚。「辭」、「殁」二字全泐。又「殁」下之「乑」字，諸本尚存少半，今本全不見，此新舊本之異同也。平齋謂新拓幾等没字碑，未免過言矣。

《孔宙碑》秀逸似《曹全》，而端重閎整則遠過之。此猶是六七十年所拓。近日親友以新拓見貺，幾等没字碑矣。下有「吴雲私印」、「抱罍子」二印。

張壽殘碑明拓本　瞿木夫舊藏

此碑每行存十五字，以後拓本大率皆十四字，此明代足拓。第一行「蓋」字上截，但損一角。「晉」字完好。前有瞿木夫題籤，有「古泉山館印」、「五研樓印」、「文海英瀾閣」、「陳子有」、「吴熙載」（字讓之）等印。

又初刻跋本

此乾隆五十六年林紹龍初刻跋，時拓本每行十四字。「蓋」字上截損半，下截「皿」字尚完好。「晉」字不損。

又 翁閣學藏本

此有翁方綱印。「蓋」字上截又加損，下截亦小損，乃嘉慶間所拓，每行亦十四字。道光間拓本則「蓋」字全泐，「晉」字尚存。近數十年間，「晉」字亦泐矣。

尉衛卿衡方碑 徐紫珊藏本

此本有「上海徐渭仁收藏」印、「上海徐紫珊收藏書畫金石書籍」印、「徐渭仁印」、「紫珊」、「李公博氏」等印，後有紫珊題識。予藏國初拓本三，此爲第一。後來拓本第一行「因而氏焉」「因」字，此本僅泐下角。「而氏」二字，存其半。「焉」字尚見三之一，作「[illegible]」。嘉道拓本「而氏焉」三字盡泐。第二行「砥仁厲□」，此本「厲」字尚見其首。嘉道本則「仁」字末畫已損三之一，近拓末畫損半，且延及上一畫。第三行「廬江大守」，「大」字此本完好，嘉道本中間微泐，近拓第二畫下半全泐。第四行「長吕欽明」，此本「吕」字半泐，「欽明」二字完好，嘉道本則「吕」字僅存下角少許，「欽明」二字間有泐痕，近拓則「吕」字全泐，「欽明」間泐痕數倍，且損及「明」字之首。第六行「將□南仲邵虎之軌」，此本七字皆完好，惟「將」字下一角損，如小豆大；嘉道本「將」字損下半，餘字並全；近拓則「將」之全泐，且上侵及「尉」字之下脚，「南」字損其首，「軌」字損下半。「□翼軌之旌」「翼」

字，此本損其旁少許，嘉道本損其半，近拓全泐。第七行「悼蓼儀之劬勞」「儀之」二字，此本不損；嘉、道本「儀」損末二畫，「之」字完好；近本則二字並損其半。「仍留上言」「仍」字，此本存上截少半，嘉道拓本及近拓均泐盡矣。此下諸行，無甚異同。徐跋録後：

此舊拓佳本，時下不可得矣。予有黄秋盦手拓精本，遠不及此也。此碑與《魯峻碑》皆用肥筆。此以古拙勝，《魯》以温厚勝。然《魯》有法度，可學此碑，純以天趣，後人難能也。作書瘦易肥難。蔡中郎云，今筆心嘗在字畫中行。能解者則肥字不弱，所謂豐筋也。肥書近俗，東坡尚有墨猪之誚耳。咸豐三年七月，徐渭仁書。

又鄭板橋舊藏本

此本有鄭燮印信，乃板橋先生藏本。存字與前本同，惟「仍留上言」之「仍」字，視前本略損，殆後于徐本一、二十年所拓也。

又沈均初舊藏本

此本有「松江沈氏鄭齋考藏印」、「均初所藏」二印。存字與前二本同，惟「因而氏焉」之「焉」字將泐盡，但存少許。「仍留上言」之「仍」字，但存第一筆，餘畫均不可見。殆又後于前本二三十年矣。世人謂「將」字未泐本皆同時所拓，殆不然也。

又嘉道間拓本

有「汪楏審定金石書畫」之印，前有莫子偲題籤。「將」字存半，嘉、道間拓本也。存之，以爲考校墨本先後之據。

又碑陰 朱少河舊藏本

衡興祖碑陰傳世至少，此本有朱錫庚印，往在京師，得之大興朱文正公後人。此陰惟翟氏《隸篇》録其文，他家無著録者。翟氏録得七十一字，予本可識者得七十五字，與翟氏所釋互有異同。録之于左：

以上不可辨。□□太守南郡下泐。第一行 □北下泐。第二行 北平上下均泐。第三行 故吏缺北平下泐。第四行 京兆上下泐。第五行 故吏郎中下泐。第六行 故吏下泐。第七行 故吏京兆長安□紀字下泐。第八行 故民東平中尉潁川□□□字伯□第九行 故民潁川下泐。第十行 門下女下泐。第十一行 門生北海下泐。第十二行 門生下泐。第十三行 門生北下泐。第十四行 門生北海下泐。第十五行 門生北下泐。第十六行 門生下泐。第十七行 門生平下泐。第十八行 門生下泐。第十九行 門生下泐。第二十行 門生下泐。第二十一行 門生下泐。第二十二行 門生下泐。第二十三行

史晨饗孔廟奏銘 明拓本　沈均初舊藏

此本有「沈氏金石」、「松江沈樹鏞考藏印記」、「會稽趙之謙字撝叔印」。前半自首行至第六行「玄立制命」之「立」字止，均已佚。其存者自「制命」起，每行僅拓三十二字，復多蠹蝕。然氈墨至精，明拓本之較先者。「出王家穀」之「穀」字，僅泐末一筆之後半。明季拓本則「殳」已泐太半矣。

其新舊拓本字蹟之沿革，見下表。

此本「秋」字「禾」旁尚存，乃明季拓本。每行三十五字，上有朱錫庚印。前有鄧守之題籤，後有陳碩父、何蝯叟、馮景廷跋。又有潘秋谷録、俞曲園及張文襄公二跋。文襄考訂之文僅攀古樓鐘鼎款識略見一斑，及沙南侯獲碑一跋，此爲文襄佚文，雖非手迹，爰與諸跋同録于後：

又朱少河舊藏本

讖緯之學，漢初自孝武至漢末建寧，猶尊尚之。碑中言《尚書》，考《靈燿》、《孝經·援神契》、《摘雒》、汁光，稱孔子爲素王，端門見徵，血書著紀，其説皆出自讖緯。至若行秋、饗禮、歙酒、畔宫，祠孔子以大牢，非所謂尊先師重敦化與？雖凌夷如漢末，可追想三代之盛儀云。南園叟奐記。

每閲是碑，端謹淵肅，宛然見伯時躬上醊具，仰瞻俯視光景。東京分書碑尚不乏，凡遇一碑，則意度各别，可想古人變化之妙。要知東京各碑，結構方整中藏變化無窮；魏、吴各刻，便形板滯矣。時世爲之，雖欲挽回，人力恐難强也。同治乙丑仲春月十七夜，雪寒呵凍。何紹基薄醉後題。

是碑於漢碑中最爲完善，文亦勁整可學。此爲百年以前拓本，鋒頴俱存，氊蠟亦佳，洵臨池家之寶也。按：碑每行三十六字，末一行隱入趺中，自來拓本皆闕。乾隆己酉，浙江何夢華鑿開趺石，嗣是以後，轉得全文。此猶以前所拓，故行末字尚闕也。後碑亦然。馮桂芬識。

文中段籍字，洪氏、顧氏皆已指出。余謂「修定禮義」，「義」乃「儀」之假字。鄭君曰：「古者，書儀但爲義，今時所謂義爲誼。」然則，此云禮義，即禮儀也。漢刻可以考見古文如此。洪、顧諸家均未及，爲補出之。俞樾。

此前碑乃明拓本，較近時本增多半字者二十有餘，如「闡穀異聘」之類皆是。光緒十四年八月，携入鏁闈，展讀題此。之洞。

碑云「復禮孔子宅」、「復禮之日」。按：復禮即報禮義，與「春祈秋報」、「大報天而主日」同。《周官·宰夫》：「以待賓客之令，諸臣之復」後鄭説：「復之言報也，反報於王。」「却揆未然。」按：却，逆也。逆揆，猶言前知。《考工記·匠人》「逆墻六分」注：「逆猶却也。」《梓人》「卻行、仄行、連行、紆行」注：「卻行，螾衍之屬。……紆行，蛇屬。」亦謂螾衍可逆行，故與蛇行有别。王述庵謂此銘上文用陽、庚、青韻，中間忽叶「千」字，不可曉。按上韻是「臻」字，非庚、青部。古韻真、諄、至、先、仙諸部皆通用，不足異。又談、然、崇爲韻。按《漢書》：「趙談驂乘」，《史記》作「趙同」。漢人讀談如同，故史公以代父諱。然字遥與前臻、千韻，如《詩》「助我舉柴遥」，與首句「既」、「佽」爲韻也。史君蓋治《公羊春秋》者，公羊家説以獲麟爲瑞，謂「文成致麟」，已奇其説。作《春秋》之恉，又多矛盾。或云爲漢制作，如此碑所云。或云「新周故宋王魯，以《春秋》當新王」，實皆非《公羊傳》文所有。十一月廿九日夜，漏下三十九刻。之洞又記。

又 乾隆升碑後初拓本　陳曼生舊藏

此本前有陳曼生印，每行三十六字，乃升碑後初拓。以明拓及國初本校之，僅缺一「秋」字，及他字泐損筆畫而已，然亦不過數字。此碑之泐，蓋在升碑以後，至近百年内乃大泐耳。

又 嘉道間拓本

此本予十九歲時得之淮陰書肆，乃嘉、道間拓本也。予之收舊拓，始于此碑。此本校近拓，未損泐之字尚三十餘，足徵碑之泐甚，在百年内也。立表示之如下：

行字	明拓	明末拓	乾隆拓	嘉、道間拓	近拓
二行舊		微有泐痕	同上	上半泐甚	同上
二行能		損末筆	泐下角	同上	存半
二行闡引		闡泐少半，引完全	同上	闡同上，引泐少半	同上
三行臣		存	同上	同上	泐末筆之半
三行元年		存	同上	同上	「元」泐第三畫，年泐太半
三行到官		存	同上	到字刂泐，官字微損	「到」字泐太半，「官」字泐較甚
三行秋饗		精明	同上	同上	漫漶
三行飲		食旁微損	同上	同上	飲旁泐甚
四行依		存	同上	同上	存半
四行第二肅字		存	泐痕如梧子	同上	不存
四行而無		存	同上	「而」字微泐	「而」字存半，「無」字微泐
四行公		第二畫微損	同上	同上	首畫亦泐
四行子		字旁有泐痕微傷橫畫	漸泐及字	泐痕略增大	泐痕加甚
四行西狩		存	同上	「狩」字微泐	「西」字泐少半，「狩」字全泐
四行獲		存	同上	上半微泐	泐上半

六行際	阝旁不損	同上	同上	阝旁微泐	阝旁損
六行赤	存	同上	同上	同上	首損
七行代雖	存	同上	兩字微泐	同上	二字泐甚
七行褒	存	同上	下方微泐黍米許	泐少半	泐半
七行享	存	同上	下半微泐	下半泐	不存
七行之	末筆下損黍米許	損處加四之一	兩泐痕相連	同上	泐甚，侵及次行
八行尊先	存	同上	「尊」字微泐	兩字均微泐	「尊」字泐半，「先」字不存
八行師	末豎畫中間微損如黍米許	損痕加倍	泐痕又加大	泐痕損「帀」之下半	下半不存
八行重	存	同上	同上	微泐	同上
八行化	存	同上	同上	亻旁微泐	存半
八行夫封	兩字之間無泐痕	兩字間泐痕如大豆，不及字	封上角微泐	「夫」之末畫「封」之寸上與泐痕連	泐痕加甚
九行益	末畫下有泐痕	同上	泐痕稍損末畫	損下半	全字損太半
九行於	字下有泐痕如豆，未侵字	泐痕如芡實，仍未侵字	損及末筆	存半	不存
九行民	下角微損	同上	損痕略大	損半	不存
九行乃	上角泐痕如梧子	泐痕如銀杏	同上	損半	同上

九行孔子	「孔」字孑旁完好,「子」字微損	同上	「孔」字孑旁微損	二字全泐	同上
九行玄德焕炳	存	同上	同上	「德炳」二字下微損	三字均損半
九行光	損上半	同上	同上	僅見末筆	不存
十一行依	存	同上	同上	亻旁微損	
十一行社稷	存	同上	同上	「稷」下微損	二字均損半
十一行出王家	存	同上	同上	「王家」漫滅	「出」字存半,「王家」漫滅
十一行穀	殳旁僅缺末筆	殳損半	同上	同上	全泐
十一行秋行	「秋」旁首筆略損,「行」未泐	同上	「秋」字但存末筆	「秋」字同上,「行」微損	「秋」全泐,「行」損太半
十一行禮	礻旁有泐痕,不侵字	略侵字	礻泐下半	禮泐半	同上
十二行惟	末筆未損	同上	同上	下半微損	損半
十二行報稱	存	同上	同上	「報」微泐,「稱」損首畫	均半泐
十二行增	「曾」下之日損及下横畫	「日」損及中横畫	同上	「曾」損「日」	全泐
十二行異	損首少許	同上	同上	全泐	同上
十二行輒	存	同上	微泐	泐少半	泐幾盡

十二行惶	存	同上	同上	忄旁微泐	全泐
十四行治所	「所」旁微泐	同上	同上	「治」損水旁及末筆，「所」下又微損	「治」泐盡，「所」同上
十五行不代	存	同上	「不」字微泐	「不代」均微泐	泐太半
十五行□浳	「浳」存半，「浳」上一字尚存起首	「浳」同上，「浳」上一字全泐	同上	不存	同上
十五行應聘	「應」字但缺第三筆，「聘」存半	聘存少半	「應」下又微損，「聘」存四之一	「應」存半，「聘」存五之一	「應」存少半，「聘」存首畫
十五行嘆鳳	「嘆」損「口」及「莫」下少許，「鳳」損首筆	同上	「嘆」損少半，「鳳」損略增	「嘆」損半，「鳳」同上	「嘆」存少半，「鳳」泐四之三
十五行不臻	「不」字直畫損，「臻」字存半	同上	「不」損下少半，「臻」損太半	「不」存半，「臻」損三之二	同上
十六行漢	存	同上	同上	首微損	首損
十六行道	辶損末筆三之二	損四之三	道損半	損太半	不存
十六行審	損宀兩旁	同上	同上	同上	存半
十六行可行	「可」横畫未損，「行」損末筆之半	同上	「可」同上，「行」加損	「可」横畫損末，「行」損少半	「可」存半，「行」存少半
十六行乃作	乍損半	乍損過半	「乃」微損，「作」存半	「乃」存半，「作」不存	「乃」存少半，「作」不存

據右表觀之，知明至乾隆間所損至少，嘉慶以後始日損，道光以後乃大損矣。孔廟漢碑損泐最甚者，莫過此碑，故特詳之。予所藏明拓本自第六行始，故明拓六行以前，無從比勘。

史晨饗孔廟碑 明拓本　沈韻初舊藏

此碑紀饗孔事，無立石年月，但稱史君以建寧元年到官，而奏銘則是建寧二年。此石殆立于二年之後，故碑中有刊石勒銘，并列本奏語。而後人乃以奏銘爲前碑，此爲後碑，殊不可解。實則此爲碑陽，奏銘碑陰也。奏銘損泐殊甚，此碑則至今完好，數百年間無損壞。取校今本，惟「處士孔褒文禮」「褒文」二字之間，此本有泐痕一綫，長約一寸，寬分許，嘉、道間拓本三倍之、近拓如拇指，然于字迹無損。其文字之損者，惟「諸弟子合九百七人」之「百」字，首畫起筆此本無泐痕，嘉、道以後本有泐痕如大豆。又「上下蒙福」「蒙」字，「冖」旁此本有泐痕如小豆，而不侵字畫，嘉、道本亦然，近拓乃微及字畫耳。然新拓字畫雖存而枯菀，神采異矣。此本每行拓三十四字。

又 潘秋谷舊藏本

此本每行拓三十五字，前有鄧守之、陳碩父題籤，並有何蝯叟跋，後有馮景廷跋及張文襄公跋。何、馮跋不録，文襄跋録後：

「祇肅屑僾」，「屑」疑即「肸饗」之「肸」。「餘胙賦賜」，「賦」與《莊子》「狙公賦芧」同義。《釋言》：「班賦也。」注謂「布與古貢、賦、錫、賜等字上下通用」。「畔官文學」，據前碑「畔宮」書勢點畫證之，定是「宮」字，或石泐，或刊碑小誤。未谷釋爲「官」，非也。「香酒美肉」，《昌黎南海神廟碑》「牲肥酒香」句法本此，此又本《月令》「水泉必香」也。「飾治桐車馬」，略如《史記》、《漢書》「木偶龍」、「木偶車馬」之屬，猶「桃偶人」也。〔八〕蓋「又勑瀆井復民飭治車馬」爲句，「飭」借作「飾」。「於瀆上東行道表南北各種一行梓」爲句，此一條共止兩事也。道向東行，故於道南北種樹。竹汀因《漢志》「桐」「通」假借，遂説此碑爲「通車馬於瀆上」，以「復民」絶句；又以「瀆上」絶句，解爲三事，誤矣。僅言「飭治」，不言「治道」，殆不辭。且「復民」若爲新政，別作一事，當言「復瀆井民」，不得言「勑瀆井復民」也。西漢廟饗賜爵，不應至東漢末乃給復聖里之民。前後碑文字，洪氏及國朝諸老考釋已詳，兹綴臆説十事，請郎亭主人教。之洞。

又 陳曼生藏本

又 嘉道間拓本

夏承碑 明拓本　朱竹君舊藏

此明嘉靖間唐氏復刻本，紙墨俱甚古，三百年物也。後有「朱筠之印」及「靈石楊氏墨林家藏」印，乃竹君先生舊藏。原刻既不可得，此以前賢手澤所存，故藏之。臨川李氏所藏宋本，予今年在上海嘗見之，（常）賣家索值昂，不能得，今不知何所之矣。

西狹頌 明季拓本

此石今尚完好，新舊本存字無異同。此本紙墨俱古，殆明季拓本也。後附五瑞圖。

又 徐紫珊舊藏本

此本後有「寒木春花館」印，乃上海徐氏故物。前有「趙之謙」印。拓墨甚精，略後于前本。惜有蠹蝕及描墨處，然以較近拓存字不殊，而字口與筆法則相懸矣。

博陵太守孔彪碑 明拓本　毛斧季舊藏

此碑字小而畫細，近拓甚漫泐，舊本精拓難得。此本前有金壽門題籤，毛扆鑒定法書，「王任堂父鑒藏石刻之章」、「王楠之印」、「任堂三十年精力所聚」諸印，乃明拓之精善者。翁閣學謂：曾得研山齋舊拓本，第五行「膺」、第六行「命」、第九行「位」、第十一行「遺」、第十五行「辯」，此五字皆尚未損，今日拓本此五字不辨矣云云。今考此本，「膺」字完全，惟下「月」旁有泐痕，約如大豆，國初拓本則泐痕連「广」外矣。「命」字完全，惟首二筆之末各有泐痕，國初本則下半全損。「位」字「亻」旁及「立」字首亦泐，而尚可辨識，國初本則全損。「遺」字完好，國初本則「辶」存而「貴」損。「辯」字「辛」旁損半，餘皆完好，國初本則中間「言」字上半亦有損泐。然明拓字畫，此外尚有多于國初本者。如「乃翻爾束帶」之「乃」字，明拓字上泐而未與字連，國初本則已連合。「坐家不命」之「家不」二字，國初本已損半，明本尚完。「路不拾遺」之「遺」字，明本尚見「辶」之「夕」，國初本則已損。「每合天心」之「天」字，明本僅末筆上泐痕如豆，國初本泐痕倍是，且第一筆亦與泐痕連合。如「列宿之錯置」「宿」字，明本但損下角，國初本則損半，閣學均未之及也。

又 李芝陔藏本

此本拓墨尤匀潔，然翁氏所舉五字已有損泐，蓋國初拓也。李芝陔跋以爲明拓，殆過譽矣。此碑凡十八行，此本止十五行之大半，「殄」字蓋佚其末也。李君，涿州人，精鑒别。所藏宋拓《房梁公碑》，爲海内孤本，身後歸其甥趙次珊制軍矣。李跋録後：

是碑爲漢刻之最娟秀者，惟剥蝕太甚。此乃明拓本，其僅存之字，近拓皆遠不逮。比較乃知，寶之寶之。芝老。

孔君諱彪，字元上，是拓明明可辨。《集古録》謂名字磨滅，不可知。可見當日石已如此，拓又不清。《先聖宗譜》乃云名「震」，竟以字形而誤。郎仁寶《七修類稿》引之，且據以議歐公，謂何不借《宗譜》以考之。余謂歐公以爲不可知，猶見古人之審慎。《宗譜》則大誤，郎則誤信。又云：「不知碑尚在孔林否？」是謬誤、疏略兼之。可以爲戒。

又整裝本

此與李本存字相同，蓋亦國初拓本也。存十六行而遺末行數字，每行末亦少一字。拓工省紙，可恨也。拓墨濃重，字口或爲墨掩。然字迹明白，取與近拓相校，如「乃翻爾束帶」之「乃」字，國初本微損其首，今本損半。「□博陵大守」之「守」，今本損半，明本及國初本僅泐首筆。「削四凶以勝殘」「削」字，今本損「肖」上之「小」，國初本完好。「辭官去位」下「闔」字，明本及國初本尚存半「𠂆」，今本盡泐。「于時頌□□是」之「是」字，明本及國初本存上半，今本僅存少許。「克明王道辨□居方」「克」字，明本及國初本尚可辨，今本不存。「居」字，明本及國初本微損，今本全泐。此其異同之大略也。至近拓本字迹雖存，非以舊本校之，全不可讀矣。

楊叔恭殘碑舊拓本

此石在魚臺馬氏時，拓本第六行第七字之「方」字後已不存，此猶完好，翟氏《隸篇》録其文。第五行「韓」下尚有半字。又「韓」下第四格，亦有半字，殆據最初拓本，予未獲見。即「方」字未泐本，今已不易得矣。

又端忠敏公拓贈本

此爲石歸浭陽端忠敏公後精拓本，忠敏手題見贈者。忠敏撫吴時，携此石置吴中官寺，予屢得摩挲。今忠敏藏石散佚殆盡，此石未知何所歸矣。〔九〕披覽遺墨，爲之腹痛。予所藏新拓，皆不入録。然凡忠敏題贈者，均入録，重公嘉惠，不忍忘也。

漢《楊叔恭殘碑》，《酈注》已著于録。今得之魚臺馬氏，特拓奉叔藴道兄鑒。光緒甲辰九月，端方記。

郙閣頌「功」字未泐本

此碑在乾嘉時，第九行之末石紋斜裂處崩落，損「致」字之半及下「攻堅」二字。故世人皆知「致攻堅」三字未泐者，爲乾嘉拓本。然此三字未泐以前，第六行之「元功」「功」字雖泐，而「力」字二筆尚存，惟稍損耳。又「功」下有「不朽及俾」四半字，後「功」字損「力」之半，下半「不」字亦泐，僅存「朽乃俾」三半字矣。此本「功」字筆畫尚完，半「不」字尚存。平生所見此碑墨本，未有更先於此者。

又「致攻堅」三字未泐整裝本

此本「攻」字之半及下半「不」字已泐，「致攻堅」三字尚完。曩得于吴中唐仁齋，爲亡友劉君鐵雲乞去。鐵雲身後遺物零落，乃復于滬市購得之，此本蓋再來吾齋矣。鐵雲平生聚石墨善本甚多，身殁未久，一時都盡，可哀也。

執金吾武榮碑乾隆拓本

此碑嘉道以後遂多剥泐。予有黄小松藏本，以此校之，知此本尚在前，殆乾隆中葉所拓也。黄本「傳」講《孝經》、《論語》、《漢書》，「孝」字纔見末筆之末分許，「漢」字不可見。此本「孝」字尚見「子」字之下半，「漢」字尚見三之一。「左氏《國語》」之「語」字，黄本存「言」旁少半，而諸横畫已連合，此本則仍明晰。「鱻於雙匹」，黄本「雙」字存下角不及三之一，此本則尚存少半。「遷執金吾」，黄本「遷」字僅見下方一小角，此尚見下半約全字三之一。「加遏害氣」，黄本「加」字「力」旁已損三之一，此本但畫旁損少許。「廉孝相承」，黄本「相」字全泐，此尚可見下半約全字四之一。予齋所藏是碑，此爲最先。更先于此者，尚未得見也。

又黄小松舊藏本

此本有黄字印，後有小松先生題識。以今本校之，首行多「經《論語》」三字。次行多「匹學優」三字及「則」字之半。第三行「府君」之「君」，今本存半，此尚完全。「君」下「察」字，今本但存一角，此本則上半之「宀」尚完好也。黄跋録後：

《武榮碑》側有曹仲經、金壽門諸人墨書題字。易記。下鈐「秋盦」印。

又嘉慶間拓本

此本拓墨甚精，前有莫子偲題籤，後有馮景廷題識，存字與黄本同。馮跋録後：

漢魏碑額字作陽文胅起，此及太室石闕、黄初上尊號碑之外，蓋不多見也。馮桂芬記。

司隸校尉楊淮表記阮文達公舊藏本

此石存字新舊本不殊。惟末行「黄門」之「黄」字，嘉道以後拓本始有之，以前拓本皆失拓。予嘗于亡友劉鐵雲許見汪容甫藏明拓本，亦然。故《兩漢金石記》「門」字上缺「一」字、「此」字。「黄」字失拓，乃乾隆以前拓本也。有「阮元之」印，前有莫子偲題籤，後有何子貞跋。何跋空論書法，不録。

又乾隆以前拓本

此與前本同時拓，亦失拓末行「黄」字。

忠惠父魯峻碑明拓本

此本前有「无咎之印」、「乾日父」，後有「汪穀」二字印。「无咎」，殆明楊忠節公廷樞之子，與徐俟齋、朱柏廬稱「吴中三高士」者是也。墨色沉古，以雍乾間拓本校之，如「伯禽之懿緒」，雍乾本

「伯」字僅見「亻」旁，此則但泐四之一。「修武令之子」，雍乾本「令」字損下半，此則末筆之旁微泐。「州里歸稱」，雍乾本「里」字已泐，此尚見上截。「少半舉高第」，雍乾本「第」字損半，此但微泐。〔一〇〕「化行如流」，雍乾本「化」之「亻」旁已損，此尚可見。「行循吏之道」，雍乾本「道」字之「辶」末筆損少半，此不損。「董督京輦」，雍乾本「重」兩旁俱泐，但存中間橫畫，不能知爲何字，此本完全無缺。「熹□元年」，雍乾本「元」字但見下少許，此本惟損首筆。「四月庚子」，雍乾本「子」字漫泐，此本微損。「承堂弗構」雍乾本「堂」字中間已泐，此但微損。「弗」字上半漫漶，此尚完好。「允文允武」，雍乾本「文」字但見横畫之半，此尚見全字之少半。「武」字全泐，此本完全無損。「匪究南山」，雍乾本「山」字但見兩旁，中間已泐，此本但泐少許。「遐邇忉悼」，雍乾本「邇」字缺末筆二分許，此本不損。有碑陰，同時所拓。

又大興朱氏舊藏本

此本與前本同時所拓，墨色濃黝，有「朱筠之印」、「朱筠竹君」二印。後有碑陰，題名下列「尹顥叔□二百」。今本「二」字已泐，翁氏《兩漢金石記》亦無「二」字，則此字之失久矣。又下列首行「河東蒲反李琰孔時三百」，翁氏亦失書「琰孔」二字。又「欒平邢顥」下有「叔」字可辨，翁亦失書。

又雍乾間拓本

此本雍乾間所拓。以校嘉道間拓本：「伯禽之懿緒」「伯」字，此本尚存「亻」旁，嘉道本全泐。

「遐邇忉㤼」，此本「邇」字但損末筆二分許，嘉道本則損下截約全字之少半矣。

又嘉道間拓本

此嘉道間拓本，又後于前本數十年。以近拓校之：「君則臨營謁者之孫」，近拓「君」字中間大損，僅上下可見，此本中間尚完好。「仁義之操」，近拓「仁」字損半，此尚完好。「□殘酷之刑」，今本「殘」字損少半，此不損。「有黃霸召信臣在潁南之歌」，近拓「召」字「口」下損，此尚不損。「董督京輦」，今本「董」字但見字末，此損上方及兩旁。「綳中獨斷」，近拓「斷」字全泐，此則「斤」字可辨。「案奉□公」，近拓「案」字全泐，此尚見太半。「魏郡馬萌」，近拓「萌」字損太半，此尚可見。「作謚宣尼」，今本「宣」字損末筆，「尼」字損首畫，此本尚完好。「允文允武」，近拓上「允」字末畫損半，此本未泐。「遐邇忉㤼」，近拓「遐」字上損太半，「邇」字全損，僅見一橫畫，此本「遐」泐上少半，「邇」泐下少半。予尚有「邇」字存少半本，拓墨又後于此，亦附存之。

又趙撝叔舊藏本

此本「邇」字尚存少半，有「趙之謙」印。

熹平殘碑朱少河舊藏本

此上有「朱錫庚」印，殆乾嘉間拓本。「降此𢭃□」之「𢭃」字，雖下少半已缺，而字迹分明，今本漸漫漶矣。阮跋無泐痕，近拓泐損數處。

聞憙長韓仁銘 錢同人舊藏本

此碑「爲」、第四行末。「牢」、第五行。「君」第七行。及「謂京」二字間無損泐者，爲舊拓，人皆知之。然未損本爲何時所拓，則尚無知者。此本有嘉慶甲子錢可廬先生題字，知諸字未損本爲乾隆時拓矣。惟嘉慶以降，拓本「京」字第二横畫其半已有泐痕，至第一筆之點而止，此本不泐。此爲乾隆與嘉慶本之别，亦尚無知之者也。此本題者三家：曰嘉慶甲子錢大昭；曰七十八叟王昶；曰嘉慶辛酉錢侗。二則署觀款者五家：曰乙丑正月錢繹；曰金錫鬯；曰道光甲午瞿中溶；曰長洲陶梁；曰姚江周鳴皋。印章三：曰嘉定錢季子侗同人氏收藏經籍金石書畫之記；曰嘉定錢仲子繹字子樂號小廬過眼經籍金石書畫之記；曰禮北所得金石。錢可廬、王蘭泉二先生跋有蠹蝕，不録。録同人先生二跋如左：

金正大間，滎陽縣令李天翼發地得是碑，因令工人王福重立，並鐫同時趙秉文、李獻能二跋于後。碑末「此碑出京索間」云云，即趙跋起處。拓工惜紙，遂置不問，可恨也。宋歐、趙、洪諸家録漢碑最富，其時尚未出土，故皆不著録。「聞憙縣」，《漢志》及《續漢志》皆作「聞喜」，此字从「心」，與《劉寬碑陰》同，二字蓋可通用。第五行云「如律□」，末云「如律令」，此漢人公移所用常語，如《史晨碑》「增異復上」之類。吴氏玉搢云：「《史記·儒林傳》叙述所載詔書；《前漢書·朱博傳》博口占檄文，陳琳爲袁紹檄豫州文；《東觀餘論》所載漢破羌檄，皆有此三字。今道家符呪之末，猶存此語。道流以邪術欺世，盛于東漢，所造符呪，僭擬王制。今其子孫恪守成法，故沿用『如律令』之文，非與古人暗合也。」嗚呼！是可慨矣。嘉慶辛丑，嘉定錢侗書于杭州客舍。

《資暇録》云：「律令之令，宜讀平聲爲零。律令是雷邊□鬼，此鬼善走，與雷同速，故云如律令之疾走也。」予謂道家之書，多以鬼物恐怖衆鬼。若朝廷制作明告天下之文，豈應出此？李氏但見符呪所録有「律令」二字，未考漢制，輒爲肊説，非也。乙丑正月，小錢來山人重題。

又乾隆拓本。　有莫子偲題籤。

又同上。　有「沈樹鏞印」、「均初所藏」二印。

又同上。　有「漢畫室印」。

以上三本「京」字横畫均未損泐。

又翁蘇齋藏本

此本有黄易私印及翁方綱印。「京」字横畫起筆之半已損泐，至第一筆之點而止。此本殆拓于嘉慶時，故知「京」字横畫未損本，乃乾隆時氊墨也。

崇高請雨銘何夢華舊藏本

此銘拓本率拓銘文以下八行間有「典大君」行拓起，至「其言惟」止，計十一行。「典大君」以前，宋人所録，則久泐矣。予嘗飭工精拓。其言唯下行尚有一「何」字可辨，「何」字以下實無文字，不知何也。此本計十一行，第一字「典」，近拓已不甚可辨，此尚明析。第二行末「爲」字，近拓已泐下一角，此本則「爲」字尚完。第三行「作」下近拓石已泐，此本則文已漫漶，而石獨未泐，此新舊之别也。

尹宙碑明拓不損本　温又元舊藏

此碑近拓第一行，「因以爲氏」「以」字損半，「爲」字泐上角，「守昆陽令州辟從事」，「令」字全泐，「州」字但見末筆之下半。第九行「高位不以爲榮」「以爲榮」三字全泐。第十行「年六十有二」，「十有二」三字全泐，「二」字下「遭」字損半。第十一行「廼作銘曰」，「廼」字雖存，漫不可辨，「作銘曰」三字全泐。第十三行「位不福德，壽不隨仁」之「福德」、「壽不」四字全損。此爲明拓，一字不損。前有一幀印信及又元二印，乃吴興温一元先生舊藏。後有陸存齋觀察心源跋。

又丁筱農舊藏本

此本與前本同，惟「位不福德」之「福德」二字泐痕微加粗耳，殆後于温本三四十年。有「吴興丁氏」、「彦臣經眼」二印。

又朱竹垞舊藏本

此本前有朱竹垞及戴松門題籤，拓墨不精。雖一字不損，而「壽不福德」之「德」字已稍漫漶。有「徐紫珊秘篋」印。

又

此本雖僅泐「位不福德，壽不隨仁」之「不」字及「壽」字之半，而「德」字已漫漶。拓工粗惡，字畫肥甚，較明拓至加倍。然確非復刻，殆康雍間拓也。以可資參考字畫損泐之先後，故亦存之。

又

此本拓墨稍善，然仍傷肥滿。「守攝百里」之「攝」字損下角，「百」字損半。「德」字雖存而漫漶，「壽不」二字全泐。又後於前本數十年，殆乾嘉間拓也。有「浚儀趙氏秘笈之印」、「山木盦」等印，乃吾友趙聲伯太守世駿所藏。太守楷法精善，由登善上溯右軍，並世無匹。性孤耿，不諧俗。國變後，貧不能歸，斥所藏買宅於京師十刹海。忍饑謝客，其風誼蓋今之古人也。此本得之京估，每一瞻對，如見故人。

三公山碑 初出土本

此碑沈西雍先生濤守正定時出土。此有沈濤金石記，爲初出土拓本，惜翦裝兼有殘損，爲可惜耳。

又 沈韻初舊藏整本　有沈樹鏞印

校官碑 朱少河舊藏本

此碑近在江南求舊拓二十餘年，不能得。宣統初元，乃得此于京師。上有「朱錫庚印」及「王懿榮」二印，然亦百餘年前拓墨耳。此碑首行「蓋漢三百」以下，宋人謂有「八十有七載」五字，今不可見。諸家謂此下泐三字，「爲于」下又泐四字，爲銘。宋人及翁、王所録皆然。今以拓本校之，諸家所釋「于」字，今其字尚存「亻」旁，非「于」字，此下一字，見下半作「于」。然則諸家殆以此半字爲「于」，而誤移上二格也。又「郡位既畢」之「畢」，宋人及翁氏誤作「重」，王少寇誤作「畕」。「孔武糾著」之「著」，誤作「萶」。「初厲清肅」之「厲」，碑作「𠥽」，諸家誤作「厲」。「修□□之迹」之上是「禮」字。「流愛雙乎□□」，「乎」下是「西」字，諸家所釋皆未及也。翁釋闕誤，少寇多爲補正。予曩校《金石萃編》，未及此碑，爲補著之。

又 沈韻初舊藏本

此有沈樹鏞印，亦百年前拓本。以附單氏考釋，故存之。

劉梁殘碑 翁蘇齋藏本

此蘇齋所藏初出土本，閣學凡四題。又録題趙渭川《安陽訪碑圖》七古一章，兹録其四題：

二石在西門君廟門，左右穿作門闕。適安陽令訪拓剔宋《嘉祐修祠碑》，正值墻圮一角，左穿「石」字露出，又剔出右穿一石，移入縣廨。初拓此銘，「國之」下一字不可辨，及再精拓審視，是「裔」字也。此行下凡字究不能定是何字。黄秋盦云，當是「民」字。鎸刻有誤，此未敢遽定。

此銘云「國之裔兮」，是劉姓也。《後漢書·文苑傳》：「劉梁字曼山，一名岑，東平寧陽人也。」《文士傳》作「一名恭」。傳載梁所著文，皆本《春秋》經傳爲之。又云：「除北新城長。大作講舍，延聚生徒數百人，朝夕自往勸誡，身執經卷，儒化大行。特詔入拜尚書郎，累遷，後爲野王令，未行。光和中，病卒。孫楨，亦以文才知名。」據此碑有云「春秋博覽」，又云「常百人合銘辭國之裔」句考之，知是《劉梁碑》也。《魏志》注引《文士傳》云：「劉楨父梁，以文學貴，終野王令。」此「父」字蓋「祖」字之誤也。其云「終野王令」與《後漢書》相合，則此碑側云「歲在辛酉」，是光和四年辛酉也。嘉慶三年夏四月廿五日，此碑出土。其秋七月，渭川秋盦往復札訂，九月朔，書此。

後二十七辛酉，蓋千有六百二十年，爲大清嘉慶六年春。題此，以記墨緣。

又武虛谷舊藏本

亦初出土拓本，有「武氏金石」印。

白石神君碑陳寄磻舊藏附碑陰本

此碑近人謂「高等」、第六行。「燀」、第九行。「清」、第十一行。「匪」第十三行第二「匪」字。五字近拓已損。予篋中無近拓，所收諸本皆此諸字未泐者也。此本拓墨甚精，有「陳氏金石」、「寄磻珍玩」、「覃溪鑒藏」諸印。後附碑陰，乃乾嘉間拓本也。以沈韻初舊藏本碑陰校之，「主簿馬靖文□」之「靖文」二字，此本完好，沈本則均已損半矣。

又黃小松舊藏本。　有「小松所得金石」印及方小東題字。

又趙悲庵舊藏本。　有趙之謙印，後附碑側棲雲老人及真浄子二題名。

又沈韻初舊藏，附碑陰足拓本。

此上三本存字皆與第一本同。此本拓墨不精，而五字仍不損。碑陰則「靖文」二字已損，額陰有「務城神君錢二萬」等字四行，諸本多失拓，故存之。有沈樹鏞印、鄭齋靈壽花館鑒藏印記。

曹全碑 明拓本

此臨川李氏舊藏，後歸虞山趙氏，有李公博氏「舊山樓祕篋」、「趙次侯信印」、「長壽」等印。「悉」字未損，乃明季拓本之至精者。有碑陰，亦同時拓。後有常熟翁松禪相國跋。

又 明拓本。　無碑陰。

又 徐紫珊舊藏整裝本。　無碑陰，有「徐紫珊祕篋」印。

以上兩本並「悉」字損，拓墨至精。

又 「悉」字已損本。　附碑陰，汪容夫藏舊本。

此本「悉」字已有微損，拓墨亦殆後於前本一二十年。後附碑陰，非出一本，亦舊拓之精者。舊拓及近拓碑陰多缺首行「歧茂」題名，自第二行「商量」起，此本有之。有「汪中之印」、「江都汪氏問禮堂收藏印」、「朱筠」、「王峻」等印，有道光辛巳龔自珍、同治甲子初祁季聞觀款。前有莫子偲題籤，後有張廉卿、何子貞、馮景廷三跋。

又 「悉」字已損整紙本。　有朱筠之印。拓本亦精，與前本同時拓。

張遷表頌 明季拓本　金冬心舊藏

此碑初出土時，「東里潤色」四字尚存。予僅見吳中祝氏一本，後歸天津龐氏。龐氏身後，估客携至都中，不知歸何許矣。此本有「金氏冬心齋印」、「金司農」、「金門之壽」、「前江後山書堂印」，乃冬心先生舊藏。又有「小天籟閣」、「項漢泉氏」、「新安項源漢泉氏」、「一字曰芝房」印記。以黄氏小蓬萊閣本校之，「君諱遷」之「諱」字从巾，尚完好，黄本「巾」字已作「十」。「披覽詩雅」之「披」字，「扌」旁僅缺少許，黄本則所缺倍之。「高帝龍興」之「帝」，此本「冖」尚完好，黄本旁泐痕與畫連合。「徵拜郎中」之「拜」，此本完好，黄本損末筆下半。「君隆其恩」，此本之「恩」、「心」字不損，黄本已損首筆。「東里潤色」，此本「色」字不損，黄本損半。「君垂其仁」之「君」，此本未損，黄本損三之一。「隨送如雲」，此本「如」字不損，黄本「口」損强半。此乃明季拓本，至黄本筆畫雖存之字，亦不如此之精明。新舊拓本之懸殊，更不僅分辨于一筆一畫間也。

又小蓬萊閣舊藏整紙本

此有小蓬萊閣印，乃乾嘉間所拓，其與明季本異同已於前本言之。以校近拓，則「君諱」之「諱」字下已从「十」，今本又改作「十」，横畫加波磔，不僅二小豎畫泐矣。「北震五狄」之「五」字，明本横畫末微有泐痕，此本倍之，近拓則泐下一角。又「休囚歸賀」之「囚」口字，此本完好，近拓損末畫。「犂種宿野」此本「犂」字，「牛」之二横畫間有直裂痕，廣分許，近拓則泐痕大如銀杏。「宿」字，此本完好，近拓「宀」損一角。「西門帶弦」，此本「帶」字之「冖」尚可見，近拓則「冖」下均損。「吏民頡頏」，此本「頏」字之「頁」尚見下一角，近拓全泐。「銘勒萬載」，此本「勒」字完全，近拓損「力」。此乾嘉本與近拓之異同也。

鄭季宣碑 升碑後初拓本　黄小松舊藏

此黄小松先生升石後初拓。據小松先生題識，謂碑陽較雍正本少「五可躍虞能頌」等字，然翁閣學所據以入《金石記》者，但有「五可躍能」四字，而無「虞頌」二字，是乾嘉間善本已不多覯矣。此本存字，小松先生親釋於幅上，並釋碑陰題名。跋中記升石事甚詳，録左：

此碑在濟寧學宫戟門之東，正面向壁，下半久入土中。康熙年間，淮陰張力臣著《濟寧學碑釋文》，已稱碑字半没，亟宜出之。乾隆丙午，翁詹事覃溪欲易搨致碑額。碑去壁不盈尺，工人伸紙頗難，上方剥泐深寸許，額字不復見。詹事復趍易升碑甚力。工師見石質鬆裂，不敢移動，易與、敬齋鋭意辦此，裹氊貫索，百指一心，出土無損。作二石柱夾之，嵌置堅牢，兩面皆露。正碑原有四十二字，其下復露出十九字。碑陰原有六十五字，其下復露出五十一字。是役也，新出七十字。數百年沉埋之迹，一旦復見，真爲平生快事。督工細搨，審辨全文，與洪丞相《隸續》所載，微有不同：正碑内「折駕」之「折」似「挩」字。「伐石」下「擿」字，實「擒」字。又「郎中帝濟約庭世」等字，洪所未舉。碑陰内「毛武」是「毛良」，「吕林」似「吕彬」。又「容珪幼宓邯鄲左」等字，洪亦未舉。家藏雍正年間拓本，正碑止多「五可躍虞能頌」等字，碑陰尚多「故孟關内掾郵」等字。數十年來已剥落如許，再閲年華，不知更剥落幾何。今時精拓之本，可不珍重秘藏與？八月廿八日，錢唐黄易題。

幅上有小松所得金石小蓬萊閣印。碑陰佚。

碑陰 雍正間拓本

此升碑前數十年所拓，與翁、王兩家所録存字正同。惟第一行「阝」半字，翦裝時棄去。第二行

「故孟下津」字之水旁，明白可見。第十四行「故」下一字尚見上半之「宀」。第十九行「處士」下一字尚見上半之口。〔一二〕第二十行「子朝」之「朝」作「𠦝」，翁、王所録均誤。下一列殘字，一字不存，殆亦翦裝時棄之矣。

又葉東卿藏本

此本碑陽、碑陰完具，有「臣志詵」印，乃漢陽葉氏舊藏碑。以黄本校之，存字相同。碑陰以後黄本釋文，則「故方城長」之「方」，「處士□□謙真」之「真」字，此本已泐。或以後來碑陰配正本，非其朔與。

又乾嘉間拓本　朱少河舊藏

此本有碑陰。幅角有朱錫庚印，乃少河先生所藏。而以校前二本，則上截「思粤人之」之「人」字漫漶，「之」字已損。中截之「仏㶿咮」之「仏㶿」二字，「放鵑」之「放」，「子車」上之「垂欲」二字，「君德」之「君」字，均泐。黄本拓于乾隆五十年，此本殆拓於後數年矣。又以校今本，則今本中截又損「未挩駕，侵掠如咮中神人協宀者也當路無軜子車之殉德伐石」二十五字。更校今本之陰，則「楊光子容」之半「容」字已泐，餘略如近人所記，不復備舉。

嚴季男刻石劉燕庭拓本

有劉燕庭《西蜀得碑記》，乃燕庭先生鑒拓本。

巴郡太守樊敏碑 劉燕庭精拓本

此本有「劉燕庭西蜀得碑記」及「丙午」二印，蓋道光二十六年所拓。第十六行「有物有則」「則」字，近拓泐甚，此本泐半。

益州太守高頤碑 劉燕庭精拓本

有「劉燕庭西蜀訪碑記」及「丙午」二印。

豫州從事孔褒碑 雍正初出土本

此本「繼德前業」句上有「君」字下半「口」字，乃雍正三年初出本。以校乾隆初年拓本，則「君」下之「口」已泐半矣。又「鱗浮雲集者」，此本「浮」字尚見「氵」旁，乾隆本則「氵」旁已損。「者」字但缺末筆，乾隆初年本但見上半之一角，不能知爲何字。「察孝廉」之上「高」字，此本泐首二筆，乾隆本但見下截少半。「察」字此本存半，乾隆本但存其首「宀」字。是此石出不數年，已有損泐矣。翁氏所録有據《金石圖》補字，似翁氏未見初出土時善拓也。王氏《萃編》亦有譌奪之字，兹以最初拓本校之： 如「叺阝□□」，《萃編》失「阝」半字。翁氏有之。「君繼、德前葉」，《萃編》失「君」字。翁氏同。「綜核□典核」，《萃編》譌作「枚」。翁氏譌「極」。「衆琦务眇」，《萃編》失「衆」字。翁誤作「眔」。「博通多識」，「識」字僅見「言」旁首二筆。《萃編》「通」譌作「學」。翁氏譌同。「是□□□之徒」，「是」下乃「叺」字，《萃編》失之。翁同。「靡不川流」，《萃編》譌作「歷水州郡」。翁作「秝水州郡」。「鱗浮雲集者」，《萃編》失「者」字。翁同。「察孝廉」，《萃編》失「察孝」二字。翁同。「□從事」，《萃編》譌作「□之事」。翁同。「固辭逡□」，《萃編》譌「逡」作「峻」。翁同。「援爲國□」，《萃編》失「國」字。翁同。「侯覽」，《萃編》失「侯」字。翁同。「□棄股栗」，《萃編》「股」譌作「骨」。翁同。「遂□危命」，《萃編》「命」譌作「令」。翁缺此字。「臨難引負」，《萃編》失「負」字。翁同。「仁必有勇」，《萃編》失「仁必」二字。翁同。「臨難憒□」，《萃編》失「憒」字。翁同。「扌口奮燿」，《萃編》「奮」譌「舊」。翁同。「仁風既激」，《萃編》「激」譌「敫」。翁同。「□□□矣」，《萃編》「矣」譌作「與」。是少寇亦未見初拓本矣。爰附識於此。此本有涿鹿李在銑跋，有「人境廬」、「芝陔審定」二印。

又

此亦雍正初出土本，存字與前本同，拓墨精善亦相似。

又 雍乾間本

此本「繼德前葉」上「君」字下半「口」字已半泐，除前舉諸字外，餘存字皆與初出土本同，故知爲雍乾年間所拓。以校乾隆拓本，「君」之下「口」存一角，「繼」字「糸」旁缺上半之本，則「鱗浮雲集者」之「集」字，彼本全損，「者」僅見少許。「莫敢藏匿」之「莫」字，彼本損半。「魯相汝南陳府君」「魯」字，此尚完全，彼本則末畫已損。「□雲如□」之「雲」，此本尚見「⻗」之半，彼本則半「⻗」亦泐。是乾隆二三十年間，又增泐數字矣。

又乾隆拓本　鄭板橋舊藏

此本有「鄭燮印信」、「板橋」、「二十年前舊板橋」三印，故知爲乾隆時拓本。「繼」字「鹽」半完好，「糸」旁已泐上半。

又乾隆拓整紙本　存字與前本同

又「繼」字損少半本

此本「繼」字損上三分之一，以校「繼」字存下少半本，則「君諱褒」之「諱」字，「言」旁首筆已損。「鱗浮雲集者」之「雲」字一角，「者」字少許，亦泐。「莫敢藏匿」下「君」字，亦不可辨。「各爭授命」之「命」字，亦泐。當是乾隆末年拓本。

又「繼」字存少半本　吴荷屋舊藏

此本「繼」字但存「鹽」半之下「𢆶」，當是嘉道間拓本。以近拓校之，「君諱」之「諱」字，「言」旁全損。「都尉」之「尉」，「尸」半「尸」下之「示」，全不可見。「繼」字僅見「鹽」半最下横畫。「衆琦㚖眇」之「㚖」字，「鱗浮」之「浮」字，「均臨難引負」之「引」字「丨」半，全泐。「仁必有勇」之「勇」，亦全泐矣。有「荷屋所得古刻善本」、「吴榮光印」、「吴尚雲吉金貞石印」、「南海吴尚璁玨如珍藏」、「墨莊珍賞」諸印。

又沈韻初舊藏本

有「沈氏金石」、「韻初得秦漢六朝文字」、「撝叔壬戌以後所見」印，存字與前本同。

仙人唐公房碑 蘇齋舊藏本

此乾隆時十七行、行三十一字足拓本。第一行「故能」、末行「浮雲」四半字，均未遺失。以王氏《金石萃編》所録校之：「上陟皇燿」四字、「騰清躡浮」之「清」字、「土域此二字上「土」字即「士」字，下「域」字，疑《洪釋》有誤，文不可通。殆「或」之譌，惜諸本皆不可辨矣。「啖瓜」之「土」、「啖瓜」三字，近拓此二字亦可辨，「土域」二字，雖舊本不可辨。近人謂舊本「土域啖瓜」四字可辨，殊不然也。《萃編》均據洪丞相所釋補入。今合觀諸本，此諸字雖漫漶，猶可辨認也。至「歷世莫紀」之「莫紀」二字，「神靈之美」之「之美」二字，此本甚明白。《萃編》亦據洪氏補之，疑蘭泉先生所見，亦非善本也。此碑第八、九行間石有斜裂紋，起第八行「乃」字下，經「先歸谷口」四字之旁，而斜穿入第九行「又曰豈欲得家俱去」八字之中間。此本「豈欲」二字間雖有裂紋，字尚完好，以下裂紋稍闊。嘉慶以後拓本則「豈欲」二字已存半，自「豈欲」以下，石損泐廣七八分矣。又上截第十行第七字下，道光本有泐痕，圓如杏子，近拓則大逾桃矣。此本則無泐迹。新舊拓之驗以此。幅上有「蘇米齋」、「翁方綱定」、「小蓬萊閣」、「葉氏平安館審定金石文字」四印。有翁閣學七古一章，不録。録其題識：

《唐公房碑》在今陝西漢中府城固縣西北三十里。〔一二〕碑無年月可考，篆額二行六字。其第二行首一字，據《隸續》是「君」字。《隸續》云「十七行，行三十一字」，與今存本同。其第一行惟存「故能」二字，末銘一行惟存「浮雲」二字。中間略可辨者，尚百數十字。惟第十三行，《隸釋》云「天下莫知」，今諦視石本，實無「知」字。洪氏蓋以文義度之，增入「知」字耳。圭首偏右，穿仍在中。第八行「頃」字正逼中穿之右。又碑額「唐」字篆極分明，今《隸續》本皆摹誤也。歐陽《集古録》謂不載其姓，豈未見其額耶。唐公房祠見於《水經注》、《華陽國志》諸書。《隸釋》所引《後漢書・志》即《華陽國志》文也。是碑拓者甚少，近日顧南原作《隸辨》，亦未見此碑。吴門張瘦同舍人，自陝西拓十紙，託其友某寄來京師。其人見謂模糊，遂毁去其八，舍人以其一贈羅兩峰。此一本乃最爲拓善者，以見詒。爰軸而藏之，附以詩。乾隆四十四年春二月十五日。

又嘉慶拓本　孫淵如舊藏

此本僅拓十六行，行二十七字，存字均與前本同。惟第九行「豈欲」二字已損半，及二字下，石已損泐耳。其所以別於道光本者，第十行第七字下，尚無泐痕也。有孫星衍印及同治甲午沈韻初題字。此本拓墨最精。

又道光拓本　吴荷屋舊本

翦裝本僅拓二十五行，行二十七字半。有「吴榮光印」、「荷屋所得古刻善本」、「吴石雲吉金貞石印」、「曾在吴石雲處」、「筠清館印」、「南海吴尚璁珏如珍藏」等印。又碑陰存字，與前本同。

又道光間拓本　劉燕庭舊藏

此亦拓紙未足，存字與前本略同。而上截遜其明晰，所別於近本者，第十行第七字下圓泐痕，僅大如杏子耳。近人謂舊拓本第六行末「欲促」二字清晰，「欲促」乃「欲從」；第六行乃第七行。

新拓本此二字亦甚清晰，與舊本固無殊也。附正於此。此幅有「燕庭收藏」印。

光禄勳劉曜殘碑 初出土本

此初出土本，有趙之謙印。拓本甚精，後刻同治庚午宋祖駿跋言。但見十餘字，餘多不可識。今寫定如左，約全字、半字可辨者四十餘字。

上缺氵□□裔□也。祖考山陽□縣下缺。開易□寸□從事，守早下缺。大官令，喪母服闋，復□良□□爵下缺。□□之□□□□阝尉下缺□□□□□震怖□□□□旬下缺。□齒下缺。□□□□宀正衛下缺。□□□□上皦□守節下缺。□□□七□庠丰□世下缺。□□□□□陽安下缺。下行無字。□□□□□統下缺。

楊君殘銘 韓小亭拓本

此碑陽但存「尉楊君之銘」。直行。殘額陰存題名第一列二十一行，每行存一、二、三字不等，録之如下。幅上有「武林韓小亭鑒定西蜀金石文字」印。

議	孝廉	孝廉
孝廉	上計	上計
上計史	上計	賊曹
營	門下	門下

卒史　　主簿　　主記

主計　　門下賊　　門下賊

門下議　　門下史　　門下史

殘碑陰夏侯□等題名　桂未谷舊藏本

此碑俗名《竹葉碑》，今已斷爲三。此初拓本，有「桂馥信印」、「濆井復民」及「五經歲編齋」等印。予齋藏未斷本三，此本爲最先拓，亦最精。

又顔運生舊藏本

此本爲顔運生所藏，翁蘇齋爲題釋，並作碑圖。幅中有蘇齋書籤及「覃溪審定」、「恩加二品重讌瓊林内閣學士」、「内閣侍讀學士、翰林院侍讀學士」三印。碑圖小隸書，所釋與《兩漢金石記》略有異同。跋中節録陳竹厂跋與《金石記》所載略同，不復録，録第二跋：

右予前年所跋，今春運生孝廉計偕至都門，以拓本見贈，爲書釋文並此《跋》于後。然所謂陽面無一字者，特傳聞之辭，方綱固未嘗見其石也。如得見其石，亦安知無一二可尋處耶？則未知能以輕楮淡墨，拓其一二紙否也。附記于此，以俟之。時乙未四月八日，大興翁方綱。

《兩漢金石記》跋稱「乙未四月，屬曲阜顔運生拓此無字之正面來，以資考證。其年冬，運生拓以來」云云，蓋即於此跋中索之也。

又沈韻初舊藏本

此亦未斷本，上有「鄭齋」及「均初所藏」印。三本中，此拓最後。《金石萃編》及《金石記》傳録諸名，第一列第一行「夏侯」下實有一字，不甚可辨，翁、王均失之。夏侯複姓，其下自應有名也。附識於此，俟得更精本或尚可辨識也。

元孫殘碑初出土本

正直殘碑初出土本

此二種有「武氏金石」印，乃虚谷先生舊藏。

懷君殘石

石在蜀中，傳拓甚罕。此本有王懿榮印，乃文敏舊藏，拓墨甚精而字迹可辨者，仍寥寥也。

日晷拓本端忠敏公題字本

此忠敏宣統辛亥正月題贈，蓋下距授命時才九閲月耳。原題録後：

漢日晷，光緒初年出歸化城。文中凡「七」皆作「十」，「十」皆作「十」，可以證明經史傳寫之誤。特拓奉叔藴先生，爲加參考。

宣統辛亥正月，弟端方題。

武梁祠畫象題字黄秋庵拓本　沈均初舊藏

此册《武梁祠畫象》三石，題字八十七榜。《祥瑞圖》二石，題字三十八榜。前石室有題者十三石六十四榜，左石室有題字者一石十榜，共一百九十九榜。除前石室中有無字者及兩事合爲一榜者，計之，亦實得此數。近人言共百八十九榜，誤。拓本上有「黄」字及黄易私印，乃小松先生監拓本也。以小蓬萊閣所著録校之，則武梁祠諸榜中「藺相如，趙臣也」，此本自「如」字之「口」可見，而小蓬萊閣金石文字則「相」字尚見「目」旁。又「藺」字亦見少許。《金石萃編》著録前石室第五石字七榜，其「此亭長」一榜，此本亦泐。《萃編》所據本當是初拓，是小松先生監拓本已自不同矣。小松先生自述，出土後「夏桀」之「夏」字，初拓「一」畫之下無點，今泐缺。「魯莊公」之「魯」字，亦缺。「秋胡」下「妻」字，初拓尚露「女」字，「孤」字之「子」尚露，今俱缺。「藺相」二字，初存其半，今全泐云云。又以舊拓及近拓校之，《武梁祠》三石題字八十七榜，今尚無恙。近人謂「夏桀」一榜，惟舊拓本有之。予藏三十年前拓本，尚有之。《祥瑞圖》二石中第二石損甚，蓋在重立時已然。《山左金石記》已言之，不始近數十年間也。前石室第六石字七榜，舊本及近拓上一列之「功曹車」三字已泐，但見「車」字末少許。第七石第二列「周王發」，舊拓但存「發」字，近拓則「發」字亦損。第八石此本題字五榜，近拓泐甚，但存「此秦王」之「此」字及「秦」字之半，餘均泐盡。第九石字四榜，舊拓雖存，而字已漫漶，畫象亦損甚，蓋諸石中以前石室之泐損爲甚也。左石室第一石諸榜，近拓亦無損泐。「王陵」一榜，「獲於楚」之「獲」字，當作「獲」，即「獲」字。石本損「亠」，初出土時已然。近人誤作「獽」，云「獽」字初拓完好。又謂「義士即「士」字，近人又誤作「王」。范贖陳留外黄兄」之「兄」字，舊拓完好，今「獽」

字、「兄」字全損。今檢此本，「兄」字但存上太半，今拓本亦然，亦非初存而今損也。此册前有莫子偲、趙撝叔題籤，後有沈均初、俞曲園諸跋，節録於左：

同治癸亥秋八月，得此黄小松小蓬萊閣舊藏初拓本，於都門漢石經室珍藏。

撝叔云：「鹽」是「豔」之假借字。「無鹽」者，謂「無豔」也。古歌曲曰「鹽」者皆是「豔」。説甚允，故録存之。戊辰八月，鄭齋。

同治庚午九月，以《金石萃編》及《小蓬萊閣釋文》互校一過。《山左金石志》云：「第二石初出土時已裂爲三，翁閣學、黄司馬釋之，頗多舛錯。然自重立之後，畫象題字更有泐蝕處，益知初拓可貴也。」阮文達在山左，距是石出土時，於時尚未遠，所言已如此。故近日魏稼孫鹺尹輯《金石萃編校勘記》寄余函云：「《詳瑞圖》近拓本已模糊不能辨，初拓精本當與宋拓同寶矣。」此黄氏舊本，故尤當重之。此題在《祥瑞圖》題字後。

「退爲肉刑」，「退」字分明。前人或釋爲「遏」字，誤也。《廣雅・釋詁》「退，減也」，故減膳謂之退食。見後漢楊宏、楊秉兩傳，「退爲肉刑」，即減爲肉刑，言由死刑減等而爲之也。原肉刑之始，亦是仁者之用心，于此可見。樾記。

洪云：「凱式，即楷式。」然二字音義俱别，古不通用。凱當讀爲暟，美也。郭注：「暟暟，美德也。」「後世暟式」，言爲後世之美式。「綱」上一字，洪作「無」字。黄氏以「無」字稍偏，疑是「橆」字。今諦觀拓本，實是「幠」字，右旁是「巾」，非「木」也。《爾雅》：「幠，大也。」「幠綱」，猶言大綱矣。幠綱與暟式，正一律。樾記。「赴火如亡」，「如」讀爲「而」。樾記。

顔叔事見毛公《巷伯・傳》。彼云「縮屋而繼之」，此云「擿苫續之」。「苫」當作「笮」字，本是「竹」下「乍」。隸體於「艸」頭、「木」頭，不甚區别耳。「笮」乃屋上簿也。《説文・竹部》：「笮，迫也，在瓦之下，棼上。」《釋名・釋宫室》曰：「笮，迮也，編竹相聯，迫迮也。」然則毛公所謂「縮屋」者，謂摍取屋上之笮，得此而傳義益明。孔氏《正義》曰：「抽取屋草以繼之。」夫艸以覆屋，自在屋上，豈室中之人所能抽取？笮則在瓦下棼上。顏叔子屋宜不甚高，引手取之，斯無難矣。金石文字有裨經義，于此益信。樾記。

又 李芝陔舊藏本

此本亦初出土時拓，乃整裝本，有「人境廬收藏金石文字」印。予益以後出土之《武祠畫象》二石，後出《祥瑞圖》一石。近後出土二石：〔一三〕其一歸端忠敏公，一歸山左丁氏。近不知售歸何人，已展轉歸海外矣。近聞左石室畫象第一石，有「顏叔獨處」諸榜者，由山左丁氏售之滬估，已歸瑞典。

又武梁祠畫象殘石 文選樓精拓本

此《武祠殘石》乃積古齋所拓，有阮元印、文選樓印，後有蘇齋跋：

黄秋盦於濟寧既得武梁祠象諸石，復得碎石，不能嵌於新造石闕矣。此石畫一獸，其旁略辨「此金萬」三字，秋庵琢此爲研。今歸阮芸臺齋。下有「覃溪」二字印。

鄒縣白楊村漢畫象 端忠敏公題贈本

此象下旁有「食齋祠園」四字。此石歸端忠敏公時，拓贈題識如下：

山東鄒縣白楊樹村關帝廟漢畫象一石，今年帖估爲輦致吴下，特拓贈叔蘊先生。甲辰九月，端方題記。

漢負扆圖刻石 端忠敏公題贈本

此石畫象四列無文字，忠敏撫吴時拓贈，有題字：

《負扆圖》，王文敏公得之曲阜，今歸吾齋。叔藴三兄有道鑒。光緒甲辰九月望日，端方記。

嘉祥畫象刻石

此石有字三榜：曰「鈎騎四人」，曰「騎倉頭」，曰「輜重」。舊藏端忠敏公許，後歸東萊丁氏，近歸瑞典。

皋陶等字畫象刻石

此石存字八榜，曰「□龍□」，曰「皋陶」，曰「東部督郵」，曰「西部督郵」，曰「□子□」，曰「陳子禽」，曰「陳子□」，曰「王子□」。東萊丁氏藏，今歸瑞典。

漢畫象刻石

此石近年出開封。畫象三列，上二列有題字十六榜，鎸刻甚淺，題字筆畫細如畫沙，今已歸海外矣。題字録後：

偃師刑渠至孝其父。

此上人馬皆食大倉，急如律令。

刑渠父身。

豎壬丁蘭。

木人爲像。
後母身。
敏子悆父。
敏子悆。
後母子御子悆車馬。
以上第一列。
減谷關東門。
伯申母一。
伯申身。
原穀親父。
孝孫原穀。
原穀泰父。
以上第二列。

題中字「野王」作「壄壬」，「閔子騫」作「敏子悆」，「減谷」即「函谷」，「泰父」即「太父魏」。

魏

公卿勸進表元明間拓本

此本墨氣蒼古，筆法具存，六七百年前所拓。僅拓碑陽，有張式「抱翁復生」及「徐紫珊祕篋印」、「徐氏玉林堂印」等印。以明拓本校之：第一行「大尉都亭侯」之「尉」字，此本損半，明本損三分之二。「都」字，此本見少半，明本不存。「亭」字此本完好，明本損太半。第二行「都亭侯」，此本「亭」字上半微損，明本損太半。「渡遼將□」，此本「遼」字存半，「將」字尚見右半；明本「遼」字存三之一，「將」字不存。第三行「征東將軍」，此本「軍」字完好，明本損半。第五行「□□□軍華鄉侯」，此本「軍」字之「冖」微泐，明本泐全字之少半。「奉常臣□」，此本「常」字下半微損，明本損半。第六行「□府臣林」，此本「府」字損三之一，明本損半。「將作大匠、千秋亭侯」，此本「匠」字、「千」字完好；明本「匠」字略損，「千」字損半以上。第七行「長水校□關内□」，此本「關」字損三之一，明本損半。「關内侯臣福」，此本「福」字筆筆清朗，明本漫漶。「關内侯臣質」，此本「内」字、「質」字完好，明本均泐半。第八行「軍都亭侯」，「軍」字損少許，明本損半。「樂鄉亭侯」，此本「樂」字右半稍損，明本損半。「平樂亭侯」，此本「亭」字微損，「侯」字損半；明本「亭」損半，「侯」損過半。第九行「成遷亭侯臣慎」，此本「成」字、「臣」字均完好；明本「成」右半漫漶，「臣」上略損。「常樂亭侯臣俊」，此本「俊」字完好，明本損「亻」旁上半。第十行「安昌亭侯」，此本「侯」字存上少半，明本僅見少許。「漢帝奉天命以固禪」，此本「天」字、「以」字完好，「禪」字明朗可見；明本「天、以」二字皆微損，「禪」字漫漶。「羣臣□□□□□□」，此本「羣」字損上左角，「臣」字損下横畫；明本二字均損半。第十一行「陛下違天命以固辭」，此本「違」字損上半三之一，明本損上半；此本「以」字完好，明本損半。「以福海内欣戴□□」，此本「内」字微損，「戴」字完全，但略漫漶；明本則「内」字加損，「戴」字損下半。「而□□□□□」，此本「而」字可辨，明本不存。第十二行「以時則虜□滅」，此本「以」字、「虜」字完全，但微損泐；明本「以」字不可辨，「虜」損下半。第十三行「先王□德遺□」，此本「先」字上損少許，明本損上半。此本「德遺」二字可辨，明本漫没。「□何有焉」，此本「何」字可辨，明本亦漫漶。第十四行「然後帝者有禪代」，此本「然」字完好，明本損上半。第十五行「畏天命也」，此本「畏」字可辨，明本漫漶。此本「天命」二字，筆筆清明，明本稍泐。第十六行「□魏受命之初」，此本「魏」字損上右角，明本損半。「受」字此本雖損，尚可辨識；明本漫没。第十九行「武□□不悦□□□之玄□矣」，此本「玄」字損右少許，明本損半。此本「矣」字下半可辨，明本全没。「是以臣等」，此本「以」字完好，明本漫漶。「而二京□之□□」，此本「而」字損大半，「之」字完好；明本均漫没。此存字之沿革大略。至此本之筆迹華潤，明本則已僵澀，其相懸則不可以道里計矣。十年前，王孝禹觀察瓘嘗見此本，驚歎，以爲五十年中所見漢魏碑版拓本，莫古於是者。每見必乞觀，不忍釋手。今孝禹已作古人，同好零落，思之憮然。

又明拓本

此本乃鄭雲門閣學所藏。碑陽爲明拓本，碑陰乃康雍間拓本。翁蘇齋以朱筆記已泐之字於上，並跋其後。又有梁茝鄰中丞三跋，錢梅溪處士一跋。以國初本校之：第一行「大尉」之「尉」，此本尚存右角，國初本全泐。「御史大夫安陵亭□」「夫」、「陵亭」三字，此本均損，「安」字完好，國初本已泐。第二行「軍都亭□」，此本「都」字完好，國初本泐右半之下截。第三行「□□督軍」，此本「督」但損左上角，國初本但見下半「目」字。「征東將軍」，此本「將」字完好，國初本已泐。第五行「匈奴南單于」，此「南」字上少半及左半一筆尚存，國初本但見上二筆。第六行「千秋亭侯臣照」，二字此本微損，國初損痕增大。第八行「樂鄉亭侯」，此本「樂」字損右半及末筆一點，國初本泐太半。第九行「關内侯臣巽」，此本「關」字損「門」之左半，國初本則左半全損。第十行「羣臣」之「羣」，此本損左上角三之一，國初本損上太半。第十二行「足以」之「足」，此本「口」上損，國初本則「口」字損半。第十五行「猶務奉天命」，此本「命」字可辨，國初本漫漶。第二十行「遂集矢石于其□殿」，此本「其」字上半可辨，國初本但見上横畫。第二十一行「衣甲□□冑」，此本「甲」字尚見其首，國初本全損。碑陰以乾隆拓本校之：第一行「以翊武功」，此本「以翊」二字左半微損，乾隆本損半。「飢者以□」，此本「飢者」二字完好，乾隆本已泐。第二行「皇天則降甘露而臻四□」，此本「降」字不損，乾隆本已損。「而臻四」三字，乾隆本全泐，此本惟「四」字損右方少許，「而臻」二字完全無缺。第三行「雜還於其間者無□□□」，此本七字均存，乾隆本則「雜」、「於間者」四字損半，「還」、「其」、「無」三字全損。第四行「所以陳叙」之「叙」字，此本右下微損，乾隆本損太半。第五行「因漢朝之款誠」，此本「漢」字完好，乾隆本損上少半。「信矣著矣」，此本「矣著」二字完好，乾隆本均半損。第六行「五帝無以加」，此本「以」字完好，乾隆本已泐。「萬載壹遇之秋」，此本「壹」字完好，乾隆本已損。第九行「臣題、臣觸、臣常」，此本「臣題」二字微泐，然尚可辨，他四字完好，乾隆本「臣題、臣常」全泐，「臣觸」之「觸」，僅存首半許。此碑陰存字異同也。惜此本佚二葉，不能悉校耳。翁跋録後，他跋不録。

是碑後半，今頗稍稍拓出，而漫漶過甚。予所藏淡墨本「遠人以德」句，「人」字尚具存而墨色過輕，乃不及此本濃淡適中，恰與前本相稱。耘門先生將來共賞，因屬識其後。北平翁方綱。

又國初拓本

此本亦僅拓碑陽。以乾隆本校之：第二行「都亭□」，此本「都」字存上半，乾隆本全泐。第五行「□□軍華卿侯」之「軍」，此本左半泐，約全字三之一，乾隆本全泐。「奉常臣□」之「臣」，此本完好，乾隆本泐。第十四行「然後帝者」，此本「後」字損右半，乾隆本全泐。第十六行「□魏□命之初」，此本「魏」字尚存末一角，乾隆本全泐。第二十二行「裔」字，此本完好，乾隆本則首二筆已泐矣。

又文選樓舊藏本

此本整紙精拓，有陰，上鈐「文選樓夢華過眼海鹽張燕昌審定善本」印、「劉喜海印」、「文正曾孫文清」、「從子文恭」、「冢子」五印，殆乾隆間所拓。行篋中無近拓，故不復校存字之異同矣。

受禪表明拓本　梁退庵舊藏

此本乃梁茝鄰中丞舊藏，後有題識。碑首「維黄初元年冬」諸字不損。每行拓四十字，乃明季所拓也。以國初「維黄初元年冬」諸字未泐本校之：此本「上稽儀極」二行。之「上」字，僅左角有泐痕，大如小繭；國初本則泐痕至倍，直連下横畫矣。又「是以降世且二百」，三行。此本「世」字可辨，國初本全泐。此明拓與國初本之别也。梁跋録後：

《集古録》謂此碑爲梁鵠書，而顔魯公以爲鍾繇書。獨劉夢得云：「王朗文，梁鵠書，鍾繇鎸字，謂之三絶。」此言自是可據。此本爲舊拓，較《兩漢金石記》所録，多可辨者數十字，可寶也。茝林。

又國初拓整紙本

此亦碑首「維黄初元年冬」諸字未泐本，然上「世」字已損泐，故知爲國初所拓。以乾隆拓本校之：首行「維」、「冬」二字，乾隆本已泐，「黄」字損首，「年」字損下半。次行「皇帝受禪于漢氏」，「皇帝」二字，乾隆本損太半，「于」字全泐；此均完好。

又雍乾間拓本

此本碑首「維冬」等字已泐，乃雍乾間拓本。每行拓四十二字，前有莫子偲題籤，後有陳碩甫跋：

黄初元年，曹丕篡漢，築壇受禪，雖極尊榮，實惟慚德。文中所引「大鹿之遺訓」，「鹿」者，録也。本録堯命舜居攝天下之事，而魏公卿上尊號，竟以「大鹿」爲即真矣！千載下讀書至此，發恥笑云。西溪散士陳奐跋。

又 乾隆拓整裝本　張叔未舊藏

此本拓墨甚精，而「維冬」等字亦泐。第三行「世且二百」之「且」字，前本上下有泐痕，兩旁無損；此本則左旁亦已泐，其他則與前本同。故定爲乾隆拓本，殆又晚于前本一二十年矣。上有叔未先生籤題曰：「《魏受禪碑》在許州繁城鎮，道光四年甲申八月十日購得，叔未。」凡四行。有「靈壽花館鑒藏」印記、「趙之謙」印，每行拓四十一字。

孔子廟碑 明拓本　黄秋庵舊藏

此本墨色沉古，爲明拓善本。有「陳貢鏤印」、「壽翁」、「陳昌紳」、「翁方綱」、「小松」、「黄九」六印。

黄初殘石 乾隆拓本

碎石三，内「少昊國爲」四字，一最先佚，餘二石流傳亦日稀，不能知其存否。其有年號之一石，後刻「乾隆元年夏五既望，得于洽陽莘野臨瀵圃」，藏款四行。

又沈韻初舊藏本

有「靈壽花館鑒藏印記」、「沈樹鏞印」、「均初所得秦漢六朝文字」三印。

又少「少昊國爲」一石　有周星詒印

十三字殘碑初拓本

此石與黄初殘石乃一碑，後人析而爲二。今觀字迹大小方罫並同，是其證也。此本第二行末「休」字未泐，後來拓本「休」字不存矣。此在葉氏平安館集册中有「阮元」印、「均初所得秦漢六朝文字」印，後有翁蘇齋閣學、王蓮府尚書題識。

崑山葉奕苞九來《金石録補》云：「辛酉冬，鄭谷口寄予札云：故人王山史從華陰來，篋中有此東漢殘隸十三字。」此辛酉是康熙二十年也。下有「覃溪」二字印。

此《十三字殘碑》無年號、姓氏可考，然望而知爲漢隸，視魏《十八字殘碑》自不同矣。下有宗誠私印。

又六舟上人舊藏本　「休」字亦未損

廬江太守范式殘碑李鐵橋舊藏本

此初獲石拓本，有「李鐵橋」、「李東琪印」、「以禮審定」、「周星詒印」、「季貺」等印。此碑初拓與近拓無甚殊異，惟碑陰第三列首行「□文靄」，第四列首行「何文幹」二人名，新拓往往惜紙不拓。又碑陽李鐵橋題記後，「顧文鉷、鄭支宗、李學曾同觀款」三行，初拓本明晰，舊拓本尚可辨，近拓則漫没，以是爲辨耳。

又初拓本　前有莫子偲題籤

曹真碑初出土本　劉燕庭舊藏

此初出土本並有碑陰，有徐星伯先生題識及「東武劉燕庭氏審定金石文字」印。此碑出土時，「蜀賊諸葛亮」之「賊」字及「屠蜀賊於□□」之「蜀」字鑿去，稍後又鑿去「諸葛亮」三字。此本則「諸葛亮」三字未鑿，本初獲石時拓也。徐跋録後：

此碑所載，悉與《魏志》本傳合，惟陸議事無可考。太和二年紀云：曹休「與吴將陸議戰於街亭，敗績」，不言與真戰。又，張進反事，見蘇則閻温二傳。碑所謂「張羅設穽陷之坑罔」，亦傳所未詳，此二事足補史闕。北平徐松識。

又沈韻初舊藏本　有「均初所得秦漢六朝文字」印

又王文敏公舊藏本　有王懿榮印　二本均「諸葛亮」三字未損，無碑陰。

李苞開閣道題名附晉潘宗、韓仲元造石格題字

此石已佚。此本有「臣志詵」小印，乃葉氏平安館故物，後附晏袤題刻。

又吴攘之舊藏整裝本　有「熙載」二字印

又趙撝叔舊藏本　有趙之謙印

又有「張麗生觀」印

吴

九真太守谷朗碑 張叔未舊藏精拓本

此本紙墨甚古，拓本亦精。文前有後人題字一行，曰：「男童段直祖保寄名石□。」文後「永光無窮」之下，直接刻興業大義。鄉谷氏後人題名。嗣孫谷起鳳、谷尚志。等名姓五列，殆刻於明代，後又鑿去。此本諸名尚存，殆明季拓本也。前有叔未先生題字三行，曰：「《吴九真太守谷朗碑》精拓舊本，仁和故友趙晉齋歸來嘉興。張廷濟。」

又 陳曼生舊藏明拓本

此本有陳鴻壽印，墨色古黝，與前本同。谷氏題名亦具存，惟首行之前題名一行，爲裝潢師割去，氊拓亦不及前本之精。往歲，亡友劉君鐵雲以予有兩明拓，意欲得其一，而未宣諸口。蓋明拓本舍是二本外，三十年間未曾見第三本也。彼時心許之而未贈與，今乃成延陵之劍。每覽之，輒爲憮然。

天發神讖刻石 宋拓本

此刻自嘉慶間燬於火，傳本頗希。其最古之拓本，爲明季所拓。以近拓校之：第一段末二行「巧工」之「工」字首筆，明拓僅有泐痕一、二分許，國初拓則泐加數倍。又「東海夏侯」四字，明拓尚可辨，國初拓本亦然，乾嘉拓本則漫漶。第二段末「敷垂」之「敷」字，〔一四〕但右半下截「寸」字下微泐。國初本同，乾隆本則右半之「寸」字全泐。「垂」字，明拓及國初本右半微泐，乾隆本則泐太半。又後有「吴郡」二字，明拓及國初本「吴」字泐上少半，「郡」字之半「君」字明朗，右半漫漶； 乾隆拓本則均漫漶不辨。故向所見此刻，以明拓「東海夏侯敷垂吴郡」諸字具存者爲觀止矣。此本則「東海夏侯」四字明晰，「敷垂」字絲毫不損。「吴郡」之「郡」，左半亦明朗可辨。此下尚有「江陳」二字，左半雖泐，右半「氵阝」明朗。第三段「尉番約」之「尉」字，國初本存下少半，此本則存太半。「在諸行」「在」字，上盡泐，此本尚存半字。末行又有「載」字下半，蓋接第二段「敷垂億」三字，其文乃「敷垂億載」也。國初作此刻圖録者，皆不知有此數字。予乃獲此宋代精拓，可謂人間之奇快矣。予嘗持漢魏古刻無宋拓之論，費屺懷太史以爲不然。每論及，必各持一端。今得此本，方知予曩者持論之太嚴也。又此刻前人所録多譌誤，「天璽元年，㤗□己酉朔十六日甲子」，《萃編》承諸家之譌作「十四日壬□」。今審諦拓本，「日」下露「甲」字之少半，而「六」字但存下半。「丱」乃「卯」，而非「丣」。諸家既譌「六」爲「四」，乃肊定「日」下是「丙」字，其實非也。又「□江費宇」行視更「□□」二字，合五十七。〔一五〕「□」，《萃編》二字上缺文。今諦視，見下半作「𠃍」，其横畫之右下有泐文，乃「卌」字也。禪國山刻石三十字，書作「卌」，此刻亦然。蓋天讖之文，初解者十二字，後又得十三字，及「費宇」更得三十二字，合之正得五十七字矣。周雪客《神讖碑考》，予家有寫本，其譌誤甚多。當爲印行，並附寫一圖，以補正之。

又朱仲宗舊藏本

此本僅存上一段及胡宗師跋，上有朱仲宗「湖石館珍藏」印，乃明代拓本，故雖殘缺，亦存之。

禪國山刻石明拓本

此明拓本之足拓者，以近時精拓校之，近拓可辨之字轉多。然後段明朗之字，則近拓筆畫雖存，遠遜此本之腴潤，且筆法可尋也。予初得顧云美塔影所藏翦裝本，前有徐竹友堅臨本塔影園圖，凡漫漶之字悉翦棄。亡友邱于蕃大令見而愛之，以此本相易。今于蕃墓木已拱，不知彼本今歸何許矣。此本有吴熙載字攘之「攘翁」、新安汪氏「敦睦堂印」、「硯山過眼」、「硯山鑒藏」石墨諸印。

晉

南鄉太守郛休碑舊拓本

此碑出土即中斷，未幾銜接處之下半損十字，此未損時拓本也。第四行「弱冠□朝」「朝」上一字漫不可識，而石尚存，今本「□朝」二字全損。第五行「于時巴蜀未賔」，今本損「巴蜀」二字。第六行「魏之本[illegible]」，今本損「魏之」二字。第七行「清商邁於河朔」，今本損「河朔」二字。第八行「明賞罰以□□」，今本損「罰以」二字。碑陰題名第二列「郡領縣八，户萬七千五百卌」，今本「百」字上損「五」字。此石藏端忠敏公許。往歲，曾至公大鵓鴿市邸，摩挲其下。今藏石垂盡，不知此石安歸矣。〔一六〕

任城太守孫夫人碑黄秋盦舊藏初出土本

此本有漢畫室印，乃小松先生舊藏，後歸鄞縣李眉生鴻裔，眉生有跋。以舊拓本校：「言無口過」之「過」字，此存右半，舊拓但存「辶」之起筆。「乃追而□□」，此本「乃追」二字微泐，舊本泐痕有加。銘文末「曰古□□」，此本「曰古」二字尚存，舊拓已損泐。此初出土本與舊本之別。李跋節録後，又有七古一章，不録。

晉《任城太守孫夫人碑》，自乾隆甲寅，江秬香始得石於新泰縣新甫山中。黄小松司馬爲之釋文，阮文達公據以入《山左金石志》者也。湘中羅蘇谿方伯藏秬香初拓本及小松手書釋文，並阮文達、錢竹汀、王述庵、孫淵如、武虚谷、桂未谷、洪稚存、王伯申、伊墨卿、陳曼生、翁覃溪諸老題記。石墨增華，文采斯萃。因細審釋文，推求拓本，尚有數處誤仞者。如「今我不犯尊，而蒙優詔」，乃是「今我乃犯尊，而蒙優詔」也。「同歸殊塗，爾其□犾」，原釋皆缺，實止「犾」上一字，不可辨也。「有□□意時夫人身□在家止父令留而謂父曰：功成而退，雖天之道，然事君不懟□能□倫聞□□□爲吏部尚書，多用老成，先帝舊臣舉□不絶，必不忘君。俄而，果舉君爲侍中。」此段原釋，脱誤字甚多也。「夫人在羊氏沈重有度」，「沈重」二字當補釋。「任城非夫人姑□生」「姑」字尚存其半。「上感慈□□飛□□下帷詩人刑于之言瞻前□後率由弗違以御於家邦終始以孝聞□□夫人之力也。」此數句，原釋亦多脱誤也。「□方不肅之訓」，「方」誤爲「力」，「方」上蓋「義」字也。「□□歎曰」，其嗣子之歎詞。「歎」上非「乃爲」二字也。「令問日新」，「令」字當補也。壬午十月，蘇鄰書。

又方小東舊藏初出土整紙本　存字與前本同

又舊拓本

此本除「口過」之「過」及「乃追曰古」諸字外，皆與初出土本同，殆出土後一二十年所拓也。更以近拓本校之，則碑額「大守」之「守」，初出土及舊本「寸」字微損，近拓則「宀」上亦有損泐。第十二行「夫人爲婦卌餘載」，「婦卌」二字，此本完好，近拓「婦」字損「女」旁，「卌」字全泐。第十三行「率由弗違」，此本「由弗違」三字完好，近拓三字均有損裂處。第十八行「于我夫人」，此本「夫人」二字完好，近本亦裂損。第十九行「仍罹□□」，此本「仍」字全存，「罹」字缺右下角，近拓則「仍」字全缺，「罹」字亦漫泐矣。《金石萃編》著録此碑，亦有譌脱：第一行「□別間族」「別」上泐一字，《萃編》誤以「別」字接上句，「同姓」，未留空格。第三行「㕛以加焉」，《萃編》「㕛」字旁注，拓本尚可辨，「焉」字雖泐下半，四點可辨，《萃編》乃脱漏。「長沙人桓伯序」「桓」字尚存，《萃編》旁注。第四行「伏氏年少」，《萃編》誤作「柔少」。「然非所好」，「然」字可辨，《萃編》失録。第五行「何不以嘗同寮辞」之「辞」字从「舍」，《萃編》誤録作「辞」。「文帝詔款」之「款」从「欠」，《萃編》但録其半作「幸」，而失「欠」半。第七行「此爲同寮」，「此」字拓本可見，《萃編》旁注。「孤寡□□」「寡」字，下半筆迹不明晰，《萃編》誤録作「宣」。第八行「□成而退，雖天之道」，《萃編》誤「成」爲「感」，誤「道」爲「遺」。第九行「必不忘君」，「必」字上是「絶」字，「君」字下是「俄」字，《萃編》失録。第十三行「□朗弘哲」，「朗」《萃編》譌作「明」。末行「曰古□□」，「古」下泐六字，《萃編》誤空五格。「何以告哀」下尚泐四字，方是末句。《萃編》至「告哀」遽止，下未空四格，亦誤。爰附著之。

楊紹買地莂 楊龍石藏本

此莂久佚。是本乃楊龍石所藏未斷損拓本，得之道州何氏。

齊太公呂望表 明拓本

此表舊拓本碑額「齊大公呂望表」六字，「齊」字皆失拓，予所藏兩明拓皆然。《金石萃編》亦但作「大公呂望表」，是其所據舊本亦未拓「齊」字也。此碑明時横斷爲二，後又於横斷處裂爲二，今遂成四石。以此本校勘之：「有盜發冢」之「冢」字，此本但損末筆少許，今則將泐盡。「夢天帝服玄襛」，此本「服」字完好，今本泐盡。「來爲汲令」之「令」字，此本筆筆明晰，今本漫没。「□德玄通」之「德」字，此全完好，今本但存少許。「遂作心膂，寅亮天工」，今本「心」字全泐，「膂寅」二字存右少半，此本均完。「聲裂弥洪」之「洪」字，此本完好，今本泐盡。「般谿之山」，今本「般」字全泐，「山」字泐太半，此本均完好。「報以介福」，「以介」二字之間，此本完好，今本横裂。近人謂「介」字已泐，非也。近人又誤書「介」爲「分」。「蜂□遠迸」之「迸」字，此本完好，近拓將泐盡。「無隕兹令」之「隕」，此本完好，今本亦字上有斜裂紋矣。此本前有莫子偲題籤。

又 明拓本

此亦明拓，存字與前本同，予以近拓碑陰附裝入此碑。《金石萃編》所録多脱誤，今依兩本及近拓之精者比勘，得補正十三字：額「齊大公呂望表」，《萃編》失「齊」字。「大晉受命」句下乃「吴

□□平」，謂「吴蜀盪平」也，《萃編》失「吴」、「平」二字。「□得竹策之書」，「得」上一字不可辨，《萃編》未空格。「夢天帝服玄襛」，《萃編》失録「玄」字。「垂示無窮者乎」，《萃編》「乎」字誤作「矣」。「言名計偕，鎸石勒表」，《萃編》失録「言」、「鎸」、「石」、「表」四字。「上帝既命」，《萃編》失録「既」字。「蚌□遠迸」，《萃編》失録「蚌」字。「蚌」下一字尚見末筆，「乃戈」之下半，當是「賊」字。「無隕茲令」，《萃編》失録「隕」字。

劉韜墓版 初出土本　椒花吟舫舊藏本

此石下數寸横折，穿每行末一字。初出土雖裂，而不損字畫，故武虚谷先生稱字皆完好無缺。此本上有「茮花吟舫」印，拓墨頗草草，而第一行之「征」，第二行之「墓」，第三行之「元」不損筆畫。黄小松先生藏本則「征」上泐，「墓」字中泐，「元」字亦失首畫矣。

又 武虚谷拓本

此本有武氏金石印。又有黄秋盦題識曰：「晉碑至難得，此進士武虚谷億得於偃師者。黄易記。」字五行，又有「雪浪齋」三字印，乃虚谷先生拓贈秋盦先生者。然征墓諸事已損，且第一行損「軍事」之「事」字下半。知諸字未損本，乃初出土時所拓，及乾隆癸卯虚谷先生假拓時，已漸損矣。

又 翁蘇齋題字本

此本損泐與前本同。惟「元」字首畫猶存，蓋拓墨有精粗，非時有先後也。紙角有「均初所得秦漢六朝金石文字」印，後有蘇齋及王蓮府尚書宗誠跋。此石今不知存佚。往在吴門，見亡友費屺懷太史齋中藏此石，後歸端忠敏公者，乃復刻本。以原本校之，多失真。如「劉府君」之「劉」字末筆之鈎，原本甚短，復本則倍之。「府」之第二横畫，原本平列，復本則爲仰勢。其他不同之處，尚有可尋，特舉示一二而已。近拓本皆由此石傳拓，未見原石之晚拓者，疑石久不存矣。

苻秦

鄧太尉祠碑舊拓本　葉紉之舊藏

此本有「曾在葉汝蘭處」印，有顧千里釋文，並録錢竹汀跋，又有瞿木夫跋。此碑存字，新舊拓本無甚分别。顧氏釋文有未確處，陸氏《金石續編》所録，亦有譌誤。如「以北接玄朔」，《續編》誤「北」爲「地」。「軍府吏屬」，陸譌作「軍而」。顧釋亦誤作「而」。「盧水白虜」，陸譌「虜」爲「盧」。「遻無異才」，陸譌「遻」爲「進」。「解處字臣文」，陸譌作「解虔安宇文」。顧氏譌「解虔」爲「鮮虔」。文後題名，「延思」譌作「延恩」，「郝子星」譌作「都子靈」。「利非騰」乃「利非騰」，陸、顧二家均無釋，爲補著之。瞿跋録後：

此碑予先於錢少詹外舅齋頭見手録金陵龔氏本，後又於鹿城客舍見印賡實徵君新得本，復加校勘。復以吴氏山夫《金石存》及涇縣趙舍人《金石文鈔》二書所録互證，多所異同。蓋字既漫漶，又雜以當時分隸僞體故也。道光己丑，假葉君此本重校，因識歲月而歸之。謝閣學墉《碑刻紀存》云：「在蒲城縣東北四十里阿村。」中溶。

又黄秋士舊藏本

此本與前本同，拓墨較勻。後有黄穀原爲黄秋士題識五行，署「己亥冬十月」，乃道光十九年也。

又整紙本　有讀畫齋印

宋

邛都縣侯爨龍顏碑未刻跋本　沈韻初舊藏

此本有「鄭齋審定」、「均初所得秦漢六朝金石文字」印。又有常熟翁松禪相國題字二行，曰：「此大爨未刻小字時所拓，可珍。辛丑五月瓶居士。」並有碑陰。以近拓校之，惟「卓尔不羣」之「不」字第二筆此本微有泐痕，近拓泐甚。「羣」字第二筆横畫之右，近拓微有泐痕，此本完好。又「次弟驎崇」之「驎」字，此(半)〔拓〕「馬」旁尚存左半，近拓將泐盡而已。

又近拓精本　鬱華閣舊藏

此本有碑陰，拓墨至精，遠勝舊本。有「鬱華閣金石文字記」小印，乃意園插架故物。取以校陸氏《金石續編》所録，得正譌脱二十字：「斑朗紹蹤於季葉」，《續編》譌作「季漢」。「遷運庸蜀，流薄南入」，《續編》譌「遷」爲「通」，譌「入」爲「人」。「相□西鎮」「相」下一字泐，《續編》作「征」，未確。「凶竪狼暴」，《續編》譌「狼」爲「很」。「君南中磐石」，《續編》譌「磐」爲「盤」。「故史建寧趙次之」，《續編》譌「次」作「吹」。「奄然早終」，《續編》譌「早」爲「身」。「友乎哀感」，《續編》譌「乎」爲「于」。「九月上旬壬子蒲」，即「滿」字，《續編》譌作「朔」。「嗣孫碩□、□□、碩端、碩萬、碩思、碩間、碩羅、碩闔、碩俗等立」，《續編》失書「碩端」及「碩間」之「間」，又脱「碩俗」之「碩」。碑陰「倉曹參軍建寧爨碩□」，「碩」下一字不可辨，《續編》作「爨」。「□登中兵參軍、雁門郡王令文」，《續編》譌「中兵」爲「屯兵」。下「中兵參軍建寧爨孫記」，《續編》亦譌「中兵」爲「屯兵」。又失書文字：「西曹益寧楊琼子」，《續編》脱「子」字。「西曹晉寧路雄」，《續編》譌「路」爲「駱」。「門下建寧爨連□」，「連」下一字不可識，《續編》亦脱之。附記於此，以告來者。

梁

瘞鶴銘 水拓本　汪退谷舊藏

此本有「松齋」印，乃退谷先生藏本。前有毛意香題籤，後有毛意香、楊龍石跋，並何義門先生硃書三段、何蝯叟題字，乃水拓本之至精者。存全字四十三，半字十有一，共五十四字。「華陽真逸」四字具存。「不知其紀也」，「也」字完好，「不紀」二字損半。「知其」二字尚見筆迹，今本皆泐盡。又以此本存字校今本，則「未遂吾翔」之「遂」，此本但損「辶」之右半起筆，今本乃損右半。「吾」字，此本中間横畫右半略損，近拓損上太半。「華表留□」之「華」字，此損上三之一，近拓存下半三之一。「厥土惟寧」之「厥」字，此本完好，近拓則損上半矣。何記楊跋節録於後：

郝伯常《陵川集》中有《瘞鶴辨》一篇，以爲真右軍所書，雖未必然，而載廬山陳氏本。又云：近歲鄧州石刻傳布雖多，而枯硬刺截，絶無韻勝。亦當採之，以廣異聞。

《續博物志》云：「陶隱居書自奇，世傳畫板帖及焦山下《瘞鶴銘》皆其遺迹。」

以上義門先生手記，無款印。

道光廿四年甲辰佛生日，獲此真水拓本。「華陽真逸紀也」五全字，三百年前早佚。其「紀」之半及「也」字，張力臣已不得見。詳汪松南《考中龍石》。

又楊大瓢藏水拓本

此本有「楊賓之印」、「畊夫」、「赤泉楊氏圖書」、「畊夫審定」諸印，後有大瓢跋及手書釋文。又有畢竹癡書釋文、陸謹庭跋。拓墨亦精，與前本存字不同。其同者，若「遂吾」、「厥」等字亦完好無損，殆同時所拓。而此本「甲午歲」之「午」、「天其未遂吾翔」之「天其」二字尚可辨，今本均不存。「形迹夆岳徵君」之「岳」上半之「丘」，筆筆可辨。前人爲圖録者，無一人知之。大瓢得此本，而録張力臣先生釋文仍作「山」，不可解也。《鶴銘》至難得善本，予求之三十年，乃先後得此二本，亦非意料之所能及矣。大瓢跋録後，陸跋節録。

焦山《瘞鶴銘》，或謂王右軍折柳枝書，或云陶隱居，或云顧況，或又以爲王瓚書，而千古以來，大都是陶者多。向所見，惟寶墨亭翻刻，宋射陵鈎摹，顧修遠家藏本，與僧廊程康莊摹玉烟堂本，覺古樸處少。甲申春，予同張子殿颺過焦山，尋所謂雷轟石者，而命僧之善搨者搨得五十六字。以其模糊，與陳香泉太守易《壇山》及《白石神君碑》，而屬殿颺更拓佳者，久之不得。己丑春，忽得此於書賈之手，共七十八字。較前拓多三十有二，而前搨所有，如「丘得於華華表留形義」九字，此亦無之。惜前拓已去，不則，余之所得幾九十字矣。按：宋元以來，前輩所得，歐陽公六十餘字，朱長文四十字，袁尚之十六字，王元美數字，周吉甫十七字。而余之所得，乃有如此之多，不可謂非余之厚幸也。至其次第，董逌、邵興宗、張嵒、顧元慶、張力臣等所考，各有不同。今姑依力臣所圖裝之，而寫其圖於後云。己丑七月十二日，大瓢山人楊賓題於南宮坊之晞髮堂。

此大瓢山人藏本，自記己丑歲得于書估之手。按己丑爲康熙四十八年。滄洲徙石置亭，歲在壬辰，爲康熙五十一年，則是本爲西麓拓本明甚。嘉慶戊辰三月。無款，下有陸恭私印及陸氏孟莊印。

始興忠武王碑 莫子偲鑒拓本

此碑至莫子偲先生時，乃有精拓。莫氏拓後，文字之存者，與前略同，而有文字處石膚亦剥蝕將盡。當日莫氏監拓已爲可珍。此本有「同治戊辰秋莫芝監拓」朱記及「款冬吟館」印。

北魏

中岳靈廟碑 徐紫珊舊藏整紙「剖」字略損本

此本有「渭仁」、「文臺」、「紫珊所得善本」三印。首行「太極剖判」之「剖」字，但損「音」半之「立」。以「剖」字損上半本校之：第五行「道太」之「道」，此本損上右角少許，「剖」字半損本則損上半。第六行首「季」字，此本但損「子」之横畫三之一，「剖」字半損本則損及其上半。「於是」之「於」，此本完好，並見「是」字之首，「剖」字半損本則「於」字存上半，以下全泐。第七行首「揁」字，此本「損」字中間已損，而兩側未泐，「剖」字半損本則「負」之左側亦泐。「謂之令典」下「脩」字，此本存上半，「剖」字半損本但見少許。第八行「報應之晳」下一字，尚見其首少半，「剖」字半損本但見少許。「形聲」下「故」字，此本但泐少許，「剖」字半損本泐下半。第九行「不復行於方岳」，此本「於」字「方」旁完好，「剖」字半損本「方」亦不完。第十行「以勤虛美」之「虛」，此本末橫畫之首微泐，「剖」字半損本損及上半少許。「□歷魏晉」之「歷」，此本完好，「剖」字半損本損上少半。「晉」字此本完好，「剖」字半損本損右上角。第十一行「祭非祀典」之「祭」及「民叛」之「民」，此本均完好；「剖」字半損本「祭」字微損，「民」字損上半矣。

又「剖」字略損翦裝本

又「剖」字損上半本　趙悲庵舊藏整紙本

此本有「趙之謙」印，「剖」字上半損。以校近拓：首行「太樜」之「樜」，近拓損下四點，「剖判」之「剖」全泐。次行「大德」之「大」字，近拓損末筆。第五行「道」字，此本存半，近拓盡泐。第六行首「季九」二字，此本「季」字損右半約全字四之一，「九」字微損；近拓二字均損過半。「不潔」下，此本尚存半字，近拓亦泐。第七行首「損益」二字，此本「損」字存半，「益」字完好；近拓「損」字泐痕下連「益」字之半。「謂之令典」，此本四字均完好，惟「典」字末點微損，又「典」字下「脩」字尚見其首少許；近拓「之令」二字之間泐痕連「令」之首筆，「典」下「脩」字全不可見。第八行「報應之朁」，此本「朁」字完好，近拓下損。「形聲」下，此本有「故」字上半，近拓不存。第九行「巡祀之禮」，此本「巡」字存上半，近拓全損。「不復行於方岳」，此本「行」字完好，「於方」二字損半，近拓「行」字存少半，「於方」全失。「□秦及漢」，此本「秦」上一字尚見末畫，近拓全泐。第十行「妄祀岱宗，以勸虛美，□歷魏晉」，此本「岱」、「美」、「歷」、「魏」、「晉」五字具存，近拓「美」、「歷」二字全泐，「岱」、「魏」、「晉」三字均損半。第十一行「魁祭」二字，今本「魁」損少半，「祭」字具存，近拓「魁」字存半許，「祭」字全失。「□□民叛」，此本「民」字微損，「叛」字完好，「叛」下尚存「是」字之半，近拓「叛」字存少半，餘均泐盡。第十二行「無爲而治」，近拓「無爲而」三字均泐。第十三行「隱□中岳」，近拓「中岳」二字泐。第十四行「輔導真君成太平之化」，近拓「真君成」三字泐，「太」字損半。第十五行「降儀及□家」，近拓「降儀及」三字全泐，「家」字損半，此本則「家」下半字均可辨。第十六行，近拓泐「之替劉」三字。第十七行「毁壞」之「壞」，此本但損上角少許，近拓全泐。又壞下「奏遺」二字，近拓亦損，此本則「遺」下尚有「道」字存太半。第十八行「慨然相與議曰」，近拓「相與議曰」四字全泐。「又曰」下第五字之「亂」，此本但損末筆少許，近拓損半字。第二十行「誕命聖明」，此本「誕」字上尚存半字，近拓亦泐。此新舊拓之辨也。予往歲在上海，見亡友章碩卿大令所藏明以前拓半截本，存字甚多，以值昂不能得，後歸蒯履卿京卿。履卿亡後，今不知何所往矣。當時恨未及取以一校近拓。附識於此，俟異日訪焉。

又「剖」字半損蕭裝本　存字與前本同

始平公造象記

此記近拓剥損尚未過甚。以此本校之：此本未損之字若「摧」、第五行「三」、第六行「地玄」、第七行「屬悟」均第八行六字，近拓均有剥損。此本微損之字，若「曁于」、第二行「邀」、第三行「烏在」、第六行「周」、第七行「眷率」第八行八字，則近拓損泐加甚。

孫秋生造象記

此記近拓多損泐。記文中「劉起祖」第三行之「劉」，此本可辨，近拓漫泐。「庭槐」之「槐」、第六行「疊駕」之「駕」，第九行此本完好，近拓有泐損。「處題名中衛辰」之「辰」、第一行「夏侯文康」之「夏」、第二行「高伯生」之「生」、第三行「衛國樹」之「樹」、第六行「高珍國、高天保」之「高」、「高參」之「參」、「王天愛」之「愛」、第七行「魏靈助」之「靈」、第八行「孫豹」之「豹」、第九行「宋俱」之「宋」、第十三行「麻黑奴」之「麻」、「奴」第十四行諸字，此本均完好，近拓俱有剥損矣。

石門銘舊拓本

此銘新舊拓之别在文首「此」字，尚存者爲舊本，新拓則泐盡。此本「此」字未損。予又有一本，「此」字亦未損，而拓本未足，至「四民富實」之「民」字止，殆舊本有拓未足者歟？近拓之精者，凡舊拓不明白之字往往可見，故並蓄之。《萃編》著録此銘，譌奪甚多。予往歲著之《校字記》者，尚未能備舉，今補識之。如：第一行有「石門銘」三字，《萃編》失録。「峭岨槃迂」《萃編》作「□岨□迂」。「撫境綏邊」，《萃編》作「扌境糸邊」。「以天嶮難升」，《萃編》「以」作「□」。「自廻車已南」，《萃編》譌「南」作「難」。「釋負擔之勞」，《萃編》譌作「米□□之勞」。「石師□□人」，《萃編》「石」作「□」。「皆填磎棧鑿石嶮梁危自廻車至□口」，《萃編》作「皆□□棧□□□及□廻□□□□」。「充牣川内」，《萃編》失「牣」字。「以宣四方」，《萃編》作「□奠四方」。「河山雖嶮」，《萃編》作「河山帷□」。「永懷功烈旦在人亡」，《萃編》作「永懷□□□在人亡。」「水眺悠畾林望幽長」，《萃編》作「水□悠□□□□長」。「威夷石道」，《萃編》作「□夷石道」。「百兩更新」，《萃編》作「百兩□新」。「以紀鴻塵」，《萃編》作「以紀□塵」。「洛陽縣武阿仁鑿字」，《萃編》作「□陽縣武□仁鑿字」。《萃編》尚有銘後磨崖十行，則所見拓本皆無之，豈石已崩壞耶？抑是拓工省紙所致？附識於此，俟異日訪焉。

元颺妻元氏墓誌 初出土拓本

此初出土時，予手拓精本。今石由毘陵董氏售歸日本大倉氏，凡古刻之流入市舶者，皆著之，因以後拓本不可更得矣。

司馬景和妻墓誌銘 初出土本

此銘出土時，「延昌二年」之「年」字直畫之旁有泐痕，一直綫與直畫平行。稍後拓本，則此泐痕本也。

與直畫連合矣。此本有「熙載過眼」印，乃泐痕尚未與直畫相連合，拓墨亦至精，平生未見第二本也。

燕州刺史元颺墓誌初出土本

此初出土時，予手拓本，此石近歸日本大倉氏。

皇甫驎墓誌銘沈韻初舊藏初出土本

此本有「樹鏞」、「沈均初校金石刻之印」、「鄭齋」三印，乃初出土拓本。以近拓校之，存字正同，惟此本拓墨尤精到耳。此石光緒時歸溴陽端忠敏公。去年，忠敏藏石既散佚，乃歸析津。金浚宣農部鉞曾以精拓爲餽，與此初拓固絲毫不殊也。

松滋公温泉頌舊拓本

有「樹鏞」及「松江沈氏鄭齋考藏」印、「沈樹鏞鄭齋考藏」印。拓墨甚舊，然與近拓無殊異。

楊大眼造象記黄秋盦舊藏本

此本有小松先生題籤及「漢畫室」、「小蓬萊閣」、「沈樹鏞」、「沈氏均初」、「沈樹鏞讀碑記」、「沈樹鏞校勘金石文字印記」諸印。以予舊藏舊拓本校之，如「遠踵應符之允」，「踵」字此本完好，予舊拓本已損上半。「稟英奇於弱年」之「奇」字，下「口」微損。「覩盛聖之麗迹」之「聖」字，此損下半，而予之舊本則「奇」字損處有加，「聖」字泐下太半矣。至《萃編》所録，第一行「造象記」三字尚存，則予未之見也。

又 舊拓本

此本略後於前本。然以近拓校之，知近拓損泐甚多。如首行之「孝」，次行之「蹤」，五行之「曜」，六行之「垂」及「聲」，七行之「野」，八行之「行」，九行之「聖」及「然」，十行之「區」及「刊」、「石」諸字，此本或完好，或可辨，近拓皆漫没殆盡。又若次行之「不遵生導」四字，四行之「將及安戎」、五行之「承及稟英」、六行之「光」、七行之「存納則彰衢」五字、八行之「穢既僘」、十行之「備」，此本均完全無缺，近拓則筆畫多損。至此本微泐而近拓泐甚之字，多不勝舉。至《萃編》所據爲拓本之至舊者，「然震勇則九字咸駭」，「咸駭」二字此本尚可辨，《萃編》則作「□馬」。爲附記於此，以補《校字記》之所未及。

魏靈藏造象記 舊拓本

此記近拓尚不甚損，惟第二行末「是以」之「以」，此本可辨，近拓全泐。第三行「騰空」之「空」，此本完全，近拓幾全泐耳。「願乾祚興延」，《萃編》之「延」誤作「遐」。

刁遵墓誌 「雍」字不損本　桂未谷舊藏

此本「雍」字不損，且有碑陰整裝，惜爲蟲蝕，乃桂未谷先生所藏。有未谷題識三則。舊拓本已甚少，乾隆拓本僅見此一本耳。以「雍」字初損本校之：第五行「金紫左光禄大夫建平」之「夫建」

二字，第六行「父雍」之「雍」，第九行「聯輝建侯」之「侯」、「所見者」之「所」，第十二行「便以女女焉」之「女」，第二「女」字第十三行「徽爲太尉高陽王」之「爲」、「王」二字，第十三行「均節九賦」之「九」等字，此本皆可辨，「雍」字初損本則均漫没。其他有此本筆畫完全，彼本微有剥處，無大殊也。至碑陰，則此本校後來之本存字不少，雖蟲蝕之餘，尚有補後來之缺。茲寫録於後，凡此本有而近拓已失之字，旁加「·」以識之。

長兄纂奉宗，早亡。妻河内司馬氏。

父楚之，魏使持節、侍中、鎮西大將軍、啟府儀同三司、揚州刺史、琅耶□。

第三弟紹，奉□，饒安易二縣□。

妻河内司馬氏，父龍成槍缺。

妻燕郡□氏，　□□□書丞。

第四弟獻，奉□　□□□□東州缺。

第五弟融，□□　□□太守。

妻同郡□□　□□侍中、中書監、司缺。

第六弟肅，奉誠，中□侍郎。　早亡。

妻清河崔氏，父龍皮昌國令貝□子。

第七弟□□　早亡。　以上第一列。

世子揩，景伯，舉秀才，早亡。

妻清河崔氏，父相，宋散騎侍郎。

第二子尚，景勝，本州□中□事史。

□□□氏，父堤，使持□、侍中、征西大将军、梁雍二□□□□□王。

第三子愬，景□，□□□□□□□騎常侍、右軍將。

妻同郡高□，□□□□□□參軍事、清河大□。祖允，□□□□文公。

第四子振，景略，司空□□□□、威遠將軍。

妻同郡李氏，父磐二。

□□□宣，季達，□□□騎侍郎、太尉□室參軍事，波　　謁者僕射、中散大夫，繼第五弟融，汝陰太守。

妻河南　氏，　父英，侍中、尚□□□司徒、中山獻武□。

第六子隆，景□

第七子景暉

第八子景[illegible]

第 子下缺，以上第二列。

右近拓，所缺者九十餘字，惜此本尚有字存而蠹蝕不可見者。平生所見碑陰初拓，惟此一本，故前人往往謂初拓無碑陰也。未谷先生三跋録後：

遵爲雍之第二子。《魏書》有《雍傳》，遵附焉。《誌》云：「□以小節而求名，無虚譽以眩世。少能和俗，於人無際。」即傳所稱「不拘小節」者也。《誌》文「平陽慕化，辟地二百」，即傳所稱平陽令杜臺定等率左三千據地内附也。甲寅八月。

右遵之兄弟。《雍傳》叙其子至肅而止。今《誌》有第七子，蓋亡未成室，故傳未載。

《遵傳》言有子十三人，自愸以下不載。今《誌》有諸子名而不及。自第十以下不列次第，當亦早亡無妻。三跋皆不署名，下有名字印。

又「雍」字未損翦裝本

此亦「雍」字未損本。翦裝，無碑陰，爲予友趙聲伯太守故物，後有太守手跋，言此碑先後得四本，惟此本存字獨多。又謂較新拓本多百三十餘字，而點畫之多者又百四五十字云云。予所藏數本，亦以此及未谷先生本爲冠。

又「雍」字初損本

此本乃「雍」字初損時本，殆拓于乾隆中葉。有「顧千里經眼記」、「周星詒印」、「季貺」三印，較前二本僅損九字。以校「正始中」之「正始」二字未泐本，則彼本又損十七字。如第十一行之「於人無際」之「人」、「際」，「但昴然、愕然者」之「但昴」，第十二行「見而異之」之「異」，又「便以女女焉」之「女女焉」，第十三行「徵爲太尉高陽王諮議參軍事」之「徵爲」、「王」，第十四行「均節九賦」之「節九」，「莅事未朞」之「莅」，第十五行「公之立政，惠流兩壃」之「政」、「惠」，第十六行「秋七月廿六日」之「廿」十七字，此本均完好，而「正始」字未泐本則已漫漶，殆不可識。其此本不泐而彼本微泐，此微泐而彼泐甚，而文字可見者，不復縷數焉。此本無碑陰。

又「正始」二字未泐本

此本第十三行「正始中」之「正始」二字尚存，殆乾嘉間所拓，較「雍」字初損本損十七字。以校以「温恭好善」「好」字未泐本，則此本多於彼本者又十九字。第四行「司空義陽」之「陽」，第七行「大人琅耶王氏」之「大」，〔一七〕第八行「姓氏之興」之「姓」，第九行「所見者世」之「世」，第十一行「愕然者」之「然者」，第十二行「太和中」之「和」，第十二行「而德洽於民」之「民」，「正始中，徵爲太尉高陽王諮議參軍事」之「正始中」、「太」、「議參」，第十三行「大司農少卿」之「農少卿」、「均節九賦」之「均」，第十九行「以二年歲次丁酉」之「二」等字，均此本尚存，彼本已泐。其泐而字可辨者，亦不復校其異同矣。此本亦無陰。

又「正始」未泐本

此本有「隨軒」及「徐紫珊秘篋」印，存字與前本同。

又「好」字未泐本

此本第十九行「温恭好善」之「好」字未泐，俗稱「温恭好善」本，謂次於「雍」字尚存本一等，不知此本之上尚有「雍」字初泐及「正始」未泐二等也。此本校「正始」本泐十九字，而以校「曾祖彝」之「彝」字未泐本，則除泐而文字可辨不復校異同外，若第三行之「父義」，第八行「姓氏之興，録於帝齑」之「興」、「録」，第九行「以忠肅恭懿，聯輝建侯」之「聯」、「建」，第十行「不復銘」之「不」，又「公稟惟岳之靈，挺基仁之德」之「稟惟」、「挺」，第十一行「無虚譽以眩世」之「世」、「少能和俗」之「少」，第十二行「皇代之儒宗見而異」之「皇代之」、「而」，第十三行「諮議參軍事」之「諮」、「軍」，第十八行「居蓄也治」之「居」、「治」，第十九行「温恭好善」之「好」，第二十行「故鄉」之「故」，第二十一行「神塋」之「塋」，第二十五行行末之「曰」，皆此本尚存，彼本已没，計二十五字。此本有碑陰，以「好」字已泐本校之，此本上列多二字，下列多二十五字。

又「彝」字未泐本

此本有「專祖齋」、「劉子重」、「銓福」三印，殆嘉道間所拓。第四行「曾祖彝」之「彝」字未損，校「好」字本損二十五字，而校「彝」字已損本又損三十二字。若第二行「晉侍中尚書」之「晉」、「書」，第四行「曾祖彝」之「彝」，「晉侍中」之「晉侍」，第六行「淑和」之「和」，又「持節侍中都」五字，第七行「惠安簡公」之「簡」，第八行「饒安人也」之「也」，又「姓氏之興，録於帝齑」之「氏」、

「於」，第九行「謨明」之「謨」，又「以忠肅恭懿」之「肅」、「懿」，第十行「不復銘」之「銘」，又「公稟惟岳之靈」之「公」、「之靈」，第十二行「儒宗」之「儒」及「宗」下之「見」，又「太和中」之「中」，第十六「行熙平」之「平」，第十七行「平東」之「東」，第二十三行「在洛雲居」之「在」、「雲」，第二十四行之「顯顯」，第二十五行「清風」之「風」，則此本尚存而彼本又泐矣。此本俗稱「曾祖彝」本，故予仍之。

又「彝」字已泐本

此本乃咸同間所拓，有碑陰，乃魏稼孫舊藏。有「錫曾審定」及「稼孫所見金石」印。陰有趙撝叔題字曰：「惠公志舊拓，上一面著録家多遺之。此全拓近難得，稼孫寶諸。撝叔。」計四行。是魏、趙兩君不但未見初拓本，即較近拓多二十餘字之本亦未得見，故見此本已以爲可寶也。此本校「彝」字未損本，又泐三十二字。以拓本甚精，故存之。又《萃編》移録此誌，亦有譌誤，如：碑題「兖州」下有半「諸」字可辨，《萃編》不録。「司空□陽」，「陽」上乃「義」字。「左光禄大夫□平□」，「平」上乃「建」字。「便以女□焉」，「焉」上乃「女」字。「高□□諮議參軍□」，「高」下乃「陽王」，「軍」下乃「事」字。「水閟深扃」，「水」乃「永」之譌。曩作《校字記》，校之未詳，爰補志之。

崔敬邕墓誌石久佚

此石康熙間出土，不久即佚，傳本至少。此本以外，予所見者三本：其一爲李香嚴廉訪所藏，後歸費屺懷；其二均爲劉君鐵雲所藏。一本乃兩殘拓合併，後歸端忠敏公；一本鐵雲身後歸王君孝禹，孝禹没，歸毘陵陶氏。此外無所見也。此本有孝禹跋尾及沈子培尚書及梁節庵師傅題詩，録後：

此書使轉縱横，筆法、墨法，皆可從刻法中想像得之。河北無行狎書傳世，藉此可意測其運用也。奇正相生濃淡覆，書人筆髓石人參。百年欲起安吴老，八法重添歷下譚。漢石齋中碑百品，劉郎恣我盡情窺。秋陽在庭疏竹緑，坐憶東華駐馬時。宣統庚戌季秋，植。

寶華盦前四井秋，好碑良夜記同讐。道原家物真堪羨，寄語存翁讓一頭。昔日交游有盛王，論書栖鳳共間坊。兩年飄盡車中淚，欲見鴛湖瘦沈郎。辛亥正月。鼎芬。

張猛龍清頌碑 明拓本

此本拓墨古黝，爲明代拓本。惜翦裝時間將殘字翦落，殊爲憾事。以國初本校之：第十行「唯恃坤慈」之「慈」字，此本下半泐痕至微，國初本則已稍漫漶。「冬温夏清」之「冬」，此本完全無損，國初本則第二筆損末少半。第十一行「磬力盡思」之「思」，此本泐損極微，彼本已漫不可識。第十二行「德□宣暢」之「暢」，此本微剥，彼本幾不可辨。第十四行「朞月而已」四字完好，惟「朞」旁略有泐迹，彼本則四字均有殘損。第十五行「風□[illegible]□」，此本「風」下一字筆迹尚存，似「同」字，但不敢定。第三字上半「丷」頭分明，彼本則「風」下漫没，不見殘畫。又「易俗之□」之下一字尚存下半，似「書」字，彼本全不可見。第十六行「寧足稱德」之「德」，此本完全，彼本下半漫没。又「今猶古□詩□，愷悌君子」，彼本「猶」字殘損，「古」、「詩」、「子」三字全没。第十七行「以旌盛美」下似「誠」字，此本「言」旁完好，彼本則「言」旁下半已損。又「庶揚烋烈」，此本「庶」字完好，「烋」損半

「木」，彼本則「庶」字全泐，「烋」之「木」旁全没。第十八行「軒冕周漢，冠蓋魏晉，河靈岳秀」，此本十二字皆明白可辨，彼本則「河」字全没，他十一字皆有殘損。第十九行「清音遐業」，此本「清」字可辨，「音」損首筆，「遐業」完好，彼本則「清音」全没，「遐業」殘損。第二十行「寔國之良」，此本「寔」字下損少半，「國」字完好，彼本則「寔」字全没，「國」字損半。第二十二行「度海迷津，勒石畱囗」，此本「迷津」、「勒」三字泐痕甚微，彼本殘損殊甚。此明及國初本異同之大略也。近人於此碑皆以「冬温夏清」四字未泐爲舊本，不知亦有先後之別也。

又明拓本

此本與前同，而拓墨至精，殘字均未翦落。有「臣延良」、「松山」及「黄任之印」、「莘田圖書」、「張度叔」、「憲所保」六印。

又國初拓本

此國初所拓，「冬」字已微損，有「紉之所得金石圖籍」及「周星詒印」、「季貺」三印，乃葉紉之舊藏，整紙未翦截。以校近拓，若第一行之「具」，第二行之「時」，第五行之「武」，第八行之「心」，第九行之「朋」，第十行「冬温夏」，第十一行之「愧深歎」，第十二行之「以熙平魯」，第十三行之「織以登」，第十四行之「而已聲於」，第十五行之「風」，第十六行之「猶」，第十七行之「美揚」，第十八行之「松漢冠蓋魏晉靈」，第十九行之「留遐發」，第二十行之「乃如人國」，第二十一行之「畔讓耕林」，及末行「正月」之「正」，凡四十五字，此本存，而今本已泐。又以校《金石萃編》所録，其譌字及舊本可見，而《萃編》本已不見者不少，如：「字神圀」，舊本作「圀」，从「口」从「只」，明白可見，《萃編》譌作「囙」。「□欝於帝皇」，「欝」上是「蓊」字。「君其後也」句上「□□世□」，碑是「扌幹世[illegible]」。「涼州□史」，「史」上「刺」字可辨。「高祖鍾□」，「鍾」下乃「信」字。「松心□□」，碑是「松心□節」。「自□□明」，「自」上有「成」字可辨。「蒙幽人表」碑「蒙」下一字从「竹」，而下半已損，非「幽」字。又「蒙」上一字，《萃編》作「達」，碑乃「逕」字。即「遥」。「不辭採□之勲」「採」下一字从「辶」，他半不可見。「年卅□」，「卅」下乃「九」字。「以延□中」，「延」下乃「昌」字。「□乃辭金退玉之貞」，「乃」上是「至」字。「□□愷悌」，碑乃「詩□愷悌」。「以旌盛美」下一字「言」旁可辨。「式闡□□」，「闡」下乃「鴻」字。「□音遐發」，「音」上乃「清」字。「實國之良」，「良」下有「禮」字。末行「正光三年」，《萃編》譌作「正元」。碑陰雖未見舊本，然據近拓校之，譌奪是正者亦不少。如陰額題名之「韓咸崔咸」兩「咸」字，原作「㦻」，即「盛」字。第二列「王長休」誤作「壬長佐」，「敳即『嚴』字。祖憐即『憐』字。」誤作「敢祖憖」，「敳貳即『貳』字。□」誤「貳」爲「武」，「孔□□」乃「孔伏恴」第三列「□曹掾董榮祚」，「亶」上「户」字可辨，「卜僧化」譌作「卜僧禮」，「夏衆貴」譌作「夏榮貴」，「苗祖憐」誤「憐」作「憖」，下「憐」字皆譌。「星桃符」之次，脱「西曹佐薛文會」一行。第五列「□貳」即「貳」。誤作「□戩」，「□廣由」誤作「□廣吉」。第六列「成頮之」，「頮」即「規」。誤作「成順之」。第十一列「田阿清」誤作「田河清」，「雷乞德」誤作「雷乙德」，「田甙男」誤作「田武男」。舊校未盡，並附記之。

齊郡玉妃常氏墓誌 初出土本

此宣統二年初出土時，予手拓本。此石近歸日本大倉氏。

馬鳴寺根法師碑 未斷本

此碑久斷裂，此未斷時精本。

高貞碑 初出土本

此碑初出土拓本。第八行「英華於王許」，「王許」二字間有泐痕，上僅連「於」字之末點，下不及「王」字，近拓則上損「於」字之少半，下損「王」字之少半。又第十九行「赫矣安東」之「安」字，初拓但損三之一，近拓則損半矣。此有「隨軒」及「紫珊所得善本」印，乃初出土時所拓也。

又 唐鷦安藏初出土整紙本

此本與前本同，有「唐翰題」印，《金石續編》著録。是碑多譌略，如「舜曰典朕」下，碑泐六字，《續編》誤空五格。「見稱於匠□」，「匠」下乃「者」字，拓本可辨。而「重離再朗」「再」，碑作「載」。「遐爾必至」，「爾」碑作「迩」。「□業始茂」，「業」上乃「器」字。「□□□□至謙也」，「至」上乃「富貴不驕」四字。「堯咨四嶽□□□□」，「嶽」下乃「周命呂望」四字。「自兹□氏」，「氏」上乃「作」字。「如㛢如瑩」，「㛢」碑作「琇」。爰據拓本補正之。

曹望憘造象記 簠齋拓本

此石藏濰縣陳氏，近歸歐洲。以後墨本不可得矣。

介休縣令李謀墓誌 初出土拓本

此出土時拓，氈墨甚精。紙角有第百四十六號，上加「吴」字印，乃紀拓本之數也。此雖墓誌，而下有趺，殆樹立壙中者。碑下餘石約二寸强，廣約七八寸，所以納入趺中者。上刻一「魏」字。

咸陽太守劉玉墓誌 石已燬

此石舊藏海豐吴氏，久燬於火。此初拓之精者，尚有二三本爲同好乞取，今不可更得矣。

懷令李超墓誌銘 初拓本

此誌初拓「陵谷時異」之「陵」字第十二行「阝」旁未損。此本有「周星詒印」、「季貺」二印，「陵」字未損。篋中尚有一本，亦與此本同時所拓。文中「爲受罪者所詿」，「詿」即「誣」，《萃編》譌作「詮」。又銘文中「□炳羽儀」，「炳」上一字下半从「白」，明晰可辨，當是「皆」字。

東魏

中岳嵩陽寺碑銘 明拓本

此本拓墨至精，殆明季拓本，有「劉銓福」印。全碑幾字字可讀，不可辨者纔一字有半耳。篋中無近拓，惜不能校勘之。以校《金石萃編》所録，補全字十有四，半字一：《萃編》「雲歸□□」，此本「歸」下乃「衮節」二字。「近視則□嵬」，「嵬」上乃「崔」字。「津□□世」，「津」下乃「道像」二字。「分稟□磚」，「磚」上乃「餘」字。「□創秀出」，「創」上乃「劖」字。「十□尊儀」，「十」下乃「方」字。「□□金爲相」，「金」上乃「或鑄」二字。「色焕□□」，「焕」下乃「雲霞」二字。此本「雲」字存上半，「霞」字見下半少許。「前後□□□廊重複」，「後」下乃「樓木墻」三字。「潺流濱□」，「濱」下是「瀨」字。「光暉夜□」，「夜」下乃「兔」字。「太后德被蒼□」，「蒼」下乃「海」字。又「公王卿士」，《萃編》誤作「王公卿士」。「仰副師願」，「副」《萃編》誤作「偪」。

滄州刺史王僧墓誌銘 初出土本

此誌近拓，文字毫無損泐。惟初拓本末行「黄泉多晦」，「泉多」二字之旁無泐，近拓則有泐痕，大逾鼠矢耳。此本尚無泐痕，乃出土時拓本也。

又

此本與前本同，又一本已翦裝。此誌初拓甚少，平生所見，止此三本耳。

定州刺史李憲墓誌 舊拓本

此本有「王懿榮」印，首行第一字「魏」字完好，乃初拓本。近拓則「魏」字已泐矣。

齊州刺史高湛墓誌銘 初出土本

此誌近拓本首行之「魏」，次行首之「君」及「芳德遐流」之「遐流」，第三行首之「風」，第四行首之「管」，第六行首之「雲」，第八行首之「史」，均損泐。此本完好，爲初拓善本。有「樹鏞校碑」印及丁丑二月楊石卿鐸觀款。

又初出土翦裝本

敷城縣公劉懿墓誌初出土整裝本

此初出土本，裂上角，自首行第十二字「軍」字中間斜穿至第十行第一字而止。裂處僅第二行損「史」字，「史」下「假」字亦半泐。第八行「加户」二字各半損。第九行「刺史」二字，「刺」字損半，「史」字全損。第十行「道」字雖損，尚可辨，其餘諸字雖裂而未損。

又舊拓本

此本出土後二三十年所拓，已裂之一角又裂爲二。從第五行首「世」字中裂，穿第六行「之」、第四字。第七行「食邑」第四、五字。而止。「世」字裂而未泐，「之」字全，「食邑」二字損太半。「加」字之半第八行第四字。亦泐，並損第六行「爲」字。第八字。校初拓，又泐全字二，半字三。近拓則當前五行第四字又横裂，損字益多矣。石藏忻州焦氏。往予在京師時，其後嗣式微，欲售此石，今不知尚存焦氏否〔一八〕？

又舊拓本

又舊拓翦裝本　此二本存字均與前本同

敬史君碑 初出土拓本

此本有「江秋史」、「德量秋史印信」、「瑞石齋」、「華岩」、「秋岳」、「新安項源漢泉氏」、「一字曰芝房印記」、「小天籟閣」、「項芝房所藏金石文字印」九印。後有乾隆四十九年江秋史跋，乃初出土所拓。以校近拓，若第七行「克翦封鯨」之「鯨」，第八行「帷籌野戰」之「籌」，第十一行「公秉麾出閫」之「閫」及「歲聿未周」之「歲」，第十六行「拜驃騎大將軍」之「騎」，第十七行「以招賢俊」之「招」，第十八行「亦既芟夷世難」之「夷」，第十九行「遠乘山岳」之「乘」，「迩帶池闉」之「闉」，第二十行「木火亟交」之「木」十字均泐盡。又「解褐」之「解」，第四行。「伏罪」之「罪」，「賈詡」之「賈」，第六行。「德隆齊晉」之「德隆齊」，「志存匡合」之「匡合」，「深識」之「識」，第七行。「進封」之「封」，第八行。「頽綱由愸」之「頽綱」，第九行。「秦隴」之「隴」，「乘此」之「乘」，「戎虜」之「虜」，第十行。「兼奮」之「奮」，第十一行。「韓地」之「地」，「彰僞」之「彰」，「不恭」之「恭」，「鵄張」之「鵄」，第十四行。「彫傷」之「傷」，第十五行。「潁州」之「潁」，第十六行。「金瓊疊照」之「金瓊」，第二十一行。「府自」之「自」，「易晞」之「晞」第二十二行。二十六字，則近拓有殘損而此本均完好。《萃編》録此碑，以此本校之：如「世阜哲人」之「阜」，《萃編》譌作「皁」。「□聿未周」，「聿」上乃「歲」字。「夏風攸改」之「攸」，《萃編》誤作「攸」。「邇帶池闉」之「闉」，《萃編》譌作「闍」。「木火亟交」之「木」，《萃編》譌作「水」。「□□誓勗」，「誓」上乃「府自」二字。「化貊絲□」，「絲」下乃「綳」字。「檀越元圓鸞」

之「圓」，《萃編》譌作「圎」。曩校未盡，附記於此。江《跋》録後：

東魏禪靜寺刹前銘《敬史君碑》，余所得拓本已裝褾成册，就翦截紙尾迹之，凡文二十六行，行五十一字。碑序：「顯儁爲潁州刺史時修寺，未識新潁州刺史翟叔仁銜名。」又云：「寺初爲故潁川太守梁洪雅所建，及施檀越故潁川守王儒。」案《魏書・地形志》，潁川郡隸潁州。碑又稱「韓地邊嶮，繡連蠻楚」。碑當在今許州。《北齊書》顯儁本傳：「高祖臨晉州，儁因使謁見，與語，悦之，乃啟爲別駕。」則所云帝嘉乃功者，實由神武拂拭之耶？「女后稱制」謂明帝太后胡充華。「永安云季，元兇伏罪」，謂永安三年，孝莊殺尔朱榮於明光殿。尔朱世隆率部曲焚西陽門，出屯河陰。尔朱兆逼遷帝於晉陽，所謂「終成李、郭之舉」也。「大丞相勃海王」，謂神武也。「克翦封鯨」，謂尔朱世隆等先後就擒，斬於都街也。「秦隴放命」，蓋指宇文黑獺輩。餘皆與史合。興和二年，爲東魏孝靜帝即位之第十七年。碑中所述泰平縣開國子、永安侯、食邑千户、車騎將軍、度支尚書、汾州刺史、晉州刺史、驃騎大將軍、潁州刺史、大都督潁州諸軍事、儀同三司諸階，可以補史，而羽林監、倉部郎中，又碑所不詳者。至顯儁字孝英，非以字行者，碑乃於公名下空一格，而以顯儁爲字，則碑之疏已。史稱顯儁從攻鄴，督造土山，從平西胡，轉都官尚書。又從高祖平寇難，破周文帝，敗侯景，平壽春，定淮南，又略地三江口，多築城戍，累除兖州刺史。卒，不著於何時。案：《北齊・文宣帝紀》：魏帝遣兼太尉彭城王韶、兼司空敬顯儁奉皇帝璽紱於帝。是顯儁天保間猶存，自魏明時服官已歷三十餘年，而兼司空位已進於三公，又《傳》之所闕載。是碑文藻斐然，而字畫增改率多譌謬。然在元魏、高齊諸造象碑中，特爲整雅者耳。乾隆四十九年五月廿一日雨中，揚州江德量識于廣寧門外米市胡同私第。

碑末下方記施地人名，字畫拙陋，非書銘人所爲。至「息恩和」云者，蓋恩和即朱景略之子，所謂一介息男也。碑往往如此。錢少詹大昕云：「乾隆初，長葛民墾土得之，移置縣之陘山書院。」《北史》云顯儁「陽平太平人」。陽平，蓋平陽之譌。《齊書》所云「羽林監、行臺倉部郎中」，則碑無之。蓋顯儁未嘗爲此官，故《北史》亦不取也。

此本無陰，予以舊拓本附裝于後。以校《萃編》所録，第一列「州司馬崔子安」，《萃編》誤作「崔子王」。「功曹參軍薛略」，「功曹」誤作「功略」。「萇社令樊裌」，誤作「魏裌」。第三列「潁州驃大府倉曹參軍向邕」，「潁州」誤作「潁川」。「向邕」，誤作「向邕」。「民望許雲」，誤作「許容」。「司馬王買暉」，「買」誤作「貝」。「助教王泶霈」，「泶」即「桼」字。誤作「染」。第四列「邑吴六奇」，「六」誤作「成」。附正於此。

李仲琁修孔廟碑明拓本

此明拓之至精者。以校國初拓本，如「東郡、汲郡、恒農三郡太守」之「農」，此本僅損少許，國初本已損太半。「雖、兖二州刺史」之「刺」，此本「刂」字不損，國初本損上少半。「刑平惠和」之「和」，此本完全，國初本則「口」之左側已損。「尚想伊人」，此本「想」字微損，國初本但見「木」旁。「琘瑶焉述」之「述」，此本上半損三之一，國初本則上下全損。

又國初拓整裝本

此本以校雍乾間拓本，則「刑平惠和」之「和」，此本「口」之左旁微損，雍乾本則連及「口」下。「尚想伊人」，此本「想」字尚見「木」旁，雍乾本全泐。「生既見從」下，此本尚見「没」字。「氵」旁上二點，雍乾間本但見一點。「所以雕素十子」之「雕素」二字間，此本有泐痕而不侵文字，雍乾本則「素」首已損。「靈姿嚴麗」之「麗」，此本完好，雍乾本損少半。

又雍乾間拓本

此本有「徐紫珊秘篋」印，有碑陰。「想」字之半已泐，而以校嘉道間拓本，則「惠和」之「和」，此本僅「口」半有損，嘉道本則「禾」半下方亦泐少許。「尚想伊人」之「尚」，此本「口」下未損，嘉道本損及「口」之下畫。「伊」字亦損「亻」旁，「尹」上亦稍損。「靈姿嚴麗」之「嚴」，此本「吅」損一「口」，嘉道本兩「口」均泐。

又嘉道間拓本

此本有「山陰章氏所藏」印，[一九]乃亡友章君碩卿舊藏。光緒戊戌同旅滬上時，予此碑無舊拓，遂以見詒，在篋中二十年矣。以朋好所贈，故並存之。《萃編》所録，往歲曾以近拓校勘，茲合諸舊本校，更補數字，如：「剋棖斯□□剌□□」，乃「剋振斯文，乃制□言」。「棖」即「振」，以「木」易「扌」。此碑他从「扌」之字，亦多从「木」，可比例也。「□□易地夫」下，乃「松桂」二字。「言爲涫□□□□□」，乃「言爲涫至□□隤隤」。「風度絶□」，「絶」下乃「人」字。「尚□伊人」，「尚」下乃「想」字。而「淪姿舊□」，「舊」下乃「訓」字。「莫不遵□義以述作」，「遵」下乃「其」字。「府州佐□□□」，乃「府州佐□諸□」。「祖習□□聖神盡妙」，乃「祖習伊何，窮神盡妙」。「□□存敬」，「存」上乃「已」字。碑陰「縢子巵」之「巵」，《萃編》誤作「充」。「長流參軍□忖寧」，誤作「長□流參軍林寧凢」。即「亢」字。「父令朱槃虒」，誤作「□父令朱槃父」。「安東將軍□」，「軍」下乃「魯」字。

「東平太□□儁」，「太」下有「守」字。「祭酒從事史禮當佼」之「佼」，《萃編》誤作「僡」。「樊□珎」，「樊」下乃「世」字。「部郡從事史□嵩」，「史」下一字「木」旁尚存，再下一字不可識，再下乃「嵩」字。《萃編》「嵩」字上僅空一格，誤也。又「仲琁」之「琁」，乃「瓊」之異文。自《魏書》本傳誤作「璇」，諸家皆相沿而譌，並附正之。

王偃墓誌銘 初出土拓本

尚未刻跋，乃最先所拓。

又 初拓本

此本但有光緒元年戴杰跋，尚無江肇麟觀款，亦初拓本。

北齊

西門君之碑頌「異術均美」四字未泐本

此碑今下半多殘泐。此本第五行「異術均美」四字尚存，爲平生所見拓本之最先者。予有沈韻初舊藏本，則僅「均」字完全，「術」字存半，「異美」二字不可見矣。以沈本與此本互校：此本第三行「治鄴」之「鄴」完好，沈本「業」旁已泐。第四行「符彩自□」下有「不省書」三字可辨，沈本全泐。第六行「俎豆逾遠」下，此本有「非□襄王」諸字，均完好，沈本損泐垂盡矣。又第七行「郡國掾史」四字完好，沈本「郡」、「史」存半，「國」亦稍泐。「史」下此本有「實降」二字，沈本「降」字亦没。第八行「天示昭明之證」句下「帝啓即席之期」，此本明白可辨，沈本則「帝啓即」、「之」四字均泐。又此本「期」下有「我」之上半，沈本亦没。第九行「激崐崘之永輪」，此本「之」字微損，餘五字均完，沈本則「激」字尚完，「永」字存半，餘字均泐。又「輪」下「玄」字，此本微損，沈本泐少半。第十行「五□□會」，此本「會」字完好，沈本但存下半少許。「想□橋之難□」，此本「想」下之「心」微損，「之」字損而可辨，沈本則「想」字但存上半少許，「橋之」字全泐。第十五行「尊賢尚德」下十餘格，此本有「有歸」二字，沈本全泐。

又舊拓整裝本　沈均初舊藏

此本有「松江沈樹鏞考藏印記」、「均初」、「沈樹鏞審定金石文字」三印。拓本甚精，然後於前本數十年，故前本存字多於此本。更校以近拓，則第五行「異術均美」，此本「均」字完全，「術」存太半，近拓全没。第七行「郡國掾史」，此本「國」字微損，「史」存下半，近拓剥損殆盡。「史」下「實」字，近拓亦失。第八行「天示昭明之證」，此本「之」字微損，近拓泐盡。第九行「□運□竭」，此本「竭」字尚存，近拓將泐盡。第十行「想□橋之難□」，此本「難」字微損，近拓不存。第十六行「爐樂」二字微損，近拓損甚。第二十一行「豈不蒼精云啓」，此本「啓」字完好，近拓「口」字損半。此與前本皆無碑陰，予嘗合新舊數本以校《金石萃編》，是正譌誤，並補缺字不少。如：額題「西門君之碑頌」六字，《萃編》誤作「西門君之頌」五字。「合踰千國下既□」，「既」下乃「而」字。「雖□券金書」，「劵」上乃「玉」字。「□□壇表恭」，「壇」再上一字乃「而」字。「□自金堂」，「自」上乃「福」字。「翦兇族於黎□」，「黎」下乃「丘」字。「□□□於華□」，「於」上乃「長」字。「再祠絶□」，「絶」下乃「屆」字。「□□萬□乃辶□萬方神居獨，下闕」，「獨」下乃「遂」字。「尊神尚德」，「尊」上乃「不歇」二字，《萃編》失書「不」字。「□邕□神」，「邕」下乃「迎」字。「鱗□五□」乃「鱗甲五照」。「萁而」，下闕。「萁」下有「秀」字，《萃編》奪。「□州□□師」，「州」上乃「司」字。當是「司州牧、太師」。「入當」，下闕。「當」下乃「□」。「憲投□千祀」，「祀」下有「人」、「ネ」字可辨。「執徐之□」，「之」下乃「歲」字。「忻殫鼓□」，「鼓」下乃「舞」字。「□□徒□禮」，「徒」下乃「私」字，「禮」下乃「王」字。「載前載後」下「□象□□」，乃「宀象□肅」。「咸秩報□」，「報」下乃「功」字。「□率依風」，「率」上乃「連」字。「毛畢均美」下「□□□□」，乃「□□兼雄」。碑陰第一列「穆子□」，乃「穆子客」，「鮮于□□」，「于」下乃「孝彦」二字。「李□字□明」，「字」下乃「普」字。「部郡從事廣□□序」，「廣」下乃「宗潘」二字。「林慮辛□景宣」，「辛」下乃「晧」。「□上忠」，乃「苟士忠」。「□景□□昇」乃「□景漢士昇」。「□子□德卿」，「子」下乃「慎」字。「□從事□□□」，「事」下第三字乃「懿」字。第二列「魏郡馬□」，「馬」乃「馮」之譌。「鬵陽棸琛」，「琛」乃「琮」之譌。第三列「郭忻□悦」，「悦」上乃「景」字。「户曹椽□文伯元□」，「元」下乃「遠」字。「户曹椽□□□□」，「椽」下乃「張□□諸」。「□曹椽滕又□」，「曹」上乃「户」字。「□曹椽鞠隆」，「曹」上乃「户」字。「樊淵海賓」，「賓」當作「實」。第四列「田□遠見」，「田」下乃「臺」字。「孟□元爲」，「孟」下乃「果」字。「部郡椽衡遠□業」，乃「部郡椽衡□廷業」。「□□史解景□」，「史」上乃「曹」字，「景」下乃「馥」字。末行「□□」，乃「□□□□獻元□」。第五列首行「□□」乃「户曹」。「户曹史傅□□□」乃「户曹史傅思哲智明」。「金曹史□□元□」乃「金曹史侯備元預」。「金曹史□王□□」乃「金曹史□王白雀」。「租曹史□貴」乃「租曹史侯貴」。「阿□樂□」，「阿□」「阿」下乃「弁」字。「兵曹史劉□□□」乃「兵曹史劉□□張」。「部郡史韓□□伯」，「伯」上乃「榮」字。第六列「張習□□」，「習」下乃「思説」二字。「李瓊子□」，「子」下乃「琛」字。「賈光長□」，「長」下乃「暉」字。「□□將軍、軍主郄海□」乃「楊烈將軍、軍主郄海山」。「□□將軍、軍副焦定」，乃「□節將軍、軍副焦定安」。「□兵」乃「直兵」。第十八行末乃「黎□拔」。第十九行末乃「大豆」。第二十行乃「諸葛和」。《萃編》皆失書。「隊主張□□」乃「隊主張□隆」。「西門□□」乃「隊主西門万周」。「隊副□□□」乃「隊副□方儁」。

崔頠墓誌

此誌已佚。此本有「以禮審定」、「紉之所得金石圖籍」、「周星詒印」、「季貺」四印，乃初拓之精者。

銅雀臺石夆門銘初拓本

此石久佚。此本有「覃溪」及「沈樹鏞私印」，後有王蓮府尚書、覃溪閣學二跋，節録如左：

嘉慶己未，予于役中州，親見此石於安陽縣令趙渭川書齋。云於數年前濬漳河所得，石甚古而完好。青陽王宗誠。

右北齊造銅雀臺石夆之門題字。考其時事，蓋經始于天保之八年，而工竣于九年耳，非有訛誤也。後題名三行，先上三行而後下層之三行。凡古刻後銜，皆如此讀之。此石歸趙渭川齋中。渭川名希璜，廣東長寧人，即手剔安陽四碑者。下有「覃溪」印。

又 初拓本

有葉紉之題籤，及「芸墀」、「仙館」、「以禮審定」、「周星詒印」、「季貺」五印。此銘至難得，三十年中纔見此二本耳。

道朏造象記 初拓未斷本

此石舊藏阮氏文選樓，相傳燬於火。然予屢見近拓本，是石故尚存，但已由第五行縱裂，其末三行又横裂耳。此本有「均初所藏」印，乃未裂時所拓。「邨法界人中像一、盡虛」等諸字未損，火前本也。予尚有一本在六舟上人集册中，亦未裂本。

夫子之碑 朱竹君舊藏整裝本

此本有「椒花吟舫朱筠之印」、「朱錫庚印」。此碑《萃編》所録多譌脱。以此本校之，則第三行「衛大」下，《萃編》失書「將」字。「開封人」上，有「恭文滎陽」四字。第四行「鎮北將軍」上有「羲之孫」三字。第六行「不具論」上乃「伯之□□□以下能」等字。第七行「如高」下乃「□□糸」。又，

「易」字《萃編》誤作「多」，「火」字《萃編》誤作「人」。第八行「可□□□㦸」，「㦸」上乃「言」字，「㦸」下「雖不」二字，《萃編》失書「不」字。又誤書此行末之「氏」，錯列次行「女」字之上。第九行「馭節」下乃「捿王」。第十行「來遊」下乃「□□釋菜」，「□罷」乃「都□」等字，即直接次行「廢」字。第十一行「乃□□□□曰」，「乃」下乃「顧謂」二字。第十三行「更」上乃「蹤」字。第十四行末乃「海」字。第十五行「是下闕。者」乃「是以□□□□者」。「命工人□者」乃「□□起勒者」之誤。「必□□論景行」，「必」上乃「少」字，「必」下乃「欲」字。第十六行「言下闕。東埤之豪」。乃「備言其□率東埤之□」。第十七行「祠堂」下乃「□有」。第十八行「存曰」，「存」字乃「今」之譌。《山左金石志》考此碑爲鄭述祖所立。述祖字恭文，見《重登雲峰山石刻》。此本字恭文，字固明明可辨也。

朱曇思造象記沈均初舊藏整裝本

此石已佚。此本有「松江沈樹鏞鄭齋考藏」印，後有嚴錢橋跋，録後。

《萃編》録此碑，「故悁茲苦海」誤作「吉海」。

此石在山東博興。乾隆末，權校官桂未谷始搜得之，後緇流用爲階砌。嘉慶十年，縣令移置學宮。十三年，拓得墨本，寄贈漢陽葉君東卿。石左方有佛像三軀，此本失拓。文云「斜蘆煙際」，即「屚」字借爲「插」。又云「豁爛難名」，即「姏」字借爲「娑」，皆字書所未收。十五年九月十七，嚴可均記。

玄極寺碑 明拓孤本

此碑諸家不著録，此本乃明代所拓，殆爲海内孤本。寺在白鹿山，則此石原出中州。今録其文如左。碑經翦裝，然每行三十二字尚可知，惟行數不可確定耳。

夫常住之境，固凝然而不變；種智之域，詎儵焉其可尋？法之時義大矣，至矣！□梵輪西轉，貝葉東移，始感金人之夢，爰興白馬之旨。若非深理性，妙達神幾，豈能託質梵門，栖心慧路而已哉？玄極寺者，蓋石趙之世，爰有天竺名僧佛啚橙頭陀之所。□橙法師，位階上地，應感人間。塗掌神咒，則洞窺未兆；臨流引臟，則秘奥難測。權實互顯，不可思議。（逼）〔遍〕歷名山，至此頓步。遂因峰（摛）〔搆〕宇，憑巖考室。啚像巋然，雲生欂櫨。尒其山狀，可略而言也。嵯峨忽起，峰貫星漢。陽烏之所，藏光望舒。於是，迴泊南矚，平野里而見江河，北瞻岱嶽，髣髴五臺之嶺。庇帶滄海，美氛氲之氣；右拒孟門，眺巖巘之極。諒乃日下之高峻，太行之妙塲。昔海春善嘯，數聞鸞鶴之聲；孫登委衷，攝正氣□（遐）〔遐〕壽。至如慧據法師者，趙州人，俗姓劉氏。天漢遥津，神威肅遠，辯若解環，志同金□。幼稟精誠，齠齓入道。未待琢磨，懸已窮贍，無假傳習，罔不必該。阿難述大智之經，□樹作无畏之誦。皆鑽幽洞微，原始究末，天心内朗，若貫明珠；神想外潤，而披慧日。□謂巍巍焉，蕩蕩焉。厭世輕利，万代之師。於是逍遥塵垢之外，弗□惘哩殆即「默」字。朝野之間。□白鹿山玄極寺，靜而不諠，勢同鷄鷲之崀；幽而復顯，不異王舍之城。法師遂以魏□和之末，擁錫來遊。躡危石而可尋，攀雲梯而方至。自迄大齊河清四年，足不履於□地者，卅餘載矣。每禪誦，勳心至誠，猛厲能持苦行，降聖自希，吐納，養神香甘□問□能福慧並修，異空缽之羅漢；導引羣生，同寶手之菩薩。遂迺率諸四部，敬造石經□石碑像。定光釋迦、弥勒、阿弥陀、觀世音大勢至普賢、文殊、十六王子像，□□□石□率不殊。比之刻檀，真符踊出。相好分明，見聞獲樂。並造一切經，永置玄極□亻來□今英如説修習。其邑人等，藉序芳華，緜基海地，綿鏡相承，羽儀預襲。乃悟□怨□□。六塵迫隘，普捨貪著，咸趣菩提。寔以聖去賢來，幽栖相續；是使有識歸臻，義同慈父。邑等議曰：昔剖苻微德，猶勒玉堂之碑；分竹輕恩，尚興□布之社。況我之尊，羣生□賴。若使玄碑不樹，翠石無刊，將何以播芳猷於後昆，□王道於來葉！其詞曰：

至覺難同，妙慮潛通。三果爲系，四向稱宗。愛河長溺，慾海終□。罕達慈悲，□□嚴儀。誰其繼踵，寔俟生知。離塵無著，現茲無爲。經像嚴麗，无亻□□。緇素相回，俱□觸受。功深巨海，山稱上首。賢矣英儒，孝悌入室。富貴不憍，以善相率。高拔氵涅，傾心慧□。巖巖鹿皐，蘊粹含靈。賢聖云息，高步幽貞。龕如複殿，坼□□□。道風雖一，法□无□。動靜由人，理無興闕。故我隱居，酬恩四義。

白鹿玄極寺主王桃湯，三爲郡中正妻周，弟中正王思禮，孫□王法□□大鍾主下闕。

安東將軍秘書丞、梁州大中正、榆縣開國男兼散騎常侍、騁南使主皇甫亮；大中大夫闕張子彥，妻李，男女□。

中堅將軍、共縣令袁秀，妻姚，息曇邕、曇粲；　輕車將軍、給事中張粲，妻袁。

都唯那李元正，開府行參軍李元辯，邑子陳康，邑人張子昂，邑人來神龜，邑子裴陀，邑子□浮畾維郍王仕和。

□平西將軍、永安縣開國侯、天門郡太守朱豊國；　供養主張永興，供養主□社奴，供養主郝宜，供養主湯顯。

上泐。招遠將軍江智海，陶子敖，王搦兒，石老兒。

上泐。延智，妻魯，男女。

大齊河清四年四月八日，三寶邑人敬造。願以此功德，資益法界衆生，離苦得樂，俱成正覺。

姜纂造象記 舊拓未損本

此本近拓末二行「唱道」二字已損，「皇四生咸」四字全泐。此本一字不缺，乃舊拓善本。

房周陁墓誌 初出土本

此石光緒初年出土，歸濰縣郭氏。此本有「濰縣郭蔭之槐堂金石文字」及「王正孺」印，乃郭氏拓贈王文敏公者。近拓本「江湖相望」之「江」字已泐。此初拓，故尚完好。

隴東王感孝頌 陳曼生舊藏本

此本拓墨甚古，嘗以近拓校之，無異同。殆字大石佳故也。後有「陳鴻壽印」、「徐氏玉林堂印」，乃陳曼生所藏，後入隨軒者。《萃編》所録，尚無譌字。惟「君王愛奇好古」，《萃編》「君」下作方圍，審是「王」字，雖鑿損，固可辨也。

乞伏保達墓誌

此本乃歲壬寅端忠敏公撫楚時題贈，惜是硃拓。予在京師曾得精拓本，然以公所贈，故存此本。

齊武平《乞伏保達志》近出青州，王文敏公得之。未幾，遽完大節，石歸吾齋。叔蘊先生試爲證訂。端方。

朱岱林墓誌 雍正拓本

此初拓本，文字明顯。惟第七行「閒□自得」，第二字筆迹尚存，不能知爲何字。《金石續編》作「靜」，與字迹全不合。及第二十四行「何殊轍□」，「轍」下一字不可辨認，餘皆可成誦。《金石續編》録此文，譌誤六字。「抏魯稱雄」，「抏」即「抗」字，譌作「姽」。「雖交公子」，「雖」譌作「難」。「終逺晉文」，「逺」譌作「遠」。「第四子敬偱」，「偱」譌作「脩」。「岵山雅陟」，「雅」即「雖」字，譌作「雅」。「荷恩推訓」，「推」譌作「惟」。

又 舊拓整裝本

此本石之上半字畫細瘦，多漫不可讀。惟首行下角「扶封於郝」四字完好，近拓「扶封」全泐，

「於」存少半，「郛」存太半矣。此整裝本，雖百年内所拓，存之可知行次。又有翦裝本一。

武成胡后造觀世音象記舊拓本

此本有「沈樹鏞」印，乃百餘年前拓本。石不知今存否？《寰宇訪碑録》著録誤武城胡后古帝王妃后造象，惟此及唐高祖爲太宗造象而已。

唐邕寫經碑舊拓本

此本有「程梁」、「張鼎之印」、「子鼎」、「鄭齋」諸印，拓墨甚舊。以《金石存》所録校之，「道不虛」下，此本多「泄然則」三字。「舜□三公」，此本「舜」下有「共」字。「翠鳳與寶幢共々」，此本「共」下乃「舉」字。「羣述升極」，「述」乃「迷」之譌。此本之拓，殆遥在吴山夫先生所藏本之前也。

吴洛族造象記舊拓本。

此本有「松江沈樹鏞鄭齋考藏金石文字」印。以近拓校之：第一行「珠玉」、第二行「寶」、第六行「已」、第十行「雕亦」、第十一行「更矣」、第十三行「無邊無畔應」、第十五行「除」，此本皆完好，近拓多損泐。《萃編》録此碑「標名第一」，失書「名」字。〔二〇〕「並宿籍冥因」，失書「冥」字。「用爲家有」，脱「用」字。「頌此微緣」，失書「頌」字。

後周

賀屯植墓誌舊拓本

此本有同治乙丑沈均初題字及「沈均初收藏」印。「十二月」第十六行首。之「十」字未損，近拓則已損矣。

隋

趙芬殘碑 吳攘之藏舊拓本

此碑存二石。舊拓每行十六七字，以下皆漫漶。近年洗石精拓本，則前一石下截仍明晰。此本乃二百年舊拓，有「熙載之印」、「攘翁晚學」、「晚學居士」諸印及吳平齋手題七段。

又 劉寬夫藏本

此本有「劉位坦」及「寬夫」印，拓本與前本同。予合新舊諸本，以校《萃編》：第一石，首行碑題尚有「碑」字可辨，《萃編》失書。次行「而納百川□」，「川」下乃「者」字。「斯乃□□□□」，「乃」下第三字是「所」字。三行「公諱芬字□□」，「字」下乃「士茂」，「茂」下有「天水上邽」四字可辨。四行「英靈不絶」，「英」上乃「祀」字。「所謂荀□君□□□□」，乃「所謂荀令君、趙蕩寇，足爲□□乎」。五行「曾祖」上乃「牀」字，《萃編》誤作「休」或「□」。「腰銀艾」下有「立言展事，歿而不□父」等字。六行「龍宿」上乃「出」字，「氣炳純粹」下有「殊武仲之木性偏宀□文」等字。七行「□□喜愠之色」，「喜」上乃「理無」二字，「味之而不倦」下有「雕蟲小道，能之而不爲□望」等字。八行「人同披」下有「勑豈直張燈流稱固□□被見」等字。九行「金星火宿芒」下，有「□恒動牙璋羽

□□□□馳」等字。十行「不進」上乃「而」字，「歷御伯納言」下，有「進位開府儀同三司□□内」等字。十一行「封□安縣開國子」，「安」上乃「淮」字，「二州」下有「刺史□□□□□幹□優」等字。十二行末「官」上，乃「天」字。十三行首有「官」字。第二石，首行「以公年時□□故優」，「時」下乃「□邁」，「優」下乃「以」字。次行「仍降璽書」下乃「兼賜几杖」四字，杖下第十格乃「皇」字。三行末有「也粤十」三字。距上「人」字越七格。四行末有「廿餘」二字。距上「從」字越十一字。五行「故」下第二格有「名」字，行末乃「齋」字。距上「民」字越十格。六行「□□有寄」，「寄」上乃「析薪」二字，「杜寬等」下乃「仰維盛□」。七行「誰知」上乃「摧」字。八行「歷代」下乃「鐘慶」二字，「□美□□」，「美」上乃「殊」字。九行「上下千古」，「古」乃「載」之譌。十行首乃「陛峻」二字。十二行「墓石」上乃「腸霍」二字。此碑文載《文館詞林》中，與石本略有異同。

龍藏寺碑 明初拓本

此本文末「九門張公禮之」諸字尚存，乃明初拓本。前有「阮元之印」及嘉慶五年芑田外史録《金石文字記》跋尾，下署「仁鎬」印。取以校國初拓本，則首行「不毁是」下，此本多「知汃槃」二字半。次行「二諦」下，越一格多「未法門斯」三字半，行末「攝」上多「麁」字。三行「釋迦文□説」下多「之」字。四行「佛智」下尚見「燈」字之首。六行「翻」下多「同雹」二字。五行「乘御金」下多「輪」字，「□命」上多「天應」二字。七行「弗遇」下多「蚩」字，「帛者盡」下多「於万」二字。八行「德盛」下多「虞」字。十行「天地」上「感」字，此本存半，國初本但見少許。十一行「玉」下多「版」字之半。十五行「青」下多「山」字。二十三行「來會之」下多「衆」字。二十四行「而鬼衛」下多「乃」字。二十五行「殖」下多「救」字。末行「九」下多「門」字、「之」字。

又國初拓本　李梅生舊藏

此本有碑陰，文後「九門張公禮之」諸字，「門」、「之」二字已泐，「張公禮」三字尚存半，乃國初拓本。以與雍乾間拓本相較，則首行「毀」字、次行「諦」字、三行「菩」字，此本均完好，雍乾本已損。四行「佛」下之「智」、六行「等」上之「忽」，此本具存，雍乾本均泐。十一行「帛者盡」下，此本有「於万」二半字，雍乾本已泐。十二行「救」下，此本有半「護」字。十七行「器」下「識」字、二十行「結」字，此本完好，雍乾本均殘損。二十一行「雲」下，此本有「盡」字，雍乾本泐。二十二行「芳卉」之「卉」，此本完好。

又國初本　有毛意香跋　附碑陰

又雍乾拓本

此本無碑陰。以校乾隆本，則第三行「須菩提」之「菩」，此尚存半，乾隆本盡泐。第四行「具」下「諸佛」二字尚存，乾隆本已泐。第五行「詳其」之「其」完好，乾隆本殘損。惜此本半存之字多被翦落，可知者僅此而已。

又 乾隆拓本

此本較雍乾間本少四字。以校近拓，則此存而近拓泐者，若首行之「毀」，損半。次行之「諦」，三行之「迦」、「文」、「湏」，四行之「具」、「坐」，五行之「其」、「同」，六行之「翻」，半字。七行之「命」，八行之「遇」、「尤」、「亂」、「盡」四半字，九行「盛」、「衆」二半字，十行之「洽」、「天日」〔二〕，十一行之「玉」、「綸」、「盈」、「函」，十二行之「救」、「溥」、「迷」、「扶」，十三行之「鎧滿」，十四行之「取其」、「言」，第十五行之「適秦」、「通」，十六行之「持節」，十七行之「識」、「爲」二半字、十八行之「旟」，二十行之半「璃」字，二十一行之「之」、「雲」近拓存半。及「藻」字之半，二十一行之「瑠」、「朱」、「卉於」、二十二行之「求床」、「之」，二十四行之「護」，近拓損半。二十五行之「瑶」近拓存半。及「起」字之半、末行之「公」、「之」二半字均損泐，即其存者，亦細瘦枯寂，不可窺見筆法矣。此本亦無碑陰。予别有魏稼孫藏舊拓碑陰，異日當裝附於後。此碑有額三行，行五字。正書曰「恒州刺史鄂國公爲國勸造龍藏寺碑」，《萃編》失載。又予往歲作《萃編校字記》，但據近拓，兹合諸舊本再校之，以補前校。首行「信畢竟而不毀」下，乃是「知涅槃路遠□□源深」。次行「名教攸生」下，乃「二諦□[illegible]法門斯起□奄攝細」。三行「權假寧實」下乃「釋迦攵□説□之□湏菩提豈證果之人」。四行「□□□坐斯來」句首乃「燈」字。六行「護戒比丘」下，乃「翻同雹莫[illegible]□□□忽等霜蓮」。七行「乘御金輪」下，乃「冕旒」二字。八行「稱臣妾者遍於十方」下，乃「弗遇蚩尤之亂，□玉帛盡於万國，無陷防風之禍」。九行「德盛□□□□□□」，乃「德盛虞□□□□臻」。十行「隆禮不洽」，「不」乃「方」之譌。十一行「玉□綸言」，「玉」下乃「版」字。十二行「□𢑴愚□□導聾瞽」，乃「携奬愚迷，扶導聾瞽」。十三行「建取勝之幢」，「取」乃「最」之譌。十四行「□□□□母恤」，乃「□京□□母恤」。十五行「青□歛霧」，「青」下乃「山」字。十六行「使持節□武衛將□□開府」，乃「使持節、左武衛將軍上開府」。十七行「朝廷稱爲□□」，乃「朝廷稱爲□臣」。二十行「虔心從石」，「從」乃「徙」之譌。二十一行「崢嶸醪葛」，「醪」乃「膠」之譌。二十三行「不□床罡」，「不」下乃「求」字。二十四行「□□詞□」，乃「乃□詞日」。二十六行「州谷苞異」，「州」乃「川」之譌。「□□□踐」，乃「環□所踐」。第三十行「九□□□□□」，乃「九門張公禮之□」。碑陰「行參軍楊砏」，乃「楊砅」之譌。「州光初主簿房崘」，乃「房崾」之譌。「州西曹書佐栗子逮」，乃「栗子建」之譌。「真定縣尉邹擧」，乃「鄅擧」之譌。「鄅」乃「邸」別構。「明威將軍□□□□」，「軍」下乃「亠□司馬」。「維郙馬祀」，乃「馬礼」之譌。「□□□傅□」，「傅」下乃「太」字。「□□□靳□林」，乃「□亻主靳僧林」。又「諸縣維郙」後方隔數行有「謍居士郄希邕」款一行，《萃編》失之。又此碑額陰有題名二列，又碑側有題名三列，舊拓本皆失拓。予所藏魏稼生本始有額陰，碑側題名則得之山左，碑估劉金科爲予言，以前絶無施氈墨者。爰補録於後：

翊軍將軍、恒州長史游愔

翊軍將軍、恒州司馬趙穆

驃騎大將軍、開府儀同三司、五郡守、京并二省尚書左右承、三州剌史、前常山六州領民都督、

內丘縣散伯叱李顯和

驃騎將軍、開府儀同三司、領恒州左十七府兵、東燕縣開國侯高子王

上儀同三司、邵州蒲源縣開國伯、副領右十八開府李平

上儀同三司、恒州右十七開府、安德縣開國公石元

使持節、驃騎將軍、儀同三司、恒州左十七開府、永固公劉達

儀同三司、恒州右十七開府副、懷仁縣開國伯曹明

以上在額陰。

平等沙門曇令

正定沙門玄宗

斷事沙門智超

前知事上坐僧恍

知事上坐法朗

前知事上坐道圓

寺主惠瑩

寺主明建

以上在額陰上一列。

合州道俗邑義一万人等

以上一行大字在額陰之末。

都維那比丘玄詣

都維那比丘惠暢

都維那比丘僧□此後空三行

都維那比丘道軌

都維那比丘靜鳳

都維那比丘圓美

以上碑側第一列。

都維那比丘道運

都維那比丘靜脱

都維那比丘僧哲

都維郍比丘僧晶

都維郍比丘道長

都維郍比丘曇響

都維郍比丘惠昂

都維郍比丘智蕭

以上碑側第二列。

都維郍比丘道寧

都維郍比丘真觀

以上碑側第三列。

諸葛子恒平陳功德頌初出土本

此初出土本，有「周星詒」印。以舊拓本校之：第八行「晉王」之「晉」字，下半「日」字之旁微泐，舊拓則「日」字泐下半。九行「正月□日」，此本「日」字損上太半，舊本全泐。十二行「而御重輪」之「而」、「王威」之「王」，此本均完好，舊本已損剥。十三行「舊狄弥之武」，此本「狄弥」、「武」三字完好，舊本已損。「武」下「執訊」二字，此本雖損可辨，舊本亦泐。又「□績著焉」之「焉」字，此本可辨，舊本全泐。十四行「山林之險」，此本「之」字尚存，舊本亦損。末行「彫畾」之「彫」，「誰不」之「不」，此本均完，舊本亦泐矣。

又 初出土本　以上二本均整裝

又 舊拓翦裝本　有碑陰

此本曾校近拓，多至數十字，篋中無新拓，不能一一舉之矣。

又 舊拓翦裝本　存字與前同

張景略銘 舊拓本

此銘第八行「文彩」之「文」、九行「弱齡」之「齡」、十行「起家」之「家」、十行「去來」之「來」，近拓皆微損，此均完好。

曹子建碑 舊拓翦裝本

此本有「夢華過眼」印。近拓惟「王磐石斯固」之「王」字，此本太半完好，近拓全泐。

城臯公扈志碑 舊拓本

此碑傳拓甚少。此有「陳鴻壽印」、「熙載」、「中江」三印，乃舊拓本。

賀若誼碑 舊拓翦裝本

此本有「朱錫庚」印，乃少河先生舊藏，僅上截，每行約二十餘字。《萃編》録此碑，誤以篆額二十字爲碑題。又第一行「□□□以□□□朔野□□□」，乃「隨夜以□□□朔野而同盡」。次行「若」

下隔三字，「玄闕紫」三字可辨。「龍騰□變」乃「龍騰虎變」。又「□□代以□□□嵩□而光宅」，乃「□忄代以開都卜嵩氵而光宅」。三行「□稱冠帶之理」，乃「是稱冠帶之里」，「里」下有「高祖」二字可辨。又「□□□□□□公」，乃「都官尚書安□公」。四行「散騎常侍」下，乃「光□□夫」。五行「澄波瀾於□□竦□幹於□□」，乃「澄波瀾於萬□竦□幹於千□」。六行「大督都□□散騎常侍」，乃「大都督□直散騎常侍」。七行「乃□公□使君於杏城」，「使」上「公」下二字不可辨，非一字。「左□交爭」，乃「左賢交爭」。九行「身爲輕重」，「身」當作「𨈐」。「□□□犯」，乃「□□難犯」。十一行「周元□」，乃「周元年」。「轉左宮□三□加開府□□□遷□□□二州□□」，乃「轉左宮伯三年加開府□和□遷□□二州刺史」。十二行「□□□武兼運」，乃「自□□武兼運」。十三行「周武揚旌□浦席卷□□」，乃「周武揚旌汾浦席卷河□」。十五行「授□大將軍」，乃「授上大將軍」。十七行「志□謝□」，乃「志□謝事」。

張通妻陶貴墓誌原石初拓本

此誌復刻至多，此本有「硯珊」印，乃馬硯珊舊藏本。原石初拓，極不易得。亡友劉君鐵雲得二本於碑賈袁裕文，予分其一，即此本也。鐵雲身後，其所藏一本不知何所往矣。

安喜公李君碑舊拓整本

此碑久横斷爲三截，第二截近拓本又損後數行。此本第二石後數行完好，乃二三百年間拓本。

近拓漫漶殊甚，故《萃編》所録存字甚少。《金石存》所録，許珊林先生以舊拓校補，視《萃編》爲密，約增百字。然予以此本校之，又補許校之所未及者百七十餘字，今寫全文於後，凡許校未出之字加「·」以識之。

□□□□帝子闕昭王雄據一方，保乂河右、豈□□□文、武□□□□禮□□□武、昭□□□六世□曾祖□□□書□郎。祖景超，員□散騎侍郎，並□言□，支風神儁。□筆兩清，人位俱□。父□逸，使持節、東南道都督、狄道縣開國子。幼懷□□，早挺雄圖。季父琰之，出□□□陪隨□宀仍□寇亂，乃扶城紏衆，□翦凶魁。援絶□□功□□壯丹□□狀能令于禁□□節義感人，遂使陳容□死公世濟斯□象賢□出三辰□□宿之精，四時膺玉燭之□。襟宇恢□□□□□百練不□，千尋直上。及□□虒門□□□谷學窮□□書出□摩□談長者莫不推声殆廖字□□羣公咸相引□。太祖武元皇帝□□在田，府望隆重，乃以爲□兵參軍事、□□□□。周齊□立，交爭未分，陰□秘策之秋，攻心伐□之日。太祖任當上將，出制天□。西□□□之兵，北連沙瀚之衆。公□名莫府，陪從戎麾。□□□於飛雪，馬骨傷□寒水。長塹塞外，直□□陽。齊氏徵兵鞠旅□戰求□龍脥背城魚麗□壘。公壯心奮發，膽氣從横，□□□□□□□屻。王師凱旋，式加□賞。□□都督，封□□斥章縣開國子，邑四百户，周大冢宰、晉國公。居社稷之重，當璿機之政，爪牙之任，□之英傑引公領親信。尋轉大都督，進封定州安喜縣開國侯，邑一千二百户，又授天官府都上士。天和四年，除□持節、車騎大將軍、儀同三司。宣政元年，授左司武熊□大夫。大象二年，□□司武大夫，進位上儀同大將軍。皇隋□運，增錫茅社，進爵爲公。開皇二年，授□衛府車騎將軍。六年□二月，除使持節、卭州諸軍事、□州刺史。橘園鹽井，物産富饒，驥子□文，民俗□□。王褒祭馬，得賢之頌莫傳；文君聽琴，失身之風未絶。公齊禮道德，令行禁止。渝人□□，欣戴仁風；蜀國鳴絃，歌謡美政。孟□□銀，□終無□□之期；金竈玉釜，空有延年之術。十一年，□疾還京。十六年八月十六日，薨於京□，春秋六十有五。粤以十七年二月廿五日，厝於□西縣交川鄉。惟公壇宇外□，□□内嚴，非義不動，惟仁是託。夜浴□行，未嘗改其容；疾雷暴雨，不能□其□。□□府同萬頃之陂，心地無九折之坂。垂訓佳□之□弘風□□之□。妻子若對嚴君，閨門□由□□。加以愛□好古，重□輕財，□車而□□人解□□贖窮士。留心軍決，雅善兵□。研湍水之□□，得常山之蛇勢。□文之妙□□未足稱□□之□□杯不□比□□一德包□□□故□可大可久，全行全名，而才踰半古，位不充量，南山之□未窮，東嶽之期奄及。□□□□□□於□□絶絃止□□深□士友□府長史□□□大□□□□咸以益部耆舊，陳留風俗，會稽典□之□安□先賢之狀□□□□□在民謡□於夏屋之□□□佳城之地，乃相□□兆域□□風聲。玄隧深而青松□，□石久而黄金生。

其辭曰：

□乘□□□□□□逮兹後葉，世挺威名。玉門梓□，龍□□城。君民□□，□□□□。祖

□□□□，□□□□□。允文允武，立□立行。手握靈珠，□□□□。□□□□，□□可詠。□□□野，翠□□□物闕不□霈爭未分，□天闕陣對下闕

董美人墓誌 原石初拓本

此石上海徐紫珊先生由關中載歸，名所居曰隨軒。石佚於赭寇之亂，傳本甚少。然予平生所見徐氏拓本，有徐氏印章或有張叔未諸人跋尾者，皆傷肥濁。徐所獲石，殆關中復刻本也。關中售石，往往去贗留真。徐氏之此誌、南海李氏之《衛富娘誌》，皆關中復本，特其原石亦久佚不存耳。此本爲百餘年前舊拓，書法清瘦，如扈志及陸讓，而妍雅過之，乃關中拓本之最早者，爲原石無疑。〔二二〕此雖自予發之，有目者當信其不誣也。幅上有「熙載」印，乃吴攘之先生舊藏。

善法寺舍利塔記 宋拓孤本

此本不見古今著録。書法至樸，拓墨沉古，殆宋拓也。有「趙魏私印」、「張廷濟印」、「尗未」、「樹鏞」、「沈均初氏」、「沈樹鏞印」。沈均初題籤云：「古搨至寶，世無二本，尚不敢斷爲宋拓也。」册中有張尗未兩題、沈均初一題。兹録其文如左：

大隨武元皇帝收得無畏三藏進到舍利五十九粒，肉髻珠三分得一分。仁壽元年，曇延國師神尼智仙法汝道秀起塔八座，道勝起塔五十一座，下基起木塔，甘棠起木塔，善法寺見光四度八娑羅樹，二度五色雲，一卧佛，二菩薩。

蘇慈墓誌 初出土本。

此誌初出土未久，知縣張榮升刻跋於石上，不數年爲人剷去。此未刻跋時拓本，近亦不易得矣。

唐高祖爲太宗造象記 沈均初藏本

有「沈樹鏞鄭齋收藏金石文字」印，後有阮文達跋五行。

蔡君夫人張貴男墓誌

此誌光緒甲辰端忠敏公拓贈，有題字「匋齋藏石」。惟此誌及宋劉懷民誌禁人施墨，故傳拓至少。近聞藏石星散，其存者亦僅此二誌矣。

郭雲銘 黄秋盦拓本　久佚

此爲磚誌出土之最先者。此本有小松先生手題。

張貳息君卿爲亡夫高洪恒造象 舊拓本

此石著録於《攈古録》，今不知存否。此有「葉氏平安館審定金石文字」及「志詵」、「南陽」、「吉亥」四印，乃東卿先生鑒拓本，石或即藏平安館中也。

甯贙碑 初拓本

此石以道光六年出土。此本乃道光十七年，吾鄉戴文節公視學粵東時題贈張叔未先生者。叔未先生及趙次閑、黄霽青、吴平齋諸家，並有題識。有「趙之謙」印。以沈均初藏舊拓本校之，惟第六行「隋會」之「會」，此本完好，彼已漸損及。第八行「三司」之「三」字，此未損而彼本損少半。第十三行「交趾之川」之「川」字，彼微損，此不損耳。

又沈均初藏舊拓本

此本有「均初所藏」、「校經廬」二印，視初拓本但損三字，殆亦道咸間所拓也。

又近拓本

此宣統元年獲石之下半時所拓，多銘文五行，每行末一字，乃知欽州長沙鄭榮所得，因移石於州學尊經閣。以校沈本，則第十七行末之「公」、十八行末之「滅」、第十九行末之「官」，此均漫漶。第二十行末之「斑」、二十一行「大業四年」之「年」、二十二行末之「盈」已泐盡，沈本均完好，或移碑時所損與？此本因後出五字，前人所未見，故附存之。

陳叔毅修孔子廟碑明拓本

此碑石至佳，予往游曲阜，曾摩抄其下，文字至今完好。此本拓墨古黝。以明季拓本校之，若「禮儀舊俗」之「禮儀」、「陳明府」之「陳」、「皇朝大統」之「大」、「於是遊情庭宇」之「於」、「削迹市朝」之「迹」、「作干城之稱首」之「城」、「積善餘慶」之「積」，此本皆完好或微損，明季本則完者微損，微損者有加矣。

又沈均初藏明拓本

此本拓墨與前本同，有「鄭齋均初所得秦漢六朝文字」印。

又明季拓本

此本有「樹鏞審定」、「沈樹鏞審定金石文字」、「沈樹鏞同治紀元後所得」、「友芝私印」，亦沈均初所藏。然視前二本，則已有損泐，殆後於前本數十年。册尾有同治戊辰莫子偲先生跋，謂是明拓精絜之品。

李氏女墓誌文舊拓本

此誌世人僉以南海李氏漢石園藏石爲原刻，然氣息纖薄，以此本校之，厚薄頗殊，則李石亦關中復本也。此本爲平生所僅見，原石殆久佚耶。册後有張履中跋。

太僕卿元公墓誌初拓本

此石今已碎裂，此嘉慶中陸氏初載歸毘陵時最精拓本。

元公夫人姬氏墓誌初拓本

此與前誌同時所拓，至精善。予别藏沈均初舊藏本，有「鄭齋審定靈壽花館鑒藏」印記。石亦未損，然視此拓下數等矣。以今石碎裂殊甚，故並存之。

宋永貴墓誌沈均初藏舊拓本

有「沈樹鏞印」、「沈氏均初」、「樹鏞鄭齋金石」、「校經廬」諸印。

文殊般若碑 彭二林舊藏本

此本有趙悲庵題籤及跋尾。以近拓本校之，首行「无滅」，次行「境界」，三行「无辟支法」之「无辟支」，四行之「法相」，六行之「照」，九行之「名」，十行之「故」，今本皆有損泐，此本完好。後有題名，諸家皆未見。兹録之於後，並節録趙跋。

邑人兖州主簿羊穆。　邑人奉朝請羊善。

邑人羊釋子。　邑人羊萬。

郡功曹東市貴。此行小字。

此本爲二林彭居士舊藏，末多題名五人，爲今拓本所無。碑無年月，《訪碑録》列北齊末，獨安吴包氏，以書法定爲西晉。予論書服膺包氏，此説不願附和。曾疑爲隋人書。今觀題名首二人叙官，一兖州主簿、一奉朝請。考《晉書》，兖州統轄濟南、北地，惠帝以後淪於石勒，東晉復僑置京口，至隋始置兖州，唐則因之。其證一。舊制官府皆有主簿，上自三公，下及州郡縣。漢以來皆令長自辟除，隋始置主簿官。漢碑陰主簿主名不繫地，此獨書兖州主簿。其證二。漢以來，奉朝請亦無官，皆兼職而位次三公。晉世兼三公，甚尊貴。宋永初後，始以奉朝請選。雜濫于齊永明中，罷於隋開皇中。此書邑人奉朝請，如在西晉則兼職，不當專書。其證三。合此三證，此刻即非隋石，總在齊、周之間，必非西晉。不知包氏所見本，曾有此一行否？予嘗謂考金石，非親至碑下，雖得初拓、足本，無爲傳信。此刻非得此本，則爲晉爲隋爭靡有已，又安知碑陰、碑側不尚有年、月他書可證佐耶？喜而愈疑矣。同治二年十月，趙之謙書沈均初同年所示文殊般若舊拓册後。

又樊文卿藏舊拓本

此本有「山陰樊氏」、「問青所藏」二印，乃吾鄉樊文卿先生彬舊藏。存字與前本同，而無五人題名。平生於此碑足拓，僅見二林居士本耳。

〔校記〕

〔一〕「崇正」：本作「崇禎」，清人避諱改，下同。

〔二〕「宋懋讓」：《金石萃編》（卷四）、《增補校碑隨筆・增補》（頁十七），皆作「宫懋讓」。

〔三〕「人間相斯石刻，遂僅存『泰山』九字矣」，《中國大百科全書・考古學》：《琅琊刻石》已裂殘……現藏北京中國歷史博物館。……所能見到的泰山刻石「秦二世詔」殘片，存約十字，現泰安岱廟中。

〔四〕《八瓊室金石補正》作「揚量買山刻石」。《增補校碑隨筆・增補》作「巴州民揚量買山地刻石」。在巴縣出土，「清道光間移湖州，爲歸安錢安父所得。後又歸吴重光。咸豐十年，石佚」。

〔五〕「久燬於火」：《增補校碑隨筆・增補》（第五十一頁）：「諸書皆云，光緒十八年燬於火。近聞石在南京。」

〔六〕「文不堪讀」：《集古録》原文作「其文字雖往往可讀，而漫滅多不成文」。

〔七〕「此誦在新疆阿克蘇塞木里山」，此誦又作《劉平國碑》、《劉平國開道記》，刻于新疆拜城東北博者克拉格溝口崖壁上。

〔八〕第一處「木偶」原作「木禺」，校改爲「偶」。

〔九〕「此石未知何所歸矣」，《增補校碑隨筆・增補》（頁一〇二）：「石曾歸端方，後又歸王緒組、周進，今在北京故宫博物院。」

〔一〇〕「少半舉高第」，或是「少年舉高第」之訛，未便擅改。

〔一一〕「口」：這裏原空白，「口」爲點校者所加。

〔一二〕「碑在今陝西漢中府城固縣西北三十里」，《增補校碑隨筆·增補》（第一三〇頁）碑「今在西安碑林」。

〔一三〕「近後出土二石」，原脱「出」字，以文意增補。

〔一四〕「敷」字右半下非「寸」字，原文如此。

〔一五〕「五十七」：原作「五十漆」，以文意改。

〔一六〕「不知此石安歸矣」，《增補校碑隨筆·增補》（第一八九頁）：「道光十九年，山東掖縣東北泊上村出土。曾歸掖縣宋氏，長白端方，冠縣王氏，今在故宫博物院。」

〔一七〕「大人琅耶王氏之大」，後一「大」字原作「夫」，恐訛。

〔一八〕「今不知尚存焦氏否」，《增補校碑隨筆·增補》（第三六〇頁）：「此石嘉道間山西忻縣九原岡出土，曾歸忻州焦氏，再歸太谷温氏。」

〔一九〕「山陰章氏所藏印」：「章」字原作「童」，恐訛。

〔二〇〕「失書『名』字」，查《金石萃編》（卷三十五）原文作「標名□一」，有「名」字，而於「第」字處作方圍，所以當作「失書『第』字」。

〔二一〕「洽、天日」，查《金石萃編》（卷三十八）作「感天地而動鬼神」，作「天地」，不作「天日」。

〔二二〕「爲原石無疑」，《增補校碑隨筆·增補》（第四四三頁）：「上虞羅振玉《雪堂金石文字簿録》所謂原石舊拓本有『吴讓之藏』印者，實也是重刻本。」

大雲書庫藏書題識

大雲書庫藏書題識目録

卷一

卷二

明宣宗實録　　通歷

宋季三朝政要　　憲章録

皇明大政紀　　大金國志

古今歷代標題注釋十九史略通考　　徵吾録

泳化類編　　遜國正氣紀

隆萬兩朝平攘録　　崇禎遺録殉難忠臣録、逆賊奸臣録

濕襟録　　出圍城記

皇明寶訓　　鄂文端公奏議未刻稿

李文定公行狀　　元功垂範並續

司馬温公年譜　　雲東逸史年譜

明列卿紀　　嘉靖以來首輔傳

今獻備遺　　保越録

釣磯立談　　東國史略

元寇紀略　　懲毖録

統輿圖　　皇明職方地圖

畿輔碑目待訪碑目
史糾
又

卷三

帝範
臣軌
崇正辨
學的
美芹十論
棠陰比事
新注無冤録
重廣補注黄帝内經素問並校譌
黄帝蝦蟆經
神農本草經並考異
註解傷寒論
脈經
唐新修本草殘本
真本千金方殘卷
千金翼方並目
食醫心鑑
素問六氣玄珠密語
本草衍義
經史證類大觀本草
又
重修政和經史證類備用本草
嶺南衛生方
易簡方
三因極一病證方論

大方廣圓覺略疏
貞元新定釋教目録
秘密漫荼羅教付法傳
明教大師輔教編殘本
祖庭事苑
又一本
隆興佛教編年通論
大藏一覽集
大毗盧遮那成佛經疏殘本
安樂集
翻譯名義
梵唐千字文
席上輔談

卷四

元次山文集並拾遺
司空表聖文集
唐風集
鐔津文集並附録
嘉祐集
增刊校正王狀元集注分類東坡先生詩
欒城集後集三集應詔集
拙齋文集
羅鄂州小集
象山先生文集外集語録
竹齋先生詩集
真文忠公文集
方泉詩
幸清節公松垣文集

大雲書庫藏書題識卷一

文所易說五卷明萬曆丁亥刻本

此書明馮時可撰，《明史·藝文志》及《經義考》並著録。卷首有萬曆丙寅馮氏自序、丁亥後序及歸有時序。《經義考》但録馮氏後序，而前序及歸序並不之及，豈所見本佚此二序耶？馮時可，《明史》附見《馮恩傳》，恩之子也。隆慶五年進士，累官按察使。

易大象義一卷上海徐氏藏精鈔本

明豫章章潢撰，潢所撰《周易象義》十卷，《四庫存目》、朱氏《經義考》均著録而不及此書，諸家目録亦不載，殆稿本未刊行也。《經義考》載《周易象義序》，與此本之《序》校，截然爲二書。文德先生一代儒者，其遺著乃數百年無有刊行者，所著《圖書編》傳本亦日稀，此有心世道者之責也。昔曹石倉欲刻儒藏，訖不克竟其志。黄梨洲先生創鈔本社，以流傳古籍。此二事亟應仿行。予雖不肖，願任兹役，但不得不望將伯之助于當代君子耳。著其説于此，與同志共勉圖之。此本與《讀易雜記》同時所得，卷端有「紫珊所得善本」，末有「徐氏玉林堂印」二朱記。

讀易雜記四卷同上

此書亦章潢撰。《明史·藝文志》、《江西通志》及諸家目録均不載,《經義考》亦不及,殆孤本也。潢傳陽明之學。《明史》本傳附《鄧元錫傳》。及《明儒學案》記其事實頗略,所著《圖書編》,身後始刊行,其餘著作僅《周易象義》十卷,《四庫》收入存目,《明史·藝文志》及《經義考》載之。至本傳所載他著述,如《詩經原體》、《書經原始》、《春秋竊義》、《禮記劄言》、《論語約言》等書,並不見傳本。此書則《傳》亦不載其名。數百年之孤本,一旦入予手,忻喜何似!此本繕寫頗精,每卷首有「紫珊所得善本」,每卷末有「徐氏玉林堂印」二朱記,乃上海徐氏舊藏。

劉氏詩説十二卷同上

此書《宋史·藝文志》未著録,《經義考》有之。所據乃傳是樓所藏宋本,缺第二、第九、第十,凡三卷。國初以來,藏書家所藏鈔本,大率缺此三卷。此本亦然,殆皆自傳是樓本出也。惟泉唐丁氏善本書室所藏汪魚亭鈔本首尾完足,異日當就彼本移録補成完帙。此本前有「紫珊所得善本」印,後有「石畫書樓」印,乃上海徐氏舊藏。後歸南海孔氏嶽雪樓,予又得之孔氏者。

毛詩六帖殘本拜經樓藏舊鈔本

此書拜經樓舊藏。吴槎客手書題識云:「《毛詩六帖》,明上海徐子先相國著,世鮮刊本,故秀水朱氏《經義考》不著卷數。予購得此三册,首題二雅,而實止《小雅》,未知世尚有全本否?相國于曆算尤精，所著《崇禎曆書》，深有裨于燮理之功。惜卷帙繁重，不能得而細讀，以驗西法之精微也云云。」考《明史·藝文志》謂《毛詩六帖》六卷。《四庫存目》著録范方重訂之本計十六卷。《經義考》載六帖之目：一曰翼傳，二曰存古，三曰廣義，四曰擥藻，五曰博物，六曰正叶。此本之首，標舉六帖之次作：四曰博物，五曰擥藻。與朱氏所述四、五二目互異，惜不得足本原書，一證其孰是也。至范氏重訂之書，于六目中删「博物」一帖，其餘五帖亦移定其次。此本以《明志》卷數考之，確爲殘帙，然究是徐書本來面目。《經義考》不記卷數，豈所見亦殘帙耶？足證全本之罕覯矣。光緒乙巳夏，得此書于歸安吴氏。故册首「拜經樓藏書」印外，尚有「吴平齋讀書」記印。書衣「《毛詩六帖》鈔本共三册」，亦平齋手書。

又十卷明萬曆丁巳原刻本

光緒乙巳，予得拜經樓《毛詩六帖》殘本三册。因訪此書完帙于藏書家，不可得求。四庫所著録之范方重訂本，亦不可得。乃去年夏，于廠肆無意得此本。計《國風》一卷、《小雅》二卷、《大雅》三卷、三《頌》四卷，首尾完足。前有萬曆丁巳上海唐國士序，金陵廣慶堂唐氏刊。蓋當日坊本卷首所載六帖之次，與朱竹垞先生所舉同。知拜經樓本四、五二目互差者，傳寫之誤也。《經義考》于此書雖注曰存，然不録唐序，不記卷數，其未見全書可知。《明志》雖記卷數，然譌「十」作「五」，足見此書在國初已難得。此殆是海内孤本，安得有力者爲之刊行，俾不終於泯滅，予日望之矣。

《詩聲類》十二卷（附《詩聲分例》一卷）掀均居鈔本

此書已刻入顨軒所著書中，取刻本對校，並無異同。此當是未付刊時鈔本。每葉書口有「掀均凥」三字，疑即孔氏原稿清本也。卷端有渭仁「紫珊所得善本」印，蓋隨軒舊藏。光緒辛丑春，得之上海。

讀禮日知二卷璜川吴氏藏明潮州刻本

此書明金洲撰。前有萬曆二年海陽劉子興序及金洲自序，乃隆慶中居母喪時作。所言多平實，頗得《禮》意。據劉序，乃洲官廣東時，刻之海陽者。《明史·藝文志》及朱氏《經義考》與諸家目録皆不載，足見此書流傳之少。册首有「璜川吴氏收藏圖書」印。光緒甲辰，得之南海孔氏。

春秋屬辭十五卷元刻本

元代經生至罕，故説經之書傳世者甚稀。趙東山邃於《春秋》學，所著諸書中，尤以《屬辭》爲精審。此元刻本，卷末有「前鄉貢進士、池州路儒學學正朱升校正，學生倪尚誼校對，金居敬復校」款三行。瞿氏《鐵琴銅劍樓書目》謂是海鹽商山義塾刻本，每半葉十三行，每行二十七字，頗精雅。

五經異義纂一卷摭遺一卷袁氏貞節堂鈔校本

此書莊氏述祖撰，袁氏貞節堂寫本。每葉有「袁氏貞節堂鈔本」款，卷尾有袁又愷題識二行，曰：「乾隆五十八年五月，借抱經堂校本録鈔。胥不知悉依原本間有從盧氏改增寫正者，今以墨圈識之。袁廷檮臨校畢記。」《摭遺》末又有題識一行，曰：「六月甲子校畢，又愷。」蓋臨盧氏校本者。又愷先生手書校語，精整絶倫，可見前輩用力之勤，至可敬佩。此書未刻入《珍藝宧叢書》，亦未刻入《抱經堂叢書》，殆是稿本。近人所著《國朝未刊遺書志略》載莊氏遺著，但有《論語别記》，亦不及此，不知有他人刊刻否？光緒甲辰，得之吴中。

爾雅新義二十卷太原余氏鈔校本

此書善本至罕。陸氏《新義》原本荆公《字説》，多穿鑿傅會，而所録經文，則爲古本之最善者。此本乃太原余氏，從閻百詩藏本寫録，而校以李子德所藏宋本，魏唐朱氏復據蕭山陳氏刻本再校，後有「乾隆二十四年，太原余西」、「咸豐丁巳魏唐朱殷」兩跋。校勘頗精密，朱書乃余氏校，墨書乃朱氏校也。予嘗以此本校粤雅堂刻本，此爲精善。異日當一一比勘之，俾成善本也。

附録余、朱跋：

朱竹垞未見《爾雅新義》，全謝山雖一見之，後欲抄，旁求而不可得。《永樂大典》所載亦殘缺不全，難以排纂。余束髮聞關中李子德舊藏宋槧本，即農師之曾孫子遹所刻于南宋時者也。皖桐方密之求覩此書不可得。有貴人賚黄金來，李笑曰：「雖十五連城，莫之與易也。」今從閻若璩家借得影抄宋本，中已闕廿七處。閲十七載，始邂逅子德之文。孫省吾曰：「足下非前之貴人比也，乃俾余校勘一過，何啻得十五連城矣。」乾隆三十四年二月中浣，太原余西，書于城都府署之西偏。

鈔本《爾雅新義》二十卷，古胥浦金君瘦仙所藏。魯魚亥豕，往往而有，世鮮正本，無從對校。吴江董徵君兆熊携有嘉慶戊辰蕭山陳荏邨培新栞本，殷適假榻古甓山房，借置案頭，破數日工，代爲一校。其中尚有栞本字體所未及正者，稍筆數處，庶幾乎善本矣。咸豐丁巳二月上旬，魏唐朱殷穆卿甫校畢記。

爾雅校文三卷原稿本

此書南豐劉衡字廉舫撰。未見刻本，此殆其手寫之原稿也。廉舫先生精於疇人之學，所著《六九軒算書》久已刊行。此書於光緒丁未得之廠肆，前有「嘉慶戊寅三月廿七日，臨海洪頤煊讀」，末有「金州王玉樹讀」二款，皆手書。

説文解字篆韻譜五卷何夢華藏舊鈔本

此書以吴中馮氏所刻日本影宋寫本爲最善。此舊鈔本當是國初傳寫，卷首有「何元錫印」及「虞東吴氏珍藏」、「師孔堂圖書」諸印，證以《四庫總目》所載各部錯列之字，與此本並同。惟庫本無騎省後序，此本有之，爲微異耳。光緒甲辰，得之吴中。

宋高宗草書禮部韻寶六册日本延享丁卯翻雕宋本

此書《宋史·藝文志》失載，諸家藏書目亦罕及者，惟《天一閣藏碑目》有宋高宗御書《禮部韻略》，真草二體書，嘉定十三年，湖州模刻，證以此本卷末「承議郎、知湖州軍州事陳汶跋」，知是趙與懃藏本，汶以刻石墨妙亭者。但跋不載刊石年月，據范氏《碑目》知爲嘉定中也。此本乃日本延享中所刊，前有南溪越克敏子聰及豐臼杵、莊允益二序，並有「元至正戊子建安鄭實跋」，謂得廬陵善本付梓。殆此書初刊于湖州墨妙亭，繼刊于廬陵，至元乃三刊也。據日本人序，此本乃就宋本翻刻，而校以元槧，故附刻元跋。光緒辛丑，得于日本東京，亦吾篋中秘籍矣。

附録陳汶跋：

臣汶仰惟

高宗皇帝，釋去萬幾，

游戲翰墨，朝夕不倦。

聖心沖澹，不累於物。

合於道矣。宜其

超妙入神，不可摹擬。

御書《禮部韻寶》，真草兼備，凡二萬二千一百九十六字，臣與懃得而秘藏之，臣汶刊置墨妙亭，以爲萬世之寶。

承議郎、發遣湖州軍州事、借紫臣陳　汶謹識

宣義郎、昭慶軍節度使判官廳公事、臣趙與懃監刻

草書韻會五卷日本覆刻本

金錦谿老人張天錫撰。前有「正大八年二月閑閑居士趙秉文序」，又有「見住燕京縣角頭鄭州王家雕印」款一行，後有「正大辛卯樗軒老人題」及「洪武二十九年丙子日卒刊」款。又，日本物茂卿跋。書中采漢以來至金一百十三家之迹而成，自謂「自始至終，字字皆有淵源，一點一畫，無不按于規矩」云云。是書中土久佚，當與宋高宗所書《禮部韻》並珍惜。日本重刻頗不精，爲不足耳。

男福頤謹校

大雲書庫藏書題識卷二

漢書一百十九卷朱元長金榜精校明崇正書院本

此明嘉靖丁酉崇正書院本，缺列傳二十一至二十六，凡六卷。上有朱墨筆校語，至精密，於諸志，尤詳《律曆志》，末有「乾隆庚子長至，輔之記」款，知出金輔之先生手所校，楷書至精。卷末又有「萬曆壬寅夏，佛誕後一日，在清娱館點勘畢」款一行，下有「朱元長印」，殆朱氏點勘，金氏再校也。每卷端有「滋蘭堂圖書記」及「海昌唐仁壽伯端甫印」、「鏡香居士」、「諷字室」諸印，乃海寧唐氏舊藏，吾友王君靜安介紹以歸余者。

皇明實録十二册孔氏嶽雪樓鈔本

此書不分卷，起「濠梁龍飛」，訖洪武三十一年，乃《太祖實録》也。後附夏元吉、胡廣等《上實録表》，稱《太祖實録》一百五十七卷、一百五册。以予舊藏南雲閣鈔本校之，知此爲删節之本，表文内銜名亦多譌漏。《天一閣書目》有《皇明實録》一卷，疑此或即據范本移寫，范氏所謂一卷，或十卷之譌。然即非從范書出，亦可見《太祖實録》明代實有删節之本也。

《湧幢小品》言「《太祖實録》藏之金櫃石室，最爲秘密。申文定當國，命諸學士校讐，始於館中謄出，携歸私第，轉相鈔録，遍及臺省，不啻家藏户守矣。聞新安有余侍郎懋學、范太常晞陽節略」云云。此或即余、范節略本與？爲余爲范，則更不可知矣。

明太祖實録二百五十七卷汪閬源藏南雲閣鈔本

此書二百五十七卷，與《明史·藝文志》及絳雲樓、澹生堂諸家目録合。卷首列永樂十六年五月初一日御製序，次夏元吉等《進實録表》，次目録，始于肇基，竟于洪武三十一年閏五月。此本中缺二十九卷至四十八卷，又六十四至六十六卷，共計缺二十三卷，乃汪閬源舊藏。卷端有「曾藏汪閬源家」印，寫録至精。近江陰繆氏《藝風堂藏書記》有《太祖實録》二百卷，存四十九至一百七十九卷，則此本所缺，繆本均有之。異日，當據以繕補。但其目作二百卷，不知乃原編否耳？又據《藝文志》稱，萬曆時，允科臣楊天民請，附建文帝元、二、三、四年事蹟於後，此本無之。

明成祖實録一百三十二卷同上

此録起洪武三十一年閏五月，訖永樂二十二年六月，計一百三十卷，與《明史·藝文志》、澹生堂、絳雲樓書目合。《天一閣書目》有《成祖實録》九卷，殆非足本也。《竹汀日記》載所見南雲閣鈔本，亦一百三十卷，前有宣德五年正月二十一日御製序，及監修官題銜，此本無之。

明宣宗實録一百十五卷明鈔本

此書楊士奇、李時勉等修，前有正統三年四月十二日張輔等進實録表，次修纂諸臣銜名，次正統三年四月十二日御製序，次目録。全書一百十五卷，與《明史·藝文志》、澹生堂、絳雲樓、天一閣諸家書目合。《竹汀日記》謂曾見《宣德實録》，凡一百二十卷，卷數與此不同，殊不可解。曩在越中，曾見書肆售天一閣本《宣宗實録》，中缺數卷，亦藍格明鈔。議價不成，時以爲憾。嗣乃于南海孔氏獲此首尾完足之本，爲之忻快累日。

通歷十二卷上海徐氏藏舊鈔本

《晁氏讀書志》，《通歷》十卷，唐馬總撰。《續通歷》十卷，孫光憲撰。太祖朝，以光憲所紀多失實，詔毁其書。陳氏《書録解題》，《通歷》十五卷本十卷，馬總撰，後五卷，後人所續。《中興館閣書目》，《通歷》十五卷，唐馬總撰，十一卷以後，孫光憲所續。《愛日精廬藏書記》，總與光憲兩書，宋時合而爲一。《直齋書目解題》著録《通歷》十五卷，是也。此本首三卷缺，以新鈔補入，題史臣李燾著，斷非原書，今撤出。瞿氏鐵琴銅劍樓、陸氏皕宋齋藏本，並同此。舊鈔本庚子春得之上海，乃隨軒舊藏。每册首有「曾爲徐紫珊所藏」印，從第四卷起至十五卷，正續合而爲一，與陳氏《解題》及《中興館閣書目》合，且凡宋諱皆缺筆，爲據宋本移録無疑。首三卷殆以僞託削去。宋以前人所著通史，存者至少，此爲僅存之寫本，至可寶矣。

宋季三朝政要六卷元皇慶餘慶堂刻本

此書嘉道以來凡三刊：一、虞山張氏《學津討源》本；二、金山錢氏守山閣本，三、南海伍氏粵雅堂本。張氏據《中興通鑑》附刻本，錢氏據《學津》本而校以皇慶本，及篤素好齋鈔本，伍氏據元皇慶本。此本即伍本所從出，趙晉齋所稱「文瀾閣本缺一千餘字，此本具存者」，是也。今以校諸本，張本譌奪最多。卷二「淳祐七年鄭清之入相」條以下，奪一千又三十五字，卷五「德祐元年王良臣以城降」條下附註奪十七字，「瑞州先下」條奪八十六字，卷末總論奪後半三百六十餘字，總計奪字一千六百餘。伍本雖全據此本，然如此本目録，卷之五「幼主」以後署卷之六，伍本則改卷之六之題曰「附録」，是亦不免改竄。錢本校勘頗細，然未親見元本，乃據諸家校録，故校語稱元本處頗爲譌舛。此諸本得失之大略也。至此本譌誤之字亦不少，校以錢本所引之鈔本，凡奪字數十，其譌字亦有可據錢本改正者。予以十日之力，爲撰《考異》一卷，異日將以此本影寫上木，而以《考異》附焉。聞虞山瞿氏鐵琴銅劍樓所藏，尚有至治癸亥張氏新刊本，惜未得取以互校。異日南歸，當就瞿氏假觀，一補勘之。此本卷端，有「五硯樓藏」、「廷檮之印」、「袁氏又愷」、「五硯樓袁氏收藏金石圖書印」、「粵人吴榮光印」五印，乃先歸袁氏貞節堂，後歸筠清館者。卷末有「道光癸未趙晉齋手題」八行。光緒丁未，得之廠肆正文齋。

憲章録四十七卷 明萬曆甲戌刻本

此書薛應旂撰，前有應旂自序及陸光宅跋。起洪武元年，訖正德十六年，共四十七卷，與《天一閣書目》同，《明史·藝文志》及《澹生堂書目》作四十六卷，疑誤。澹生堂尚有《續録》二十卷，亦應旂撰。此本無之，殆别行者。光緒甲辰，得之南海孔氏。

皇明大政紀三十六卷明崇禎壬申刻本

此書朱國禎撰，記明代大政，始于高祖誕生，訖于隆慶六年。前有葉向高序及朱氏自序。《明史·藝文志》載國禎所著《史概》一百二十卷，輯《皇明紀傳》三十卷，而不及此書。考葉序，稱其篇目曰大政，曰大訓，曰大因，曰大志，曰大事，曰列傳，而總名之曰《史概》，其自序亦曰「積稿數百卷」，又云「以付梓人，名曰《史概》」，則此書即《史概》中之一類。但書題逕作《皇明大政紀》，而不别出大題，疑先刻此類，他類或未付梓。《明志》殆據紀録及諸家目録書之耶？光緒甲辰，得之南海孔氏。

大金國志四十卷讀畫齋藏鈔校本

此書近傳世者，僅掃葉山房本，善本至少。此本册首有「讀畫齋印」，乃明鈔本。又有朱筆校語，蓋以别本校者，不著校者姓氏，以此本與掃葉本對勘，異同之字極多，所校之别本，亦與掃葉本不合。首有題辭一篇及「金國初興本末」一篇，爲掃葉本所無。又此本每條題事目于闌上，掃葉本亦削去，此異同之最大者。異時當取掃葉本與此一一比勘，俾成一善本也。

古今歷代標題注釋十九史略通考八卷日本覆刻高麗本

此書總八卷，卷一至六每卷又分上下。前七卷元廬陵曾先之編，即《四庫存目》别史類之《十八史略》是也。後一卷元余進續，卷首有「大德丁酉，豫章周天驥序」，謂余氏以曾氏書，詞義雖簡約，而正溯多溷淆，廼依《綱目》義例，以正其統紀，旁采諸儒粹言，以釋其文義，又節取《元史》以補于後，是不但末卷爲進所續，前七卷亦有進增訂處也。卷末有「萬曆十年，高麗漢學教授金晬跋」，上元朱氏曾著録高麗本于《開有益齋讀書志》，此本則日本覆刻高麗本也。又《十八史略》《四庫存目》作二卷，《南雍志》作十卷，《澹生堂書目》作十八卷，卷數各不同，附著于此以俟考。

徵吾録二卷明嘉靖丙寅刻本

鄭端簡此書，乃删汰所著《吾學編》《今言》而成，計三十一篇。一百餘年之事實，欲以兩卷書括之，誠不免太簡。然編纂頗得體要，十一朝大政略備，與明代他書東摭西鈔者不同。近《吾學編》尚多，此録頗少。光緒丁未夏，得之廠肆。

泳化類編一百三十六卷明善堂藏明隆慶戊辰刻本

《明史·藝文志》，鄧球《泳化類編》一百三十六卷，《雜記》二卷，又别出鄧球《續泳化編》十七卷。此本則分二十集，以「日月光天德，山河壯帝居。太平無以報，願上萬年書」二十字編號，分類五十八，分卷一百三十六。由「日」字至「年」字一百三十二卷爲正集，「書」字四卷爲别集，而無《雜記》及《續編》，或當時别行也。紀載富贍，書闌上端記事目，頗便觀覽。《澹生堂書目》載此書作一百卷，殆不足本也。此本有「明善堂覽書畫印記」及「安樂堂藏書記」二印。光緒甲辰，得之南海孔氏。

遜國正氣紀五卷舊刻本

此書曹芳參撰，《明史·藝文志》著録，作九卷，《四庫存目》作二卷，此本作五卷。《四庫》本上卷首《詔諭》，次《年表》，次《本紀》。下卷首《外紀》，次《從亡諸臣》；此本則卷首爲《列聖詔諭》，次《歷朝公議》，次《本紀年表》，卷一《本紀》，卷二《外紀》及《從亡諸臣》，卷三至五《文忠》。即忠義列傳。以此與二卷本校，則彼少《公議》及卷三以下也，是當時已有二本。至《明志》之九卷，殆是五卷之譌耳。此書傳本頗稀。甲辰冬，得之南海孔氏。

隆萬兩朝平攘録五卷明萬曆丙午刻本

此書會稽諸葛元聲撰。前有萬曆丙午王洋及商濬兩序。書中第一卷記順義王事，第二卷記都蠻，第三卷記寧夏，第四卷記日本，第五卷記播州。叙述頗詳，足資參考。《四庫全書存目》、《明史·藝文志》及《文瑞樓書目》等並著録，作五卷，與此本同。《濬生堂目録》誤作九卷，又不載撰人名。此書傳本甚少，卷首有日本人印，乃得之日本者。

崇禎遺録一卷殉難忠臣録一卷逆賊奸臣録一卷鈔本

此書記明末時政，署「大興孤臣王世德恭著」。考世德爲王崑繩先生源之父。葉啓祥《明季節義録》載：「王世德字克承，宛平人。始祖玉，洪武中自無錫北徙，從靖難師，戰白溝河，予世廕錦衣衛指揮僉事。世德襲職。李自成陷京師，世德巡徼北城，拔刀將引決，僕楊坤救之，趨金剛寺爲僧。

間行，南至寶應，依其鄉人梁以樟，卜鄰以老，自號霜皋，卒於康熙癸酉，年八十一。著《崇禎遺録》一卷。」此世德事實之可考者。此本乃錢唐汪氏傳鈔於李仲約侍郎，後附《殉難忠臣録》一卷、《逆賊奸臣録》一卷，不著姓氏，殆亦世德著。《殉難録》中「武臣」條有「錦衣衛指揮王世德妻魏氏與弱女及姪女投井死，從死者十七人」云云，足補《明季節義録》之缺。

濕襟録一卷祥符常氏藏鈔本

此書汴水散人白愚撰，記明末守汴始末。前有周櫟園、湯開士及愚自序。同時記守汴事者，有《汴圍日記》。合觀兩書，頗有異同，而最異之處，乃《日記》頗歸功黄澍，此書則深贊王燮。考查慎行《人海記》述澍之平生甚詳，謂本浮薄少年，守汴時開渠轉粟，致河溢灌城。及内召，烈皇面問，開渠者誰？委之流賊。並載賄結内臣諸劣迹。又叙其「搜括民間金帛，汴人切齒」云云。證以此書所載，澍勾結武弁，强迫富室每家發銀百兩，令輸穀二十石。時穀不可得，除還原銀外，每石更納銀數百兩，至少二三百兩，否則拷扑，喪命傾家者無數。又記決河事初，乃掘河灌賊，後乃爲賊所灌。與此書略合，而叙掘河事，較查氏所記稍異。白氏身在參戎張達守軍中，所言當較得其實。至推功王燮，殆亦非誣。燮後佐朱大典守淮安，亦盡瘁國事。後雖失節，人多原之。淮人至今稱頌，足證此録之非罔。視《汴圍日記》之顛倒黑白者，大相逕庭，則此書之可寶甚矣。丁未冬，得之廠肆。書賈言得之祥符常秋崖家，首有「常秋崖之圖記」印，後有秋崖手題。

出圍城記一卷鈔本

此書記道光壬寅英兵至鎮江事，不署撰人姓名，但題「甦庵道人」。記中所述當日情事，如當道之畏葸，將弁之失職，民人之慘死，莠民之横暴，言之至詳。又其所述京口副都統海凌，城破奔金壇，遣丹陽令報自盡。丹陽令却其牒，乃改由金壇令上報，旋爲御史黄宗漢所劾，謂都統誣殺良民，報死不實，而大府卒據丹徒士民顔崇禮等所呈死狀入奏，得旌卹如例。所言當得其實，可資將來史家參考。惟所記英軍事多迂陋之談。當時不諳外情，如《海國圖志》之類多如此，不僅此書爲然也。此本卷末有「朱昌頤鈔」，殆吾鄉朱朶山先生就原稿移録者。光緒甲辰二月，得之吴中書肆。舊鈔頗草率，戊申正月，清繕一過，校勘畢題記。

皇明寶訓十册汪閬源藏南雲閣鈔本

此書《明史·藝文志》著録作《太祖寶訓》十五卷。注：「初五卷，其後史官隨類增至十五卷。」《萬卷堂書目》作「《太祖高皇帝寶訓》，四册。《澹生堂書目》作六卷，絳雲樓作《皇明寶訓》十六卷，注：洪武初，學士詹同等請仿《貞觀政要》，分輯聖政，宣示天下。共分四十類，自《敬天》至《制蠻夷》，凡五卷，名曰《皇明寶訓》。此十六册，疑後更有續益也」云云。此本乃南雲閣鈔本，附于《高祖實録》之後。書賈因《實録》缺二十九至四十八二十卷，乃以此混填卷數，攙入其中。原不分卷，書題與絳雲樓本同。首有目録，由一册至十册，各記篇類起訖葉數，始于《聖學》，終于《懷遠人》，共五十七類，與錢氏所記四十類不合。册首有「曾藏汪閬源家」印。異日重裝，當將改填之卷數挖去，以存此書之舊。光緒丁未，得之山右賈氏。

《金華文統》卷八有宋濂《皇明寶訓序》，此本無之。宋序稱「洪武癸丑秋八月甲申，召詹同、樂韶鳳選海内文學士開局西華門内編輯，而濂爲之總裁，輯成四十類，自《敬天》至《制蠻夷》，釐爲五卷，總四萬五千五百餘言，皆從記注之真，不敢以己意輕爲損益」云。與《絳雲樓書目》注略同而較詳，故並記之。

鄂文端公奏議未刻稿六册汪稼門藏鈔本

文端，一代名臣，顧奏議不見刻本。此六册乃汪稼門制府舊藏。書衣題「硃批西林中堂，未刻摺」，旁又有題字曰：「尚書府君題籤，道光丁酉冬，男正埜記。」題籤上有「稼門」印。似文端奏議已編刻，此乃未刻之稿也。編中奏議百餘篇，並恭録硃批，情詞靄然，不啻家人父子。且中間垂詢人才者居多，文端亦皆竭誠正對。想見當日君明臣良，至今讀之，猶令人感發興起也。其中並有密詢政機，史家所未及知者，有裨于掌故不淺。光緒丁酉，得之桐城張氏。戊戌夏，胡君劭介方刻《漸學廬叢書》，擬取以付印，乃以事不果。今日僅存之孤本，極佳之裝潢，並記識語簡末。我後人其善守護之。

李忠定公行狀三卷讀畫齋藏鈔本

李忠定公《梁溪集》及明人所刻《李忠定集選》，並附載《行狀》三卷。此本乃讀畫齋所藏舊鈔本，當是據宋槧單行本移録者。卷内挑行空格之處，一依舊式，鈔寫頗精。異日以校集本，必有勝處。卷首尾皆有「讀畫齋」印。光緒辛丑，得之滬上醉六堂書肆。

陳氏《直齋書録解題》卷七載《李忠定行狀》一卷，即此書，可爲此書在宋代單行之證。但作一卷，與此不合。一卷當是三卷之誤。《萬卷堂書目》作三卷，與此同，惟不作《行狀》而作《行實》。

元功垂範二卷續一卷初刻原本

此書凡兩刻。初刻本前有尹源進序，後有張允格續編序。前編署題「丹霞沙門武林釋今種撰，尹源進校定」。第二次刻本，則尹序外，增平南王五世孫政麟重刊序。前編署題作「尹源進撰次，李棲鳳校定」，削去澹歸名。考邵廷采《西南紀事·金堡傳》，稱堡爲僧後，曾撰《平南王年譜》，殆即此書。重刻時削去其名者，殆因澹歸著書，奉旨燬禁，故改爲尹源進耶？繆氏《藝風堂》著録，作尹源進撰，蓋是第二次刻本。

司馬温公年譜十卷稿本

此書計八卷，又卷後一卷，《遺事》一卷，無錫顧棟高撰。前有雍正癸丑自序、參考書目、温公小像、凡例。據自序及凡例所述，謂温公距今七百餘年，年譜獨缺，故爲此書。後得明馬巒所撰年譜，苦其疏舛。凡馬譜之誤者正之，其可補此編之未備者，則據以補入。故序署「雍正癸丑」，凡例署「乾隆丙辰」，蓋閲數年而始具稿。于遺文佚事，搜采至詳。馬譜曾著録于《四庫存目》，此譜則僅一見于朱氏《開有益齋讀書志》，殆僅有稿本，未刊行者。此本繕寫端好，當是顧氏原稿定本。光緒丁未，得之廠肆。

雲東逸史年譜一卷 沈竹岑手稿本

此姚雲東年譜手稿，得之嘉興唐鷦庵家，不署撰人姓氏，中有「銘彜按」云云，知爲沈竹岑先生撰。以余所藏《李英公碑》碑末沈氏跋尾觀之，即竹岑先生手書也。編中前爲年譜，後爲世系表，再後爲墓圖，而附以《弔雲東遺宅詩》一首。雲東繪事精妙，爲梅道人後一大家。此譜搜討至詳，異日當謀梓行。沈先生字紀鴻，官教諭。道光十七年卒，年七十五。爲張叔未先生姊丈，精于金石之學。《金石學録》曾著其名而不詳其事實，爲書其概略於此。

明列卿紀一百六十六卷 明善堂藏明鈔本

明雷禮撰。爲卷一百六十有六，每卷分《年表》、《行實》二者，亦有有《年表》而無《行實》者。《年表》始于開國，訖萬曆中，《行實》則始于明初，訖于嘉靖初年。蒐採極博，所引之書亦一一著其書名。《明史·藝文志》於史部職官類載雷禮《列卿表》一百三十九卷，又于傳記類載雷禮《閣臣行實》八卷，《列卿紀》一百六十五卷，並注云：「起洪武，訖嘉靖。子映補隆慶一朝。」證以此書，多有不合。雷禮，《明史》無傳。《江西通志》引郭子章《豫章書》，稱禮以隆慶初致仕，殆至萬曆時尚存，故此書年表訖于萬曆中。志稱禮子映補隆慶一朝。檢此本中有二十七卷，書「男濚校補」款，然所補實非隆慶朝，且其子之名作濚而非映，不合一也。志載《閣臣行實》八卷，今此本所載《閣臣行實》亦至詳贍，似不必更著一書，不合二也。細考諸家目録，《年表》初似别行。萬卷堂、澹生堂及《持靜齋書目》並有雷禮《列卿年表》一百三十九卷，與《明志》合。似《志》所謂《列卿紀》一百六十五卷者，乃《列卿行實》，然與此本校，又缺一卷。若更將《閣臣行實》併入，則又羸七卷，不合三也。疑此書初稿乃三書各行，後乃併爲一耳。又絳雲樓有雷禮《列卿傳》一百四十四卷，又《年表》六册。所謂《列卿傳》，殆即《行實》，可爲當初《行實》與《年表》各爲一書之證，然卷數又差。《四庫存目》載《列卿紀》一百六十五卷，言前列年表，後列居官行實。又云内閣行實頗詳，與此本同，然仍差一卷，不可曉也。雷禮結銜爲柱國、少傅兼太子太傅、工部尚書。《江西通志·禮傳》作「禮以工部尚書、晉太子太保至少傅」，當是少傅兼太子太傅之譌，爲附正于此。卷首有「明善堂珍藏書畫印記」及「安樂堂藏書記」二印，乃怡邸舊藏。予得之南海孔氏。

禮此表有叙論，《絳雲樓書目》又有《列卿表叙論》，是《叙論》亦嘗别行也。

嘉靖以來首輔傳八卷明萬曆丁巳刻本

弇州此書，記嘉靖以來首輔十四人，事實頗詳密。前有萬曆丁巳茅元儀序，言此書其家以害宦遊久未布，予感而刻之，則此書至萬曆始刊板也。丁氏善本書室所藏本，不言有元儀序，其書題作《嘉靖以來内閣首輔傳》。而《明史・藝文志》及《四庫》所著録書題則與此同，無「内閣」二字。卷端有「佐伯文庫」印，乃南海孔氏得之日本者，兹予又得之孔氏。

《澹生堂書目》有《嘉靖以來内閣首臣傳》七卷，注《徵信叢録》本，書題與丁氏本同，惟「首輔」作「首臣」，或是誤字。卷數又不合，豈當時本有數本耶？

今獻備遺四十二卷明萬曆癸未萬卷堂刻本

此書乃秀水項篤壽撰。《明史・藝文志》載之，諸家書目皆不及。即澹生堂、天一閣兩家，載明代史部書至備，亦無此書，可見傳本之罕。前有項氏自序，後有書後。書中所記，起徐達，訖徐禎卿，共二百有四人，可資研究明史之參考。此本乃予門人陳君嘯仙捷爲予得之太原者。

《明史・藝文志》尚有項篤壽所著《考定輿圖》十卷。篤壽字子長，嘉靖壬戌進士，官廣東參議，爲子京之兄，海鹽鄭曉之子壻，又其門人也。項氏之學，蓋出自端簡。《鄭端簡公奏議》前有項序。

保越録一卷書鈔閣鈔校本

此書《四庫》及諸家著録者，皆不著撰人姓氏。書中稱明爲「大軍」，稱明太祖爲「太祖高皇帝」，乃明人追改，又恐觸忌諱，故不著撰人姓氏。則通行之本爲明人删改之本，無可疑者。此本乃舊鈔，與諸本同，而以傅氏長恩閣本校其異同于上。並據明槧原本，補「至元十九年，鄉貢進士、杭州路海寧州儒學教授徐勉之序」一篇，此書即勉之所撰。凡「大軍」，傳本皆作「敵軍」。「太祖高皇帝」，皆稱「敵主」。比勘異同，凡數百處，一復徐氏原本之舊。册首有「蔣鳳藻印信長壽」朱記，又有題識二行，曰：「己巳春仲，子九爲書鈔閣主人借傅氏長恩閣校正本，校勘一過，時客福州」，子久不知何人。〔二〕蔣香生太守藏書，近多歸鄂中柯遜庵中丞，此書獨歸予手。異日當付梓，以存吾鄉記述，以補《紹興先正遺書》之缺。

釣磯立談一卷式訓堂傳録潛采堂鈔本

此書據《四庫總目》言有二本：一爲錢曾家影寫宋尹家書舖本，一爲曹寅刻本。錢本計二百二十餘條，有序。又正曹本題史虛白撰之非，謂是虛白之子撰。鮑氏知不足齋所刻，則據汲古鈔本而校以曹本，補自序一篇，佚文二則。此本乃亡友章君碩卿手寫，蓋據粵中梁氏所藏潛采堂鈔本移録。以鮑刻校之，乃曹刻祖本，頗不足貴。以亡友所詒，存之篋衍。卷首有「壽康手鈔」印，末有題識。

東國史略六卷上海徐氏藏舊鈔本

此書《四庫》著録，近鄂中亦有新刻，皆作六卷。此本則每卷更分上下。《四庫》本有趙琦美跋，此本及鄂本均無有。以鄂本與此本相校，則鄂本譌字甚多。又有此本低一格之大字，鄂本皆列入夾注，皆可據此本是正。此本有朱筆校勘，所據有曾刻本及集成本。册首有「星原校讀」印，殆即校書人，惜不著姓名，無可考矣。又有「紫珊所得善本」、「寒木春華館印」二朱記，乃上海徐氏舊藏。後歸南海孔氏，予又得之孔氏者，與丁氏持靜齋藏舊鈔本同。丁氏善本書室藏本作十二卷，乃將每卷上下析作兩卷也。

元寇紀略二卷日本嘉永刻本

此書日本大橋順撰，記元代范文虎攻日本事，叙述至詳，可與《元史》參考。書中記元師將入，朝廷奉幣于神社，上下恐懼。及文虎戰艦爲風所没，則又鋪叙戰功。其實元師之覆，實出海上風濤不悉，貿然出師所致。而日本遂得保數百年之安寧，可謂天幸。此書自述本國之事，而鋪陳武功以相誇詡，亦人情之常。是其尚無失實之處，文字亦調暢。光緒辛丑冬，得之日本東京。

懲毖録四卷日本元禄乙亥刻本

此書明代朝鮮相臣柳成龍撰，前有自序及日本人貝原篤信序。記萬曆間平秀吉征韓事。成龍爲當時執政，故紀述至詳，多可補《明史》之缺。册首並列朝鮮地圖。此本乃日本覆刻，目録家多未見。惟丁氏《善本書室藏書記》、楊氏《日本訪書志》載之。光緒辛丑，得之日本東京。

統輿圖四册影鈔述古堂本

此本從述古堂藏本影寫。錢遵王有跋，刻入《讀書敏求記》，所謂「壓倒藏書家」者是也。書中首輿地總圖，次兩京及各省分圖，次九邊及河海、漕運、外國等圖。錢氏謂圖如蚊蜨，字如蠅頭，不虚也。此本乃駱氏士奎從别下齋所藏述古堂原本影鈔，繕寫絶精。後有駱氏題識，謂五閲月而卒事，錢氏則繕寫三年而後成。今别下齋藏書均散佚，不可踪跡，則此本者豈非海内僅存之孤本乎？明人所撰地圖多粗略，惟此及陳氏《職方地圖》至精備。予插架皆有之，亦將以「壓倒藏書家」自負矣。

附：駱氏題識

道光癸卯夏，假蔣氏别下齋所藏述古堂原本影鈔，五閲月而卒事。歲庚戌，蕭君笠仙携至滬上，聞郁氏藏有此書，特爲余借校一過。云此本紙墨固佳，鈔法亦較勝，惟郁本卷首有牧齋翁序文，此已割去。因手録序文寄予，予將于暇時補之。申酉之亂，携以渡江，得免兵火之厄，而序文僅無覓處，惜哉！同治八年四月，駱士奎識。

皇明職方地圖三卷陳元孝藏舊鈔本

此書明延陵陳組綬撰，凡三卷。上卷爲兩京十三省，中卷邊鎮，下卷川海。《明史·藝文志》著録諸家書目，僅孝慈堂有之。每圖附以表説，極詳密。前有陳自序，稱創稿于乙亥崇禎八年正月，八月而編次訖，丙午初夏而剞劂竣，凡十有六月。是此圖爲明代最後之圖，刊行未久，即遭國變，故流傳至少。此乃國初寫本，每卷端有「獨漉子」印，乃陳元孝舊藏。光緒甲辰，得之南海孔氏。

淳祐臨安志殘卷向山閣鈔本

此爲海寧陳氏向山閣鈔本，書衣上有「得此書，費辛苦，後之人，其鑒我」及「仲魚圖象」二印，卷首有「秘册」及「陳仲魚讀書記」、「宋臨安三志人家」三印。陳氏得此志，計六卷，此本則僅卷一至卷三，蓋又佚其半矣。陳氏既藏原書，則此殆寫以貽同好者。庚子春，得於滬上。殘之又殘，乃復購藏。寒家藏書之陋，可笑也。

萬曆紹興府志五十卷明萬曆丙午刻本

此志《明史·藝文志》及《澹生堂書目》並載之，均作六十卷。《天一閣書目》作五十卷，與此本正合。不知《明志》及祁氏何以致誤。前有萬曆丙戌趙錦序及張元忭自序，末有後序，不署撰人名。以其文考之，知爲郡守蕭良幹。此志體例精善，叙述詳贍，凡疆域、城池、山川、水利、海防、官廨、祠宇，皆各有詳圖。又末卷叙《志曆》、叙《越絶書》以下各志書之關于本郡邑者，俾後來得知方志之沿革，其例均至善。序志一篇，載分撰之事，人物屬之張元忭，山川屬之孫鑛。又據《後序》，言此志之輯，期年而成。蕆事如此之促，而撰輯乃能不苟，可爲後世修志者法也。吾郡之志，最古者爲嘉泰《會稽志》、寶慶《續志》，最近者爲乾隆志。嘉泰、寶慶志傳本既少，而乾隆志板亦久燬。若得良二千石，及吾鄉有志之士，將嘉泰、寶慶、萬曆、乾隆四志同付梓，並撰輯嘉、道以來事實更爲續志，俾一方志乘，永久勿失，豈非盛事？但恐不可期耳。謹善藏吾書以俟之。

三州輯略九卷舊鈔本

此書嘉慶中都統和寧撰，記哈密、吐魯番、烏魯木齊地理沿革及一切建置，乃方志類也。其門目，卷一三類，曰沿革，曰疆域，曰山川；卷二二類，曰官制，曰建置；卷三四類，曰庫藏，曰倉儲，曰户口，曰賦税；卷四三類，曰屯田，曰俸廉，曰糧餉；卷五三類，曰營伍，曰馬政，曰臺站；卷六四類，曰禮儀，曰旌典，曰學校，曰流寓；卷七至卷九，曰藝文，於典制記載頗詳。予得之南海孔氏，殆未曾付梓者。去歲在廠肆，更見一本，爲黄陂陳士可參事毅所得，亦鈔本也。異日當以兩本互校，不知有異同否。

噶瑪蘭志十四卷原稿本

此志膠州柯培元撰。噶瑪蘭在臺灣之東北，嘉慶中始入版圖，建設城汛。道光中，培元權判此廳，始創此志。培元字復子，號易堂，據此志職官門，乃以舉人、甌寧縣知縣署任廳事。志載廳治本蛤仔難，爲三十六社散處之地。嘉慶十五年，因平蔡牽餘黨朱濆，閩浙總督方維甸奏設廳治，就蛤子難之音改爲噶瑪蘭云。記述頗詳贍，前有武進吴孝銘序。卷首柯培元款下有名字小印，殆稿本未付刊者。

予舊得金石拓本，多有柯君題字，蓋亦金石學家也。附識於此。

中吴紀聞六卷精校本

此書向稱汲古本最善，然譌奪仍不少。此乃婁東清樾堂本，益在毛本下。但有朱墨筆校勘，至爲精審。墨筆據汲古本校，朱筆據古鈔本校。卷六之末，據古鈔本補翟超一條汲古本亦缺佚者。龔氏自序尾末朱書二行，曰：「丁令威宅、石湖、周朝宗、蘇之虆雄冠浙右、朱光禄、正譌、叔父記館中語，以上七條，各本有目無文，今姑記於此，俟得善本補入。拙生記。」拙生不知何許人，校勘當出其手也。册首有「會稽章氏藏書」印，乃亡友章碩卿大令舊藏。光緒辛丑春，同客鄂渚，以歸予者。

南海百詠一卷讀畫齋鈔本

宋方信孺《南海百詠》，《四庫未收書目》及瞿氏《鐵琴銅劍樓書目》有之。瞿氏所藏鮑氏知不足齋鈔本，此本有「讀畫齋」印，蓋顧氏鈔本也。

咸賓録三卷日本舊鈔本

此書《明史·藝文志》及《四庫存目》均著録，作八卷。此本分上、中、下三卷，據卷首萬曆辛卯劉一焜序，亦稱爲卷八，則此殆非足本也，然流傳甚少。此日本舊鈔本，前有「粟田萬次郎所藏」、「掃葉山房藏書」、「正齋藏」三印，後有近藤守重識語三行。辛丑冬，得之日本東京。

裔乘八卷曹倦圃藏明刻本

明漳浦楊一葵撰。《明史·藝文志》未著録，諸家目録亦罕及，惟《文瑞樓書目》有之。卷首有萬曆乙卯王在晉序。卷一記東夷，卷二記南夷，卷三記西夷，卷四記北夷，卷五東南夷，卷六東北夷，卷七西南夷，卷八西北夷。其書大率鈔録而成，頗多疏舛。如卷七有蘇門答剌，又有蘇門達那，不知即是一地。明代記外國之書大半如此，不僅此書爲然也。卷端有「曹溶之印」、「潔躬」及「吴江史氏藏書」、「松陵史蓉莊藏」四印。

諸蕃類考不分卷鈔本

此書五册，舊鈔本，不著撰人名氏，亦未分卷。前二册録《史記》至《新唐書·外國傳》文，後三册則攟拾《星槎勝覽》、《瀛涯勝覽》、《東西洋考》、《名山藏》、《吾學編》、《明會典》、《實録》、《獻徵録》諸書成之。内《臺灣考》中有「國朝順治十八年，鄭成功攻克紅毛」語，知此書乃國朝人撰也。藏東友藤田學士豐八許，予因其中《象胥録》等書已亡佚，故録一通存之。

南島志二卷日本舊鈔本

此書日本源君美撰。記琉球國事，分十目：曰地理，曰世系，曰官職，曰宫室，曰寇服，曰禮刑，曰文藝，曰風俗，曰食貨，曰物産。其書撰于其國享保己亥，當中國康熙五十八年。叙述頗有條理，與《中山傳信録》、《琉球志》互有詳略，足資參考。曩游日本時，得之東京。

唐六典日本德川宗熙校刻本

《六典》無善本，近來所傳，乃明正德間所刻，譌奪甚多。此日本德川宗熙校刻本，前有宗熙自序，校補數百字，皆有根據，刻本亦極精雅。楊氏《日本訪書志》云：「首藏古鈔本，宗熙所補正脱誤處，多與舊鈔本合」，可見其用力之勤矣。

四譯館考十卷讀畫齋藏原刻本

此書江蘩著，《四庫》收入存目，乃吾浙鮑氏進呈。編中所記，曰回回館、曰西番館、曰暹羅館、曰高昌館、曰百譯館、曰緬甸館、曰西天館、曰八百館。末二卷附各館集字詩、中外文字對列，誠如提要所譏，爲戲筆。然可略示各種文字之梗概，亦非全無所用。此書流傳甚少，卷端有「讀畫齋」印，乃梁谿顧氏舊藏。

四夷館考二卷鈔本

此書如皋冒鶴汀商部廣生藏本。黄陂陳士可參事從冒君假鈔，予又鈔之陳氏者。下卷之首已缺損，無目録、序、跋，亦無撰人姓氏。卷中凡「詔」、「勅」、「上」、「朝廷」、「我明」等字，皆抬行，爲明人著作無疑。考《述古堂書目》有《四夷館考》十卷，不著撰人名。《明史·藝文志·史部職官類》有汪俊《四夷館則例》二十卷、《四夷館》二卷。此本與《明志》卷數相同，或即汪氏所著歟？

内閣小志一卷南滙沈氏鈔本

此書乃乾隆三十年上海葉超宗撰。志内閣制度禮節而附以題名，並附《内閣故事》一卷，曾刻入錢氏《指海》中。此南滙沈均初先生樹鏞鈔本。《指海》板久燬，傳本已稀如星鳳，安得有志者就此寫本上木，俾後世之談掌故有所參考乎！錢氏刻本作《内閣小識》，此作「小志」，附記于此。

皇明制書二十册明善堂藏明大名府官刻本

此書二十册，以「日月光天德，山河壯帝居。太平無以報，恭上萬年書」二十字編號，計書十四種：曰《大明令》、曰《大誥》、曰《諸司職掌》、曰《洪武禮制》、曰《禮儀定式》、曰《教民榜文》、曰《資世通訓》、曰《學校格式》、曰《孝慈録》、曰《大明律》、曰《憲綱》、曰《稽古定制》、曰《大明官制》、曰《節行事例》，於有明一代典制具備。此爲萬曆七年保定巡撫張鹵刊于大名府之官本，前有張鹵致大名府案驗，並大名府校刊職官銜名。《澹生堂書目》載《皇明制書》三部：一九册十二卷；一六册十卷。九册本所列細目與此本校，多三種少七種；六册本則多二種少七種。蓋會萃刊行，各省所刊，多寡不一也。《澹生堂書目》别有鈔本《資世通訓》一卷、《大明官制》四册，可見其書明末流傳已少。此本種數最多，首尾完足，至可寳矣。卷端有「明善堂覽書畫記」，乃怡邸舊藏。光緒甲辰，得之南海孔氏。

皇明世法録九十二卷明刻本

此書陳仁錫撰，《明史·藝文志》著録。明代無私史之禁，故野史至夥。然如此書之詳備完密，不過數家。予蒐求明代私史不下數十種，嘗欲仿裴氏注《三國志》之例，將諸家紀録之可信者爲《明史注》。顧以飽更憂患，蒲柳早衰，不知能竟此志否也。

大明集禮五十三卷天一閣呈進本

《明史·藝文志》《集禮》五十卷，洪武中，梁寅等纂修。初係寫本，嘉靖中，詔禮部校刊。此本前有「翰林院」印，乃《四庫》著録發還之書，據浙江采進書目，乃天一閣所呈進也。《四庫提要》謂是洪武三年徐一夔等奉勅撰，原本五十卷，嘉靖中重修，增爲五十三卷。案：此本無梁寅及徐一夔等修撰銜名，前有嘉靖九年御製序，亦不言修增事。而絳雲、述古兩家所藏本與此同，均五十三卷。又《明史·徐一夔傳》不言與修此書。《梁寅傳》載，時以禮、律、制度分三局，寅在禮局中，討論精審，諸儒皆推服。書成，賜金幣。《四庫提要》據《典彙》所載，同修諸臣，尚有劉于、周於諒、胡行簡、劉宗弼、董彜、蔡琛、滕公琰、曾魯，合之梁、徐，共十人。所考甚詳，足補《明史》梁、徐兩傳之略。此書會撮歷代禮制，至爲賅備。今方設禮學館，何不將此書印行，其有裨參考不鮮矣。

明譚希思《明大政纂要》載與修諸臣姓名，尚有何克寬、胡翰、陶凱三人，周於諒作「周子諒」。

海運志二卷明善堂藏隆慶刻本

此書《明史·藝文志》、《澹生堂書目》並作二卷，與此本同。《四庫存目》作《海運詳考》一卷、《海運志》二卷。今檢此本，則書口題《海運志》上下卷，而上卷書題則作《海運詳考》，卷首王世貞序，卷末張大忠跋，題作《海運志》。李春芳、陳堯二序及陳耀文跋，則又題《海運詳考》，頗似一書而二名者，與《四庫》本之截然爲二書者不合，不可解也。此爲隆慶刻本，豈再板時析爲二耶？上卷所載海運在先朝及在本朝始末二篇，記海運沿革至詳，可補《明史·河渠志》及《食貨志》之略。此書傳本甚稀，卷端有「明善堂覽書畫記」及「安樂堂藏書記」二印，乃怡邸舊藏。光緒甲辰，得之南海孔氏。

海運新考三卷明萬曆刻本

此書梁夢龍撰，《明史·藝文志》及《四庫存目》並著録。《絳雲樓書目》亦有之。夢龍與王宗沐奏行海運，已成而敗，各爲一書，以記其事。王氏《海運志》詳于章奏，此書詳于事實，似即以補王書之略者。王宗沐《海運志》亦稱《海運詳考》，故此稱《新考》。夢龍、宗沐創議改運道，乃當時既爲言官所尼，即後世持論，且以爲妄誕。興利改政，其難如此，古今有同慨矣！

大明律三十卷附問刑條例日本享保刻本

《明律》傳本至少，《四庫·史部·政書》内存目所著録者，乃由《永樂大典》録出。予所藏《皇明制書》中有之，泉唐丁氏善本書室亦藏明黑口本，均僅有律三十卷，此本則於律三十卷外，尚有《問刑條例》一册。首《問刑條例》名例，次《六部條例》，此近來藏書家所未見者。光緒辛丑，得之日本。

《萬卷樓書目》有白昂《問刑條例》二册。《明史·藝文志》有顧應祥《重修問刑條例》七卷、舒化《問刑條例》七卷，《絳雲樓書目》亦有《問刑條例》，不著卷册數及撰人名。此所附，不知誰氏所作。諸書所載之七卷者，殆明例爲一卷，六部各爲一卷耶。

萬卷堂藝文記一卷遲雲樓鈔本

此書未見刻本。前有東陂居士《萬卷堂家藏藝文自記》，又有跋，不著年月姓氏。謂「孫北海少宰，初令祥符，猶就其第鈔經注二百餘册，載歸京師。崇禎壬午，賊決河堤，書堂付之巨浸」云云。藏書之厄，自古爲然，可爲嘆喟。此遲雲樓鈔本頗有譌奪，安得善本一校正之。

抱經樓藏書目四册舊鈔本

此四明盧氏青厓址家藏書目，計四册，不分卷，經、史、子、集各爲一册。前有錢竹汀及象山倪象占《抱經樓藏書記》、盧青崖自序各一篇。卷中所列諸書，但著本數，不記撰人姓名及卷數、板本。據錢記，此樓乃仿范氏天一閣式造之，聞范氏藏書散佚太半，而此樓之書尚保守完好。今皕宋樓書既爲日人購去，丁氏善本書室之書又歸江寧，然則此樓爲吾浙魯靈光矣。光緒丁未冬，得之吴興丁氏。

葉氏《藏書記事詩》于卷五「盧紹弓」下附録竹汀先生《抱經樓藏書記》而不著盧址名，殆一時未經考出也。異日當就甬志考其事實，録入此書，以補葉氏之缺。

金石録三十卷明葉林宗鈔本

《金石録》在宋代雖再刻，至明則多係鈔本，往往更改删削，善本至難得。向來有名之善本，以葉文莊、錢叔寶兩鈔本爲最。此爲葉林宗鈔本，卷尾有文莊跋，後有林宗分書題識二則，謂原本段之寒山趙靈均，靈均又傳寫于錢罄室者。繕寫精絶，每半葉十行，行二十字。書中宋諱皆缺筆，殆影寫開禧本也。林宗跋稱：寫者虞山謝行甫，名恒，乃同師老友。案何義門《文心雕龍跋》謂：「馮已蒼以天啓丁卯從錢宗伯借得，因乞友人謝行甫録之」云云，則行甫乃工於寫書者，故能精雅如此。林宗跋後有沈石天題跋及馮彪葉萬觀款。此書鈔於崇禎庚辰，距今二百六十有七年，楮墨如新，似未經手觸，收藏可謂盡善，不僅繕録之精已也。敝篋中，古鈔本當以此爲壓卷矣。

石刻補叙二卷翁蘇齋手校本

此書與《法帖譜系》爲帖學之祖，故善本頗罕。此爲覃溪先生手校本。改正誤字數十，並考證十餘處。書衣朱識云「此書吾齋三本」，内校語亦有「彼此未合鈔者。其鈔寫一本最在前，是粤東所校，尚多訛誤，今俱寫于此本」云云。卷端有「蘇米齋」、「直秘閣」二印，又有「靈壽花館鑒藏印記」、「樹鏞私印」。書衣又有沈均初題字。光緒丙午二月，得之沈氏後人。

古刻叢鈔一卷陳仲魚藏袁氏五研樓鈔本

南村此書，隨得隨鈔，無復次序。孫伯淵先生重爲編次校刊，入《平津館叢書》，於是陶氏原編本日稀。此袁氏五研樓鈔本，海寧陳仲魚先生得之。復據鮑氏知不足齋藏本點勘一過，並手録周嘉猷一跋，顧廣圻三跋。前有「仲魚小像」、「海寧陳鱣觀」、「得此書，費辛苦，後之人，其鑒我」三印，後有仲魚先生手跋二則。卷端又有「松江沈氏均初校藏金石書籍善本印記」及「樹鏞私印」二印，書衣有均初手書籤題。

金石文七卷傳録雍正乙卯錢唐施氏舊鈔本

此書明華亭徐獻忠撰，編録金石文字，始于三代，迄于東漢。觀其自序，意在選其文辭，不在考據。故大率據前人記録中移寫，非就拓本著録，故譌誤錯出。于先秦以前古金略有解釋，然于六書實無發明，摭拾舊説爲多。李氏《金石學録》曾著録是書，其實此書乃古文選之類，于金石學無裨也。徐氏所撰各書，見於《明史・藝文志》者，有《六朝聲偶集》七卷、《百家唐詩》百卷、《樂府原》十五卷、《吴興掌故集》十七卷。此本卷末附錢蒙叟所撰《徐長谷先生小傳》，謂先生字伯臣，號長谷，嘉靖乙酉舉于鄉，官奉化知縣，棄官歸居吴興。卒年七十，私謚貞憲先生。《金石學録》于徐氏事實頗不詳，賴此知之。光緒戊申二月，厰肆以舊鈔本來售，價奇昂，以其傳本至稀，爰移寫一本。書中誤字頗多，異日當就所採輯原書校正之。

天發神讖碑考一卷手稿本

此書末有雍正丙午滁江吴玉搢跋，乃山夫先生手稿也。翁覃溪舊藏，書衣即覃溪手書，並有識語云：「所考亦頗多未允，以其舊抄之手迹，藏之。己亥，自金陵典試歸，題記」云云，並於書中手校數處。山夫先生手迹，向未之見，一旦得此，爲之欣忭無已。吾友山陽邱君嗇庵崧生，於故鄉文獻搜采甚力，惜已歸道山，不及同賞，爲恨也。

又一卷並附録鈔本

周雪客此考，傳本至少，近來金石家多未見。此本乃嘉定汪氏照舊鈔，後附王宓草考及照所撰續考。孫氏岱借鈔於汪氏，復附以王安節《天發神讖碑賦》一篇。卷中列碑圖一，釋文二。碑圖乃雪客所釋。第二釋文則汪氏所録，第三釋文不著人名，殆孫氏所録也。《國山碑考》引王概《天發碑考補》及王著《天發神讖碑考》。此所附録之王著考，殆其全篇，而王安節之補考則未録入，僅録一賦，想傳本不可得也。汪照字少山，著《古石瑯玕》，見《金石學録》。孫岱不知何許人，俟考。

泰山石刻記鈔本

孫伯淵先生此記未見刻本，殆稿本也。所輯石刻目録，上起秦代，下訖國朝，至爲詳備。宋以前皆録全文，宋以後但著其目。此本乃就吴興丁氏舊鈔本移寫。近修《山東通志》，志局諸君不知曾見此本否也。泉唐丁氏《善本書室藏書志》所著録，亦鈔本。

竹崦盦金石目鈔本。

趙晉齋先生藏碑至富，然其遺著，頗鮮流傳。此目一卷，亡友路山夫大令伾所藏。編次不苟，碑名皆録全題，殆晉齋先生手編。但流傳皆寫本，似未曾付梓者。異日當寄鄂中繕刻，以廣其傳。

畿輔碑目二卷待訪碑目二卷鈔本。

此書天津樊文卿彬撰，列目多至一千五百餘通，幾再倍于孫氏之書。《待訪目》據志乘及他載籍所記，甄録亦至詳。予近續黄虎癡《古誌石華》，搜輯元以前誌墓之文，得五百餘通，而此録所載誌石，十纔得一二，則當日搜討之勤可知。其書無刻本，定州王氏曾刻《畿輔叢書》，亦不之及。

史糾振綺堂舊鈔本。

此書《四庫》著録作六卷，丁氏善本書室所藏舊鈔本同此本，有「汪魚亭藏閲書」印，乃振綺堂舊藏。分八卷，而不紀一二三四之數。所糾之史，起《三國》，訖《北史》。《四庫總目》及丁氏《藏書記》皆云起三國迄元，是此本缺下半也。予篋中更有桐華館刻本，則分十五卷。前十三卷起三國，迄遼金；卷十四爲《史書異同》；卷十五爲《新舊唐書異同》，實無《元史》。《總目》言《元史》不甚置可否。自言仿鄭樵《通志》不敢删削《唐書》之例，或本無《元史》耶？抑二本不同耶？至《晉書》及《五代史》均闕而不論，則與庫本同。朱氏此書鈎稽精密，不僅在明人著作中爲傑出。惜傳本至少，桐華館本今藏書家亦罕見。亡友章君碩卿壽康，擬刻入《式訓堂叢書》而未果，爰與此殘帙並藏之。異日當授之梓，以竟碩翁未竟之志。

又十五卷桐華館刻本

予曩得振綺堂鈔本《史糾》，以《四庫總目》校之，似未完足。以示章君碩卿，碩卿更以此本見示。計十五卷，與庫本卷數不合，而與汪本則編次正同。汪本乃佚下半耳。碩翁又言此本雖授梓，實未流傳，意甫刊而旋燬者。曩擬刊入《式訓堂叢書》，以資盡未果。舉以授余，並勸爲梓行。碩翁客死鄂渚，今既逾歲，而舊諾未踐，負我良友，請以俟之異日。

《孝慈堂書目》載鈔本十一卷，又與此不合，記之俟考。

男福頤謹校

大雲書庫藏書題識卷三

帝範二卷日本寬文刻本

此書據晁氏《讀書志》，在宋已佚其半。新舊《唐書》載此書，並作四卷。然全書僅十二篇，每三篇爲一卷，似分卷太多。此本分上下二卷，每卷六篇。晁《志》言僅存六篇，與陳氏《解題》並作一卷，是晁、陳二家所著録，皆卷之上一册，而佚其下册。陳氏但言十二篇，而不言佚其半。然證以《宋史·藝文志》作二卷及晁氏之説，則此本二卷爲原編之舊。陳氏之一卷乃上半部，與晁氏下卷本相同，無疑也。此書舊有賈行、韋公肅二家注，今自《永樂大典》采輯。本注中有引楊萬里、吕祖謙語，其非賈、韋舊注可知。此本之注頗簡核，不注姓氏，不審爲誰氏所作也。老友楊君惺吾曾得此本，載之《日本訪書志》，備言其勝處，然楊氏所舉以外尚不少，安得好古者爲之刊行乎！

臣軌二卷日本寬文刻本

此書新舊《唐書》兩志均著録。阮相國曾以進呈。其所撰《提要》引《唐會要》，謂此書作于長壽二年，以卷尾「垂拱元年撰」五字爲後人妄增。楊氏《訪書志》則謂所見楓山官庫本及天正古鈔本亦有之，殆此書撰于垂拱，而令貢舉人習業則在長壽。考《舊史·則天皇后本紀》，垂拱元年曾頒所撰《垂拱格》于天下，則此書之撰，當亦在此時，此五字必非後人所增也。此本與《帝範》合刻，楊氏謂是從卷子本出。案：唐人卷子本，皆每行十七字，此本亦然。其中別體之字，又與唐人碑板及寫經同，楊氏之説信也。

晁氏《讀書志》著録作《臣範》；云亦作《臣軌》，本十篇，今缺其下五篇，是此書在宋時，亦佚其半也。晁氏之謂武后稱制時，嘗詔天下學者習之。云稱制時，雖未明言爲垂拱、爲長壽，然總不得據《唐會要》，謂「垂拱元年撰」爲後人所書也。

崇正辨三卷謙牧堂鈔本

此書胡致堂先生撰，傳本至罕。《宋史·藝文志》列之子部釋氏諸書之末，而誤書致堂先生名作胡演。《澹生堂書目》著録，又誤作胡宏，惟《孝慈堂書目》不誤。此書爲闢佛而作，先列釋氏之説，而逐條駁詰。前有自序，自序以前有成化十三年邱瓊山序，後有成化乙巳會稽胡謐跋。據序跋言，此書初以寫本付梓，一刻于殷可久，再刻于河南監察御史朱欽。此本殆據朱氏刊本移録者。每卷首有「謙牧堂藏書」印，每卷末有「謙牧堂書畫記」，又有「芝三」、「青萍居」、「巴陵方氏碧琳瑯館珍藏秘篇」、「方功惠印」、「柳橋」諸印。光緒丁未秋，得之廠肆。

學的二卷日本承應刻本

文莊此書，《四庫》列入存目，有文中子擬《論語》之譏。然采輯朱子之説，上編由事以達於理，下編由理而散之事，編輯頗有條理。傳本至少，此日本承應間所刊。吾友王君静安曩遊日本時，爲予購之。

美芹十論傳録知不足齋進呈舊鈔本

此書見《四庫存目·兵家類》，舊題辛棄疾撰。《提要》謂《江西通志》載，臨川黄兑，字悦道，紹興進士，官至朝議大夫，嘗獻《美芹十策》、《進取四論》。此或兑書，後人僞題棄疾也。此本據黄陂陳士可參事所藏舊鈔本移録。原本首葉有「翰林院」印，殆即鮑氏進呈原本。其中譌字甚多，無他本可校，姑仍其舊，不敢臆改也。

棠陰比事三卷日本重刻元至大本

此書宋桂萬榮編輯，元田澤校正，分上、中、下三卷，前有開禧間四明桂萬榮自序及元至大元年居延田澤序。自序稱此書乃取和魯公父子《疑獄集》、開封鄭克《折獄龜鑑》，比事屬辭，成七十二韻。田序稱「刻桂氏原書，將鄭氏評語列之各條之下，且復揭其綱要，疏其音義而標題于上」云云。是此書乃桂氏原本，至各條下附刻鄭克評語與音義，則田氏所增也。《四庫》著録及澹生堂、持静齋、善本書室所藏，則均爲明吴訥删改之一卷本。其書將桂氏原書七十二韻、百四十四事删成八十事，又爲之點竄其注，則迥非桂氏之舊矣。此書雖有田氏增附，而仍七十二韻之舊觀，藏書家皆未之見，可珍也。光緒壬寅正月游日本，得之西京書肆。

新注無寃録二卷日本刻本

此書乃元東甌王與損益《洗寃》、《平寃》二録所成。前有至大改元王與自序，又有洪武十七年臨川羊角山叟重梓序，又有正統三年柳義孫序，稱「爲吏曹參議臣崔從雲等，奉主上殿下教而作新注」云云。是此書作於王與，注於崔從雲等。據義孫序之稱「主上殿下」，似是高麗人也。此書王蓮涇《孝慈堂書目》著録，但無「新注」字，或所藏乃王與原書乎？此爲日本刻本，辛丑冬，得之西京。

重廣補注黄帝内經素問二十四卷校譌一卷日本校刻明顧氏仿宋本

《内經》以明顧定芳校刻仿宋本爲近古，熊宗立仿元本次之。然熊本改併卷數，已大失原書面目。此本乃日本澀江全善森立之校刻嘉靖庚戌顧定芳本，而校以彼國醫庠所藏明初重刻北宋本，故較顧氏原刻爲勝。又據其國躋壽館所藏古鈔本及元槧本比勘異同，復爲《校譌》一卷附焉。近來傳世諸本中，殆無善于此者矣。諸舊序外，有安政二年丹波元堅序〔二〕，又有度會常珍跋。

黄帝蝦蟆經一卷日本文政辛巳刻卷子本

《黄帝蝦蟆經》不見于諸家書目，凡九篇。前列每月三十日月之盈虧，爲三十圖，示逐日鍼灸所忌，似即《隋書·經籍志》之《黄帝鍼灸蝦蟆忌》及《明堂蝦蟆圖》。此爲日本寬政丁巳，丹波元簡據卷子本移録，文政辛巳元簡之子元胤刻之，有元簡、元胤兩跋。丹波氏謂此書乃假託，然文字古質，爲六朝以前人所作無疑。雖僞託，亦古籍矣。

神農本草經四卷考異一卷日本嘉永甲寅刻本

《神農本草經》向無善本，近來傳本以孫伯淵、顧尚之兩先生輯本爲最善。然據宋以來諸家之書輯録，尚未能復原書之舊觀。此本爲日本醫員森立之所輯，其自序謂「近世治《本草》學者，大抵奉李氏《綱目》爲圭臬，讀《證類本草》，始知《綱目》之杜撰妄改。再校以《新修本草》，而又知《證類》之經宋人删改亦不足信。乃更從《真本千金方》、《醫心方》、《太平御覽》諸書所引比勘，知蘇敬校改亦復不少。反覆校讐，而後得黑白二文，始復陶氏之舊。既覆陶氏之舊，而後神農之經乃可窺全豹。因采摭白字，輯爲四卷」云云。今以校孫、顧二家之書，誠較精密，其自序所言不虛也。此本雖不敢遽云能復原書之舊，然在今日，殆推第一善本矣。

註解傷寒論十卷日本天保乙未躋壽館仿元刻本

此書題模刻元本，鐫刻精雅，爲元槧無疑。但原本不載刊刻年月及何處刊行，卷首嚴器之序，作「甲子中秋日」，《愛日精廬藏書志》載金刊本作「皇統甲子」。森立之《經籍訪古志》言但書甲子不著年號，疑在嚴氏入元後也。森氏又謂，以朝鮮所刻《醫方類聚》所引與此本校，文字頗合，知此本爲近今善本矣。

脈經十卷醫統重刻宋本

此書《四庫》未著録，阮相國始以影宋何氏本進呈。此爲明吴勉學刻入《醫統正脈》者，末署新安吴勉學翻刻宋板。楊氏《日本訪書志》、森氏《經籍訪古志》並稱其從何本出。楊葆初大令壽昌曾據楊氏觀海堂所藏宋嘉定何氏本重雕，未見印本。昨過武昌，楊君面許見寄。異日寄至，當與此一校異同也。

唐新修本草殘本十卷日本森氏藏影寫卷子本

此書中土久佚。此本僅存十卷，第四、第五、第十二、第十七、第十九五卷，據淺井紫山三經樓藏本傳寫；第十五，據狩谷掖齋本傳寫；第十三、第十四、第十六、第二十，則據仁和寺本傳寫。不知此外佚卷，彼國尚有存者否？據《舊唐書·吕才傳》，蘇氏原本計五十四卷，此雖不及五分之一，然今日得見《唐本草》之舊觀，實賴此殘卷之存。德清傅氏刻入《纂喜廬叢書》者，即此十卷，均從小島質傳寫者。森氏《經籍訪古志》謂書作于顯慶，此本鈔于天平，去著書時僅六七十年，洵爲可珍之秘籍矣。此本乃森氏舊藏，有森氏題識數則。光緒辛丑，得之日本東京。

陳氏《書録解題》《大觀本草》下言：唐顯慶中，據《名醫别録》增一百十四種，廣爲二十卷，謂之《唐本草》。所載卷數與《吕才傳》不合，附識于此以俟考。

真本千金方殘卷日本天保三年摹刻天正卷子本

此本僅存卷一一卷，乃天保壬辰松本幸彦據丹波氏所藏天正中鈔本上木。前有丹波元堅序，後有松本跋。其文字體式與宋林億校定本不合，而與《醫心方》所引無殊，乃孫氏真面目也。黄氏士禮居亦藏宋本《千金方》殘本，存二十卷，云亦林億未校定本，後歸皕宋樓。今陸氏書已歸日本，不知彼國今日尚有如松木氏者，爲之摹印流傳否也。

千金翼方三十卷目一卷日本影刻元大德本

晁氏《讀書志》、陳氏《書録解題》並載此書，作三十卷，錢氏《述古堂書目》所藏影宋本亦同。今日通行《千金要方》九十三卷，乃出自《道藏》。《四庫總目》云「《千金方》、《千金翼方》各三十卷，後列《禁經》二卷，合二書計之，止六十二卷。此本增多三十一卷，疑後人併爲一書而離析其卷帙」云云。今考此本，計三十卷，《禁經》即在其内，非三十卷以外别附《禁經》。然則《要方》爲分析卷帙無疑，絶非孫氏之舊矣。此爲日本文政十二年，醫學重刻元大德丁未梅溪書院本。森立之據王肯堂原刻本，將《本草》三卷校讐一過，謂明本亦有勝處。如每部首有藥名小目，乃孫氏真面目，元本皆削去。然據森氏所校兩本異同，大率明本遜此甚遠。雖不知視錢氏影宋本何若，在今日殆推第一善本矣。此板十餘年前售于我國，此乃初印至精本，才下元槧一等耳。

食醫心鑑一卷日本舊鈔本。

此書唐昝殷撰，《宋史·藝文志》著録，作二卷。是此書至宋尚存，今久佚矣。此本乃日本人從高麗《醫方類聚》中采輯而成，雖不能復原本之舊，然當已得其太半。晁氏《讀書志》謂殷蜀人，大中初著《産寶》以獻郡守白敏中。今《産寶》日本尚有影宋刊足本，此書乃不得完帙，可惜也。光緒辛丑游日本，得之東京。卷端有「青山求精堂藏書畫之記」及「森氏」二印，後有丹波元堅及森立之手識二則。

素問六氣玄珠密語十七卷日本森氏藏舊鈔本

此書傳世至少，國朝藏書家僅萬卷堂、述古堂、拜經樓、士禮居四家有之。此本乃曩遊日本時，得之森氏立之家，每册首有「森氏」印，每卷尾有森氏識語，計十七卷。題稱《素問六氣玄珠密語》，次行署「啓玄子述」。前有序，不署年月。每卷首行之末，排列字號曰「基一」至「基十三」。考鄭氏《通志》及明焦氏《經籍志》，稱此書十卷，《萬卷堂書目》十七卷本外，别有十卷本。萬卷堂、述古堂及士禮居本，並十七卷，與此本同。拜經樓本十六卷。案：此書自序本作十卷，吴虞臣謂自序作十六卷，與此本不合。爲鄭氏、焦氏所本。而拜經樓之十六卷，乃十一、二合卷，仍是十七卷。則傳世諸本，皆十七卷，不知何以與序不合。黄蕘翁又謂，此書見《道藏目録》卷四基字號，計十三卷，蓋一、二同卷，五、六同卷，十一、二及十五、六均同卷，故又云十三卷。檢之此本，均合。然則此本與黄本皆從《道藏》移録者也。森氏爲日本藏書家，所藏醫書善本尤夥。予東遊時，得十餘種，而以此書爲首。

本草衍義二十卷日本文政癸未重刻宋慶元本

此書《直齋書録解題》作十卷，《文獻通考》作二十卷。以書中所載宣和六年劄及自序，則作二十卷是也。萬卷堂、述古堂兩家書目，載寇宗奭《集注衍義本草》四十二卷，殆後來改編，非寇氏原書之舊矣。此本乃日本文政中，據江都醫官望三英所藏宋慶元乙卯刻本重刻。丹波元胤又以家藏元槧本校勘。前有「宣和六年十二月二十八日太醫學劄」，劄後有「宣和元年月本宅鏤版印造」及「姪宣教郎、知解州解縣丞寇約校勘」款二行。後有「慶元乙卯八月癸丑補刊」識語及「江南西路轉運司主管帳司段杲」等五人銜名。楊氏《日本訪書志》謂：此書通編藥名，次第全與唐蘇敬《本草》相符。今案《證類本草》序例記蘇敬《唐本草》卷目次第云：序爲一卷，例爲一卷，玉石三品爲二卷，草三品爲六卷，木三品爲三卷，禽獸爲一卷，蟲魚爲一卷，果爲二卷，菜爲一卷，有名未用爲一卷。今此書序例三卷，玉石三卷，草六卷，木三卷，禽獸一卷，蟲魚一卷，果一卷，蔬穀一卷，而削去有名未用者，與《唐本草》實大同小異，未盡相符也。此書明以來刊本至少，惟附載於《證類本草》中。此刻寫校至精，丹波氏謂原本楮墨精妙，宋本之佳者。陳氏《世善堂書目》有《本草衍義》二十卷，與此本書題及卷數均合，或亦宋槧歟？

經史證類大觀本草三十一卷 明藉山書院翻元大德本

此明萬曆中刊本。前有宋艾晟序，後有木記曰「大德壬寅孟春，宗文書院刊行」，又有「萬曆庚戌彭端吾」及「萬曆癸丑梅守德」二序，末卷後有木記曰「萬曆庚子歲秋月，重鍥於藉山書院」，又有「萬曆丁丑王大猷跋」。以日本望三英刻本校之，知並從宋文書院本出。惟此本於每條下附《衍義》；卷一《序例》上之後，附《衍義序例》；卷首諸序之後，附「政和六年付寇宗奭劄」，爲不同耳。楊君惺吾《日本訪書志》謂「此本乃合大觀、政和二本爲一書，並去政和本諸序、跋，獨留大觀本艾晟序及宗文書院木記。案其名則大觀，考其書則政和」云云。今以予所藏隆慶中山東布政司重刻成化本《政和本草》校之，實是大觀，而非政和。政和本書題稱「備用本草」，此稱「大觀本草」，或稱「大全本草」，與日本刻同，其非政和，一也。大觀三十一卷，政和本則將三十一卷併入三十卷之首，此本則仍是三十一卷，其非政和，二也。序例下「療風通用」一行之前，有「凡墨筐子者，並唐慎微續添」云云，政和本無之，此本與日本刻均有之。「筐」字皆作「筐」，缺末筆，避宋諱。蓋元本實依宋本之舊，此本又依元本之舊，其非政和，三也。政和本卷三十之上半卷，即大觀本之第三十一卷。大觀本第三十一卷所載本經外草類上，總三十一種，下總四十三種，上下併計七十四種。又本經外，木蔓類總二十四種，此本及日本刻皆然。政和本則本經外草類總七十五種，木蔓類二十五種，數目不合，其非政和，四也。此均爲是本實大觀，而非政和之證。楊氏所云，偶失檢耳。楊氏又謂，更有萬曆庚子巡按、兩淮鹽課御史彭端吾據王本重刻，並去艾晟序、宗文木記。考此本前有彭端吾序，乃萬曆庚戌，非庚子。其序言出俸金繕葺，模糊者楷其字，殘缺者補其數，是彭乃修補，非重刊。據王大獻跋稱，其父捐貲三百餘，命之梓人，始於乙亥冬，成於丁丑春。由丁丑至庚戌甫三餘年，故但須繕補缺損，無須重刻。且並未去艾晟序及宗文木記，楊說亦小舛。並爲附正於此。

前人於大觀、政和兩本多不能分別，楊氏《日本訪書志》辨之至確，茲不更及。

又日本重刻元大德本

《大觀本草》，《宋史·藝文志》及晁氏《讀書志》並作三十二卷，陳氏《解題》作三十一卷。此日本江都醫官望三英復刻元大德宗文書院本，作三十一卷。前有目録一卷，知晁氏及《宋志》作三十二卷，殆並目計之；陳氏作三十一卷，乃除目言之，非有殊也。此書明以後刻本皆附《本草衍義》于各條之下，《序例》上、下二卷之間，均附載《衍義序例》，大失唐氏之舊觀。此本則均無之，一依元本編次。每卷書題頗不一律。艾晟序及目録與卷一之前題，稱《經史證類大觀本草》，其後題及每卷前後題，則均作《經史證類大全本草》。予又藏萬曆藉山書院重刻大德本亦然，疑亦宗文書院本之舊式也。惟第二十二卷後題又稱《經史證類備急本草》，第三十卷後題則作《重廣補注圖經神農本草》，頗差參不一，又與萬曆本不同，足徵此本較近古。森立之《經籍訪古志》謂此本譌字轉多，然中土皆係附刻《衍義》之本，此獨存舊觀，終可貴矣。

重修政和經史證類備用本草三十卷明隆慶壬申山東官本

《政和本草》在明代山東凡三刊：一刊于成化戊子，再刊于嘉靖癸未，三刊于隆慶壬申。此第三次山東布政司刊本也。卷首有隆慶壬申山東巡撫傅希摯、巡按御史吴從憲、左布政使施篤臣序，嘉靖壬子山東巡撫王積、巡按御史項廷吉、馬三才、嘉靖癸未陳鳳梧序，成化戊子兵部尚書商輅序，又有己酉孟秋麻革序及宋政和六年曹忠孝序與引用書目。後有「皇統三年宇文虛中」、「己酉中秋劉祁」二跋。卷首目録之前有木記，稱此書增入寇氏《衍義》，並注藥名之異者于目録下，又改正誤字，頗異舊本，故名《重修》。下署「泰和甲子」，下「己酉冬日南至晦明軒謹記」。證以麻革跋，言「平陽張君魏卿命工付梓，附以寇氏《衍義》。張君諱存惠，字魏卿」云云。此跋亦署「己酉」，每卷署題下亦注云「己酉新增《衍義》」。錢竹汀先生考己酉爲元定宗后稱制之年，其説甚確。劉祁跋後又有「大德丙午歲仲冬望日，平水許宅」印款一行。蓋晦明軒乃張存惠刻本，大德中又重雕晦明軒本也。據傳希摯序，謂「屬醫官時孟陽輩，細加校讐，字畫之譌謬者改正之，藥性之有忌者增注之，可省可用或不可多用者更詳補之，陰文白字者改爲陽文黑字」云云，是此書既據大德本，而又有增修。平水本既增《衍義》，復注異名，故曰《重修》，已非大觀之舊。此刻則又非平水之舊矣。《政和本草》善本至稀，此本雖再經增補，然仍可略窺《政和》之舊，終勝于李氏《綱目》也。每卷署題二行，曰「成都唐慎微《續證類》」，曰「中衛大夫、康州防禦使、修建明堂所，醫藥題舉入内醫官、編類《聖濟經》提舉大醫學、臣曹孝忠奉勅校勘」。卷末有「同校勘官龔璧」等八人銜名。以卷紙刷印，每葉背面皆有朱絲闌，每接縫處鈐山東布政使印文，曰「山東等處承宣布政使之印」。光緒己亥春，得之上海。

嶺南衛生方三卷日本影寫明萬曆刻本

此書傳本至少，諸家書目皆未載。《萬卷堂書目》有之，作「文德等集」。此本乃日本醫家丹波氏從明本影寫，首有萬曆四年廣東布政司右布政使、安成鄒善序及正德八年廣東等處承宣布政使司左布政使、古田羅榮序，卷中不見撰人名。據羅序稱，此書「前元海北廉訪所刻，景泰中重鋟于省署，至正德間，以鈔本付梓」。又鄒善序言此書「既手校，捐俸付梓，復命婁醫安道，附八論及藥性于後，亦不言撰人姓氏。而卷中所采李待制、張給事、汪南容、繼洪、章傑等諸家之説，則多是宋人。又有王棐《指迷方瘴瘧論》中有嘗觀《嶺南衛生方》，乃李待制、張給事所集」云云。李名璆，大梁人。張名致遠，延平人。李氏《瘴瘧論》中言「紹興庚午年，蒼梧瘴癘大作」云云。而「繼洪之《指要方續論》，末署景定年號，篇中亦稱《衛生方》」云云。是此書乃紹興中李璆等所作，後累有增益，爲宋人著則無疑。一刊于元，三刊于明，今則殆成孤本矣。光緒辛丑冬，游日本東京，得之琳琅閣書肆，末有天保辛丑丹波元簡朱書跋語。

易簡方一卷日本寛延元年仿宋刻本

此書王碩撰，陳氏《書録解題》著録與此本同。此日本仿宋巾箱本，前有寛延元年望三英重刻序，及承節郎、新差監臨安府富陽縣酒税務王碩自序，每半葉十二行，每行十六字。書中有二牌子，一曰「是春堂注方善本，楊氏純德堂重刊」，一曰「四明楊伯啓見于平準庫相對開置書籍總舖，打發即行收書，君子幸鑒」云云。據此知是明州坊本也。陳氏《解題》言，其書盛行于世，故坊間一再刻之歟！又云，碩字德膚。光緒辛丑，得之日本東京。

三因極一病證方論十八卷日本森氏藏影宋本

此書《宋史·藝文志》著録，作《三因病源方》六卷。陳氏《直齋書録解題》作《三因極一方》六卷。此本書題及卷數，與《四庫》本同。前有「正健珍藏」、「養安院藏書」、「青山求精堂藏書畫之記」、「森氏開萬册府之記」四印，後有森立之手題，謂是曲瀨正健令善書者彰寫投贈。森氏《經籍訪古志》載，其國河野氏所藏宋槧本，每半葉十二行，每行二十三字，板心舉字數，案之此本悉合。是曲瀨氏此本從河野氏宋本影鈔也。繕寫精絶，予平生所見影宋鈔本無逾是者。據陳氏自序，謂紹興辛巳，爲葉表弟桷集方六卷，題曰《依源指治》。淳熙甲午，復爲此書，題曰《三因極一病源論粹》。宋志及陳氏《解題》所著録六卷本，殆即紹興辛巳所著，不知書名又何以不同。即此本亦與自序所述書題略異，不可解也。《四庫總目》謂第二卷中「太醫習業」條有「五經二十一史」之語，非南宋人所應見，殆明代傳録此書者妄改。證以此本，作「五經三史」。足徵此乃南宋之舊，未經竄改者，至可珍也。

備急灸法一卷並附録二種日本森氏藏養安院影宋本

此書首爲《備急灸法》一卷，署題作「寶慶丙戌正月望，杜一鍼防禦壻檇李聞人耆年述」，凡二十三篇；次爲騎竹馬灸法，不著撰人名氏。前列灸法，後列治癰疽藥方；次爲《竹閣經驗備急藥方》，以治風烏辛茶爲首。前有淳祐乙巳孫炬卿序，謂「其母患頭風，以服烏辛茶而愈。後患鬢疽，以不用灸法而亡。客有携示蜀本《灸經》與《竹馬灸法》者，遂與烏辛茶方併列以傳」云云。此本影宋，繕寫至精。前有「青山求精堂藏書畫之記」及「森氏開萬册府之記」二印，後有「文久二年戌歲十月廿一日，以寶素堂所藏宋槧本影鈔，功畢養安院正健誌」款二行。

婦人大全良方二十四卷目一卷 日本傳録高麗活字版本

此書傳世凡三本：一陳氏原本，二熊宗立附《補遺》本，三薛己删本。此本目録一卷刻本，餘皆寫本。前有嘉熙元年八月建康府明道書院醫諭、臨川陳自明良父自序，後有日本文化二年丹波元簡手跋，云「右《婦人良方》二十四卷，陳氏真本也。從養安院越智元德所藏朝鮮活字板而借鈔」云云。朝鮮醫籍多善本，此乃陳氏原書，故丹波氏手題書衣曰「婦人大全良方真本」。卷端有「青山求精堂藏書畫之記」、「森氏開萬册府之記」二印。

仁齋直指附遺方論二十六卷目一卷
醫脉真經一卷附藥象一卷小兒附遺方論五卷 日本澀江氏精校明嘉靖庚戌刻本

此書宋楊士瀛撰，明新安朱崇正附遺三書，皆有景定中楊氏自序。卷首又有嘉靖庚戌佘錝序，目録次行有「新安歙西虬川黄鍍刊行」款。日本森立之《經籍訪古志》載宋本《仁齋直指方論》二十六卷、《小兒方論》五卷、《傷寒類書活人總括》七卷、《醫學真經》一卷，諸書本會合刻之。《四庫》著録本有《傷寒類書活人總括》，而無《醫學真經》、《小兒方論》。此本則有《醫學真經》、《小兒方論》，而無《傷寒類書》，皆非完帙也。是編經朱氏附遺，已非楊氏原書之舊。顧海内藏書家，如陸氏皕宋樓、丁氏善本書室所藏皆此本，足徵原本之難得。此本前有「弘前醫官澀江氏藏書記」、「昭曠館圖書記」、「青山求精堂藏書畫之記」三印，乃日本澀江全善舊藏，後歸森立之者。澀江氏並據元環溪書院本及韓國復刻元本與《醫方類聚》再三校勘，至爲精密。卷末有日本天明乙未丹波元簡、天保庚子澀江全善手跋二則。

嚴氏濟生續方八卷補遺一卷 日本文政壬午刻本

宋嚴用和《濟生方》八卷，《四庫》據《永樂大典》采輯著録，不載續集。此本乃日本文政壬午，丹波元胤取其叔父湯河元倓所藏金澤文庫鈔本上木，並據朝鮮國《醫方類聚》補其佚篇，以足嚴氏自序二十四評九十方之數。卷首有咸淳丁卯嚴氏自序，後有湯河元倓、丹波元胤二跋。此爲中土久佚之書，彼邦近廢漢醫，流傳亦日少，可珍也。

影元本儒門事親三卷 日本舊寫本

此書近世流傳諸本均十五卷。日本森立之《經籍訪古志》言，「就《醫方類聚》所引勘之，惟卷一至卷三爲《儒門事親》，本書第四卷以下乃子和所著他書。蓋四、五爲《治疾百法》，第六、七、八爲《十形三療》，九爲《雜記》十門，十爲《撮要圖》，十一爲《治法雜論》，十二爲《三法》六門，十四爲《治法心要》，十五爲《世傳神效名方》。蓋後人合爲一書，而以《事親》爲其統名也」云云。[三] 證以皕宋樓所藏金刊本，亦《儒門事親》三卷自爲一書，餘各種均各有分名，略與森氏説同。森氏記伊良子氏藏元板，首有昭陽單閼陽月晦日頤齋引，末有甲辰冬十月朔寓齋居士後序，每板十一行，行二十五字，與此本同。此本後有伊澤信恬跋，言此本移寫于桂山多紀，桂山氏移寫于伊良子氏。蓋此書至伊澤氏而再寫。伊澤氏跋後，又有字一行，曰「借三養書屋架藏本謄寫」，下署名曰愷。是又從伊澤氏移録，蓋第三寫矣。此書卷一之後，尚有中統□□九月高鳴鳳跋，爲森氏所未舉。頤齋引署「昭陽單閼」，乃癸卯，當金亡之九年、元太宗六皇后稱制之二年。寓齋居士跋署甲辰，則元六后稱制之第三年也。《藝芸精舍目録》有金本《儒門事親方》十五卷，而不及細目。豈此書在金時已有合併之本與？抑汪氏所記未明晰耶？册首有「藹軒架書」及「清川氏圖書記」二印。光緒辛丑，得之日本東京。

濟生拔粹方十八卷日本森氏藏影元本

此書元杜思敬所輯，計張潔古、張雲岐、李東垣、王海藏等諸家之書十八種，而附以《雜類名方》。《絳雲樓書目》曾著録，但云四册，不記卷數。吾浙朱氏《彙刻書目》載此書云「明杜思敬編刊」。今檢杜序，署延祐二年十月，朱氏作明人，誤也。此本爲日本森立之所藏，每卷有「森氏開萬册府之記」印，影元本，繕寫至精。森氏《經籍訪古志》載澀江全善所藏元本獻之躋壽館者，每半葉十二行，行二十四字，叙半葉九行，行十六字，與此本正合。蓋森氏從澀江氏本影鈔者也。光緒辛丑冬，得之日本東京。

錢氏《元史·藝文志》「杜思敬《濟生拔粹方》十九卷」，殆併附録計之。又注一作六卷，則不知何所本也。

玉機微義五十卷 日本森氏藏明正統陝西官本

此書《明史·藝文志》作劉純撰，《萬卷堂藏書目》作徐彦純撰。此本之首，則不著撰人名。《四庫總目》謂是徐用誠撰、劉純續。證以卷首正統己未楊士奇序云：「此編輯于會稽徐彦純，吴陵劉宗厚續有增益，則總目所言信也。」《總目》謂「徐氏原書計十七類，劉氏續增三十三類，于目録各著『續增』字，以相辨識」云云。今此本無「續增」字樣，據楊序，謂「徐用誠、劉純乃私淑朱彦修者」。《總目》據王禕《青巖叢録》訂正其誤，謂劉氏實宗東垣，所辨至確。《四庫》本乃嘉靖庚寅永州刻本，此本爲正統初刻，鐫鏤古雅，有元槧風，尤可珍矣。每卷有森氏印，乃日本森立之舊藏。

《藝風堂藏書記》藏本與此同，云首有莫士安序、純自序，均作于洪武丙子。後有王暹序，此本並無之，殆缺佚也。

《天一閣書目》：《玉機微義》十册，明徐用誠撰，黄焯重刊。亦單署徐名，與萬卷堂同。黄焯重刊本，即嘉靖永州本也。

活幼口議二十卷日本森氏藏舊鈔本

此書題曰《新刊演山省翁活幼口議》，不著撰人姓名，故萬卷堂、述古堂著録，皆署省翁。據明焦氏《經籍志》始知爲曾世榮。世榮所撰尚有《活幼心書》，其署年月爲「天順己巳」。此書議明至理，序有「僕世居江南，叨忝醫士」語。世榮之可考者，如是而已。此本卷首有癸未梅月石峰熊槐序，後有日本文政庚辰丹波元胤跋。言「其舊藏鈔本僅八卷，後從其叔父得見此足本，亟録一通」云云，可見此書善本之難得。錢氏《元史·藝文志》亦未之及，當據此補之。册端有「野間氏藏書記」、「青山求精堂藏書畫之記」、「森氏開萬册府之記」三印。

醫學正傳八卷日本寬永重刻明本

此書明正德間花溪恒德老人虞摶撰，《四庫存目》著録，天一閣本與此本同；《萬卷堂書目》作《醫學正宗》。據虞氏自序，乃「正傳」，非「正宗」也。《存目》言，書中或問五十條，此本實五十一條。前有虞氏序例，後有「萬曆丁丑冬月，金陵吴松亭繡梓」款一行及嘉靖辛卯莆田史梧後序。末有日本重刊題字一行，曰「寬永十一甲戌。初秋新刊」。

本草和名二卷日本森氏藏寬政丙辰刻本

此書原無撰人名氏，丹波元簡考爲深江輔仁撰。其書撰于日本醍醐天皇時，故徵引隋唐以上佚書甚多，有唐慎微、李時珍所未見者。其編次一依唐蘇敬《本草》，可依此以尋《唐本草》之舊次。

此本乃丹波氏從其内府録出，而校以《本草》、《爾雅》、《玉篇》、《和名類聚》、《醫心方》等書，至爲精審。卷首有丹波元簡序及提要，册端有「栗田萬次郎所藏」、「好盦書庫」、「森氏藏書」三印，亦森立之舊藏也。

俊通香藥鈔一册日本森氏影鈔古寫本

此書無撰人姓名，撰集各種香藥。所引古書約七十種，中有《聖惠方》，知成書在太平興國以後矣。此爲森立之影寫岡本況齋藏本，前有「青山求精堂藏書畫之記」及森氏印，後有元治甲子森立之手題，云「右本後人有傍記，曰侍醫五位，上俊通采女，正内昇殿，醫道名師，惟宗氏也」云云。故森氏手署書衣，曰《俊通香藥鈔》，殆即俊通所撰也。此雖日本人所著，然多引古書，足資校勘，當與《本草和名》共珍。

太素脉訣統宗七卷日本森氏藏明萬曆己亥刻本

此書題「太上天寶太素張神仙脉訣玄微綱領宗統」，而序作「統宗」。其撰人署「青城山神仙張太素著述」，又有「閩汀州醫列伯祥註解」及「撫東邑冰鑑王文潔編校」款，凡三行。《躋壽館醫籍備考》著録此書，作王伯祥撰，王文潔編校，誤列「伯祥」爲「王伯祥」。據《廣韻》列亦姓也。太素脉之説，言按脈便可知人之壽夭、禍福、貧富，殊無是理。然列史《藝文志》多載之，今乃無一書存者。此書所載甚詳，存之與《相經》、《葬經》等書齊觀，以存古來術數之一種，亦未始無裨也。此本乃日本森立之舊藏，有元治甲子森氏手題七行。前有魏時亨序，卷末有木記，曰「萬曆己亥歲孟秋，安正堂劉雙松梓」。

圖繪寶鑑五卷日本覆刻元本

此書據楊鐵崖序及夏氏自序，原係五卷，是以五卷本爲最善。元槧皆如此。毛子晉《津逮》本即附以明韓昂《續圖鑑》一卷，共六卷。近來通行藍瑛等重訂之本，則改爲八卷，直增至國朝，益失夏氏舊觀。此本乃日本復刻，計五卷。五卷之末附《補遺》及《續補遺》，不另編卷，當仍是元槧之舊。但據陶南村《輟耕録》載，此書自軒轅至宋德祐乙亥，得能畫者一千二百八十餘。又，金朝三十人，本朝至元丙子至今九十餘年間，二百餘人，共一千五百餘人云云。今此本目録後及第五卷末，都記人數作「上下計一千三百八十七人」，與南村説不合。意南村所舉，乃並史膜等無傳而僅存其名者共計之。楊鐵崖序亦云：「由史皇封膜而下訖于有元是也。」此書所計之數，殆就孫吴以來，曹弗興以下有傳者計之，故有差耶！以今本與此本校，知不僅卷六以下爲續增，而第五卷以前亦竄亂增删，譌誤滋多。此本雖亦不免譌字，然可糾正今本之失者不少，異日當據此勘定之。

珊瑚木難目録一卷葉石君藏明鈔本

明朱存理所著《珊瑚木難》八卷，《四庫》及諸家書目多著録者。其書載所見書畫題跋中詩文，世所罕覯者，亦備録全篇。此本，其目録也。目録所記，係分四大册，爲朱氏手書，此即就朱氏手稿移録者。然則今本分八卷，或非朱氏原編之舊次矣。卷後有崇禎元年九月及己巳夏閏月王廣兩跋。首有「葉樹廉印」、「石君」二印，末有「周雪客借閲過」印。光緒乙巳春仲，得之南滙沈氏。

神器譜五卷日本翻刻明本

此書五卷，明中書趙士禎撰。絳雲樓、澹生堂兩家並著録，而祁氏誤作四卷。前有王世延、王同軌、黄建衷三序，並日本人清水正德重刻序。卷一有萬曆二十六年士禎進神器疏，言得西洋銃于遊擊將軍陳寅，又得嚕密番銃于錦衣衛指揮朶思麻。又述思麻，言其國神器酋長，秩要職專〔四〕，非藝精不與。兹選思麻携帶神器流雪嶺，涉恒河，逾崑崙，重譯獻獅，以修職貢。寒暑八更，始達都下，迄今四十餘年，年已七十有四，都中人士罕有一問之者云云。三十年再上疏，經刑部尚書蕭大亨試驗，題覆，令京營製造、教習，仍行九邊，奉旨允行，因工科給事中胡忻參論而止。士禎乃繪圖繫説，記進呈各種疏牘而成此書，亦明代有心之士也。士禎事實不甚可考，惟《大雲山房雜記》謂妖書事，實出士禎之手，則又是小人之行險者，但其説未知可信否耳。辛丑冬，得此書于日本琳琅閣。

飲膳正要三卷日本森氏藏傳録明成化刻本

此書《四庫》及諸家書目多著録，明劉若愚《酌中志》載《内府刻板書目》亦有之。此乃移録明成化乙未刊本，知盛行于明，官私皆有刊本也。前有天曆三年虞集序，次飲膳太醫忽思慧進書表，次耿允謙、張金界奴、拜柱三人校正銜名，及「集賢大學士、銀青榮禄大夫、趙國公常普蘭奚編集」

款。書中兼有畫圖，可考見元代冠裳之制。此本卷端有「勝鹿文庫」、「松本氏圖書印」、「青山求精堂藏書畫之記」、「森氏」四印，乃日本森立之舊藏。

花史左編二十四卷附録二卷 日本舊鈔本

此書《四庫存目》著録，作二十七卷，孝慈堂及文瑞樓書目均作二十四卷，與此本並不合。《存目》言二十五花之友、二十七花之器，皆題「潭雲宣猷馭雲子補」。二十二卷花塵，題「百花主人輯」。此本則花塵在卷二十四以後，卷二十二乃花之毒；前二十四卷乃路作，後附花塵，百花主人撰；二十五花之友，一卷，宣猷補，並附《無待坊釋義》一篇，而無二十七卷花之器。至孝慈堂、文瑞樓本，則但是王氏書二十四卷，無附録也。前有陳繼儒序，致文瑞樓書，遂譌作陳繼儒撰。又有《花史禁約》一篇，言翻板者手刃之。明人好作奇語，亦可發一哂也。此爲日本舊鈔本。辛丑冬，得之日本東京。

顔氏家訓二卷 明閩中官本

《顔氏家訓》以七卷附沈揆考正本爲最善，然甚不易覯。此明刻二卷本，上卷有「建寧府同知、續溪程伯祥刊」，下卷有「建寧府通判、廬陵羅春刊」款，蓋閩中官本也。雕刻精雅，有元槧風，視宋本雖不足，較他本爲善矣。丁未冬，得之鄞縣李氏。

此本無序跋，不知刻于明代何時。然《善本書室藏書志》有萬曆三年顔嗣慎重雕程伯祥本，則此本在萬曆以前可知。

兼明書五卷日本澀江氏藏六柳平善校重刻真意堂本

此書《宋史·藝文志》作十二卷，陳氏《解題》作二卷。此本五卷，乃璜川吴氏從宋本移寫，刻入《真意堂叢書》，日本又據真意堂本復刻者。以《宋志》考之，雖非原書之舊，然尚是宋人所編。每卷有校語，朱墨爛然，乃日本人六柳平善所校。朱筆依明張遂辰本校，墨筆則以真意堂原刻校正者也。比勘異同，頗爲精細。每册首有「弘前醫官澀江氏藏書記」印，澀江氏乃彼邦藏書家之有聲者。又，《四庫》著録范氏天一閣本亦五卷，而與此本又略有異同。《提要》稱書中記《春秋》者十條，此本乃十一條；《禮記》五條，此本六條；《論語》十三條，此本十二條；字書佚四條，此本則佚七條。是此書無善本久矣。異日當就閣本一互勘之。

春渚紀聞十卷張學安手校照曠閣本

此書以照曠閣本爲最善，乃據汲古毛氏宋刻足本，又據《羣書拾補》及士禮居所藏宋本合校而成。此本爲吴郡張學安舊藏，前有「吴郡張紹仁學安所藏書」印。上有朱校，乃學安據尹家書鋪本手訂，其錯列之條，並記宋本之行數、字數及標題之式。學安一字訒庵，諱巽翁，長洲人，藏書甚富，手校之書頗夥。黄蕘圃稱訒庵校書心到眼到手到，在朋友中無出其右。其藏書之處曰「緑筠庵」、曰「執經堂」，見《士禮居藏書題跋記》。

松窗夢語八卷知不足齋鈔本

明張瀚撰。前有萬曆癸巳自序，後有跋，後半缺佚，不知何人。此書頗記史事，然多迂繆之談。如記漕運，則非海運而重河運之類。明人見解，大抵如此，不足異也。此本乃鮑氏知不足齋鈔本，卷末有「嘉慶丁卯十月，傳仁和趙氏竹崦盦本，通介叟記」款一行，又有「以文」印。

皇宋事實類苑七十八卷日本元和仿宋麻沙本

《皇宋事實類苑》，日本元和七年仿宋麻沙本。每半頁十三行，行二十字。前有紹興十五年江少虞自序及總目，共二十八門七十八卷。後有汪俁序、日本僧瑞寶跋。《大明一統志》四十三。載：「少虞，常山人。政和中進士，歷建、饒、吉三州守，治狀皆第一。」而此書題銜稱「左朝請大夫、權發遣吉州軍州事」，是紹興十五年少虞正官吉州時也。《四庫提要》謂《江西通志》未載其履貫，已不可考，疏矣。《四庫》本及天一閣、愛日精廬兩本，並六十三卷，《提要》云二十二門，由《祖宗聖訓》訖《風俗雜記》。此本則尚有《談諧戲謔》、《神異幽怪》、《詐妄繆誤》、《安邊禦寇》四門，意此書傳世有兩本，此其完帙歟？

圖書編一百二十七卷明天啓刻本

文德先生此書，爲有明一代絶作，蒐羅詳備。《四庫提要》謂遠勝《三才圖會》，不虚也。先生門人萬尚烈謂是編肇于嘉靖壬戌，成于萬曆丁巳，先後十六年乃就。先生卒後又數年，乃克刊行。其他遺著尚多，則流傳頗罕。予嘗得其《易大象義》一卷、《讀易雜記》四卷，均《明史》本傳及《藝文志》未著録者。此本亦流傳日稀，安得有力者爲之刊布，有裨于國學匪淺鮮矣。得之南海孔氏。

歸潛志八卷徐虹亭鈔校本

此書足本十四卷，然舊鈔本多是八卷，傳是樓藏本亦八卷，王文簡、周雪客、黄俞邰、王蓮涇等所見本皆然。此本爲徐虹亭先生所鈔，蓋即從傳是樓本移録者。卷末有康熙庚辰虹亭手跋二則，末又附録《大唐傳載摘勝》十一葉，不著撰人姓名，殆亦劉祁撰。鮑氏知不足齋所刻十四卷本無之，不知果爲祁著否也。此本卷端有「虹亭鈔本」、「臣釚印」、「舊史官徐釚之印」、「虹亭菊莊」、「徐氏藏書」、「江南舊史」、「虹亭徐釚書畫圖記」七印，又有「某會里朱氏潛采堂藏書」、「竹垞老人」、「彝尊讀過」等印，蓋松風書屋鈔本後歸潛采堂者。

立齋閑録四卷王氏十萬卷樓藏明鈔本

此書不著撰人名。據《明史·藝文志·雜史類》、《四庫總目·子部·小説類·存目》所著録，並作宋端儀撰。録中紀録明初至英宗復辟時事，每段下注明所引書名，殆是隨手鈔録之作，不免凌雜無序。然遺聞佚事，頗資考證。此本乃明鈔，卷首有「桐鄉曹氏吹雲閣珍藏」及「十萬卷樓藏書」二印，卷尾有「王端履字福將號小穀」印。

丁氏《持靜齋書目》載《立齋閑録》一卷，云記太祖及成祖興師事。今此及絳雲樓本與《四庫》

本均四卷，與《明史》合。是丁氏所見，非完帙也。

西吴里語四卷明刻本

此書吴興宋雷撰，記湖州遺事軼聞。《四庫存目》著録云：前有自序，後有其子鑒跋。此本均無之，殆缺佚也。錢唐丁氏《善本書室藏書記》有此書第三卷，乃吴石倉手鈔，足徵此本之罕。

見聞雜記十一卷明刻本

此書明吴興李樂撰。《四庫存目・子部・小説家》曾著録，作四卷，謂前二卷全録董氏《古今粹言》及鄭曉《今言》，後二卷乃自記所見聞，凡百八十六條。此本則二卷一，一録《今古粹言》，一録《今言》；卷二、三則所自記一百八十六條，與《四庫》本合；卷四以下至卷九，則爲《四庫》本所無；卷十至十一爲《續記》，總計十一卷；實則兩卷一，乃十四卷也。〔五〕書中多迂拘瑣碎之談，然亦間有遺文佚事，有裨掌故者。蓋李氏年德頗邁，故見聞自多也。前有朱國楨、須之彦、金化淳、張大紳序及樂自序，後有祁紹芳、馮時昇跋，顔欲章手簡。

《文瑞樓書目》作十一卷，與此本同。

塵餘二卷日本寬政覆刻明萬曆本

此書謝肇淛撰。前有萬曆丁未趙世顯序及謝氏自識。考《明史・藝文志》著録是書作四卷，此僅二卷，不知乃全帙否？中土久佚，莫可考矣。書中多志怪異，無甚可觀，以其爲佚書，故存之。

卷首有日本寬政八年三宅芳隆序。

大東世語五卷日本寬政刻本

此書日本服元喬撰。蓋仿《世説新語》之體，而紀其國北藤氏時之人物風氣者。前有寬政元年鵜孟一序及服氏自序。服氏以學術名于當時，學者稱爲南郭先生，著作甚夥。此書文字雅樸，頗有雋妙語，雖不能望臨川，庶幾《何氏語林》矣。

肇論中吴集解三卷傳是樓抱經樓遞藏宋刻本

此書三卷，宋晉水沙門淨源集解。前有小招提寺僧慧達序，後有宋嘉祐三年正月淨源題辭。每半葉九行，行二十二字。字體類唐人寫經，與他宋本不同。卷首有「徐仲子」、「傳是樓」、「臣烱」、「宋本」、「東海」、「别號自彊」、「壬戌」、「拜經樓吴氏藏書」八印。末有「徐烱珍藏秘笈」、「章仲」、「徐烱之印」、「徐章仲氏」四印，蓋傳是樓舊藏，後歸拜經樓者。顧《傳是樓宋元本書目》不載是書，吴兔床先生有跋尾，載《拜經樓藏書題跋記》，又未載入卷内。紙脆太甚，觸手即碎，故已多破損。當覓良手影寫付梓，以廣其傳。錢唐丁氏善本書室藏明翻本，卷中缺字當據以補完也。光緒乙巳，得之南潯沈氏。

大方廣圓覺略疏四卷日本古寫本

《大藏目録》載宗密所撰《經略疏之抄》三十卷、《圓覺經大疏》十二卷，而不載《略疏》。明以來諸家目録載此書，而卷數不同。《萬卷堂書目》作二卷，《天一閣書目》作十二卷，惟絳雲樓所藏乃四卷，與此本同。此爲日本古寫本，數百年前所録，其原本似尚在宋藏以前。前有裴休序及圭峯禪師自序。光緒辛丑冬，游日本，得之東京淺草書肆。

貞元新定釋教目録三十卷日本享保覆刻高麗藏本

此書中土久佚，宋元明三藏均無有。撰此書之圓照，宋《高僧傳》卷十五《明律篇》有傳，謂圓照姓張氏，京兆藍田人。十歲依西明寺景雲律師，累朝充内供奉、檢校、鴻臚少卿。其著書甚多，中有《大唐貞元續開元釋教録》三卷。今此本三十卷，不曰《續開元録》，而曰《貞元新定釋教目録》，計三十卷，殆合《開元録》及所續增而成此書，《圓照傳》所未詳也。每卷首行署題下書「説」字，蓋高麗藏所編字號也。前有享保十四年僧南谷、妙瑞二序，諸卷末有「丙午歲，高麗國大藏都監，奉勑雕造」款。宜都楊君星吾，曩遊日本時得之。去冬過鄂，欲從楊君假鈔，以卷帙多且大，慨然持贈。百朋之錫，忻慰何似！異日當勸有力者重雕，俾不負楊君見惠之雅意也。

秘密漫荼羅教付法傳二卷日本古刻本

此傳《大藏》不載，亦不著撰人姓氏。第二卷末脱數葉，傳中所記乃付法七祖事實。第六祖《不空傳》中，「皇帝」字挑行，知撰者爲唐人。第七祖《惠果傳》稱以元和元年正月葬，又知作者乃憲宗之後人也。傳首言「漫荼羅教者，金剛頂瑜珈、十方頌經」等是也。《宋高僧傳》卷一《金剛智傳》作

「曼拏羅」，《不空傳》又作「曼荼羅」，蓋譯音無定字。又《金剛智傳》謂「沙門一行，欽尚斯教，數就諮詢，一一指授」，是一行亦付法之一，乃不入七祖之數，何也？此書中土久佚，宜都楊氏在日本得中土佚經頗多，乃亦無此傳，豈不至可寶耶！每行十七字，如唐卷子式，蝴蝶裝，兩面印，蓋即重刻元和本也。

明教大師輔教編殘本影寫元延祐刻本。

宋釋契嵩《輔教編》三卷，《宋史・藝文志》著録，亦載其所著《鐔津集》中。此本元祐庚申平江路刊，首題「夾注輔教編原教要義」，次行題「住杭州佛日山嗣祖明教大師契嵩編並註」。註中所引古籍頗有善本，足資校勘家之考證者不少。雖僅存第一一卷而缺下二卷，然集本無註，此本有之。且刊本至精，爲元槧中上乘，可寶也。亡友江建霞標得此，擬影雕以傳，而卒不果。章君碩卿復影寫此本，後有葉昌熾、管禮耕跋。今建霞、碩卿均歸道山，幸留此本，異日當梓行，以慰亡友于地下。

祖庭事苑八卷日本重刻南宋本缺五、六、八三卷

此書八卷，宋僧睦庵善卿編。其書蓋取五代以來諸家語録，自雲門、雪竇以下十餘家，各爲箋釋。其音義體例，與玄應《一切經音義》同。前有大觀中四明苾芻法英序稱，睦庵生東越，姓陳氏，號善卿，字師節。幼出家訪道諸方。元符中，以母老歸鄉里。慕睦州尊宿陳氏織履養親之風，因名所居爲「睦庵」。此撰人事實之可考見者。末有紹興甲戌比丘師鑒跋，有澄兄再刊語。殆此書北宋

已刊行，至紹興而重梓也。書中引《爾雅》、《説文》、《詩》、《禮》、《史》、《漢》注，及諸子、《越絶書》、《魏略》、《易略例》、《乾鑿度》、《瑞應圖》、《西京雜記》、《異苑》、《逸士傳》、《相鶴經》等書數十種，足資校勘古書之助。書中凡遇宋諸帝字樣，皆空格，帝諱皆缺筆。師鑒跋後有「眉山王似刻」款，藉知爲蜀本也。此爲中土久佚之秘籍，《大藏》及諸目録家皆未有，洵敝篋中之鴻寶矣。曩得此于日本東京，缺第五、六、八三卷。嗣于西京又得一殘本，版心較大，亦仿宋本，缺第一、二卷。延津之合，可爲浮一大白。異日當互鈔，以補完之。

又一本日本重刻南宋本缺一、二兩卷

辛丑冬，予在日本東京得《祖庭事苑》，缺卷五、六、八三卷，深以不得全帙爲憾。乃壬寅正月至西京，於書肆又得此殘本，缺第一、二兩卷。合此二本，遂成全帙，爲之驚喜欲狂。此本亦仿南宋刻，而版心較大於彼本。卷尾比丘師鑒跋以外，更有一跋作白字，末題「大觀二年八月二十七日，建武軍節度使、同知大宗子學事、上柱國謹題」，下有「建武軍節度使之印」，印之中間書「仲□」二字，「仲」下一字不可辨。印後有「紹興甲戌季夏重別刊行」十字，皆彼本所無也。

隆興佛教編年通論二十八卷日本覆刻宋本

此書隆興府石室沙門祖琇撰。計二十八卷，始于漢之孝明，迄于北宋之末。以時代爲序，記述佛教隆替及名僧事實，而各繫之以論。體例略如《釋氏稽古略》而加詳密，並備録歷代詔諭、表奏、

碑記、序論等文，多諸家文集所失載者。在佛教史中，此爲最善。祖琇此書，《宋史·藝文志》及諸家目録皆不載，僅一見其名于釋念常之《佛祖歷代通載》，稱祖琇字石室，于孝宗隆興甲申撰《隆興佛運通論》，不載他事實。其所記書名亦有誤，當據此正之。書中于宋諸帝皆空格，帝諱皆缺筆，乃從宋本翻雕也。此爲中土久佚之書，亦東游時得之西京者。

大藏一覽集十卷日本寬永刻本

此書收入《四庫存目》，前後無序、跋，其署名作「寧德優婆塞陳實謹編」。陳實不詳其人，亦不署明朝代，《存目》及《天一閣書目》均稱爲明人。《明史·藝文志》亦載之，當有所據也。此本計十卷，與《存目》及《明志》天一閣本合。《萬卷堂書目》亦然。《澹生堂書目》作五册三卷，所記殆有誤。又諸書皆稱此爲《大藏一覽》，此本署題實是《大藏一覽集》。惟《天一閣書目》不誤，附識于此。光緒辛丑，得之日本東京書肆。

大毗盧遮那成佛經疏殘本二卷日本古刻本

此經疏署沙門一行阿闍黎記，宋、元、明及高麗諸藏均不載。《宋高僧傳》稱，一行譯《毗盧遮那佛經》，遂著疏七卷。宜都楊氏《日本訪書志》有此疏，作廿卷，與《一行傳》不合。此僅存第一、二兩卷，乃據卷子本刊刻，蝴蝶裝、表裏印。末有「元和丙辰，高野山金剛三味院第三十四代良算」款二行。元和當明萬曆間，丙辰乃萬曆四十四年，殆爲日本入唐求法僧侶所攜歸。雖是殘帙，而中土久佚，亦可寶矣。

安樂集二卷日本古刻本

此書釋道綽撰。《大藏》不載，《宋高僧傳》亦無《道綽傳》。《新唐書・藝文志》載道綽《淨土論》二卷、《行圖》一卷，亦不及此集。據《藝文志》，道綽姓衛氏，并州文水人。《山西通志》所載，與《唐志》同。道綽事實可知者，僅此而已。此書印刷之式係表裏有字，予曾得日本古鈔《續高僧傳》卷子本亦然。此改爲册，仿佛宋人蝴蝶裝。不但此書爲中土久佚，即其印刷裝製之式亦古雅可喜。其字體類唐人寫經，每行亦十七字，乃從卷子本出。予所藏有《大毘盧遮那成佛經疏》，其式與此同。後署「元和丙辰」，則此本亦元和所刊也。

翻譯名義七卷日本寬永戊辰覆刻元本

此書傳世者凡數本，《大藏》所刊及澹生堂、絳雲樓、愛日精廬所藏，並是二十卷。善本書室藏元刊黑口本十四卷，乃七卷，每卷分上下。此本爲日本寬永五年翻刻。元本計七卷，每卷不分上下。前有「紹興丁丑唯心居士荆溪周敦義序」、大德五年僧普洽所撰《普潤大師行業記》，後有「日本寬永中重雕題記」，考卷一之首載紹興癸亥法雲自序，稱成書七卷六十四篇，是此本乃原編之舊。十四卷本乃將每卷析而爲二，至二十卷本全是後來改竄，非復雲師原次矣。中土所傳，多係後來改本，惟《述古堂書目》乃七卷本，與此同，足見此本之難得也。光緒辛丑，于日本東京琳瑯閣得之，棄篋中數年矣。戊申正月，撿出重裝，識語于耑。善本書室别藏一本，與此同題，爲日本刊宋本。案：《普潤行業記》後署「大德五年」，其非宋本可知。第是一依宋刻之元本，與黑口本之析每卷爲二者不同耳。爲附正于此。

梵唐千字文一卷日本舊刻本

此書向不見著録，惟日本《經籍訪古志》著其目。前有義淨自序及《千字文譯注》，編中並列梵、唐二文，亦稱《梵唐消息》。後有日本元慶八年三井寺唐院比丘良勇記，並有高保丁未沙門寂明及安永癸巳沙彌敬光序、跋。敬光謂此書疑是託名義淨。然文字爾雅，絶非唐以後人所能僞託。中土久佚之籍，一旦意外得之，忻喜無量。

席上輔談二卷舊鈔本

此書述古堂著録作一卷，《澹生堂書目》作二卷，與此本同。前有「石倉藏書之印」朱記，上有黄筆校正，册尾有商邱老人宋無志跋。昔黄蕘翁以五餅金得試飲堂本，予此本乃以二百錢得之西江，可以傲蕘翁矣。

男福頤謹校

大雲書庫藏書題識卷四

元次山文集十卷拾遺一卷明正德黑口本

《唐書·藝文志》及本傳載《元子》十卷,李商隱序。《文編》十卷,李紓序。《直齋書録解題》謂《次山集》十卷,蜀本但有自序。江州本以李商隱序冠首,蜀本《拾遺》一卷,《中興頌》、《五規二惡》之屬在焉。江州本分置十卷。此本卷數與江州本同,乃明太保、武定侯郭勛刊,湛若水校。前有正德丁丑若水序,不言所據何本。前無自序,後有拾遺,非蜀本可知,亦無李序,《中興頌》在卷六,惟《五規二惡》在《拾遺》中,與江本亦不盡合。然校勘至精,元集中善本也。《四庫》及《文瑞樓書目》所著録皆十二卷,萬卷堂本及文瑞樓别本均六卷。惟《孝慈堂書目》載此本,可徵其罕見矣。

司空表聖文集十卷舊鈔本

《新唐書·藝文志》司空圖《一鳴集》三十卷,晁氏《郡齋讀書志》、《文獻通考》並同。陳氏《書録解題》卷十六《别集類》:《一鳴集》十卷,注,蜀本但有雜著,無詩,自有詩十卷。又卷十九《詩集類》載《司空表聖集》十卷。注,别有《全集》,此集皆詩也云云。是此集唐宋以來原有二本:一三十卷,一詩文集各十卷。三十卷本,惟《絳雲樓書目》有之。此本《文集》十卷,小題在上,大題在下。上書《司空表聖文集》，下書《一鳴集》。前有光啓三年自序。《四庫》所著録及述古堂、鐵琴銅劍樓、善本書室所藏均是此本，乃陳氏所謂蜀本也。光緒丁未，廠友得此于河南常氏。卷首有「常秋崖之圖記」印。秋崖名茂徠，祥符人，道光壬辰舉人，多藏善本，所著《中州金石續考》，予得其手稿，搜求頗富，亦中州博雅君子也。

唐風集三卷 章氏式訓堂臨寫海虞馮氏手校宋本

《杜荀鶴集》，以《唐風集》三卷爲最善。此本乃亡友章碩卿大令據馮武校本臨寫。卷首有「會稽章壽康藏」印，卷尾有識語，曰：「光緒丙戌，借進齋藏馮氏原本，校汲古本上。越壬辰七月，閑居多暇，手録一本。」無署款，乃章君所題，並臨馮氏及葉坦題識二則，繕寫端雅，想見劬學有前輩風。章君喜刻書，多藏善本。官湖北嘉魚縣知縣。因事被劾去官，寄食滬上。不能自存，乃游白下，游鄂渚，卒以客死，可哀也。此本乃其手鈔，亡友遺跡，彌可寶貴。謹記其平生概略於此。

附録馮、葉二題跋：

此予家藏南宋板鈔本。癸卯春仲，借得隱湖毛氏北宋板，細校一過，異同處悉兩存之。海虞馮武。

馮氏書法爲臨池正傳，此卷其所鈔本也。遒勁流麗，出入鍾、王，不知何時流落敝篋，半充脈望之腹。頃因曬書檢得，深悲其遭際之失所也。拔登鄴架，眠食與俱。又慮其縻蠹之難存也，特爲裱而裝之，以壽於世。其詩雖晚唐，直入風雅，亦工部之的派也。佳章妙筆，可稱合璧。乾隆十年九月庚午朔，居由葉坦跋。

鐔津文集十八卷附録一卷日本翻刻永樂徑山寺本

此書明以來著録者，皆弘治間所刊二十二卷本。丁氏《善本書室藏書志》謂此集以弘治本爲最完美。此本十八卷，附録一卷。後有「永樂八年杭州徑山寺住持文琇跋」，實在弘治本之前。以此本與弘治本校，所載詩文全同，並無闕佚。然則此本編次當是宋代舊觀，弘治本則已分析卷數，是此本實勝於彼本也。絳雲樓藏本亦十九卷，殆即徑山寺本。

嘉祐集十五卷明嘉靖刻本

此明嘉靖間侍御王公重刻於太原者，後有「嘉靖壬辰知太原府事張儻跋」。案：《四庫》本乃十六卷，附録二卷。《提要》載《蘇洵集》在宋凡四本，曾鞏作《洵墓誌》稱廿卷，晁氏、陳氏著録，皆十五卷。《傳是樓書目》宋婺州本作十五卷，附録二卷。又有邵仁泓翻宋本，與徐本小有異同，亦十六卷。今所傳有兩本：一凌濛初朱墨板本十三卷，又蔡士英刻本十五卷云云。此本雖明代翻刻，或是晁陳所著録之本，未可知也。

增刊校正王狀元集注分類東坡先生詩二十五卷日本明曆丙申刻本

此書《四庫》著録及世所通行者，皆三十二卷本。惟吴兔床曾得宋刻二十五卷本，與述古堂藏本同。泉唐丁氏《善本書室藏書志》謂是書宋、元刊本二十五卷，分七十六類，或爲汪氏誠意齋集書堂刊本，或爲廬陵某書室刊，又爲建安虞平齋務本書坊刊，又爲劉安正堂刊。是此書以二十五卷本爲宋人之舊。但《皕宋樓藏書志》載宋、元本各一，均題三十卷。元本是劉安正堂刊，丁氏以安正堂本爲亦二十五卷者，殆誤耶？抑《皕宋樓書目》作三十卷，乃二十五卷之誤耶？此爲日本明曆丙申刊，其署題首行作「增刊校正王狀元集注分類東坡先生詩」，次行題「宋禮部尚書、端明殿學士、兼侍讀學士、兼太師，謚文忠公蘇軾」，第三行題「廬陵須溪劉辰翁批點」。其署題與皕宋樓所藏之元本同，而卷數大差，殊不可解。又丁氏謂宋、元本分七十六類，今三十二卷本分二十九類，此本則九十餘類，亦不可解。拜經樓本亦歸陸氏皕宋樓，乃建安萬卷樓刊，二十五卷以外附《紀年録》、趙夔與十朋自序及百家注姓氏、本集目録，此本均無之。惜陸氏之書已售歸日本，不獲比勘，爲可憾也。此本乃光緒辛丑冬，得之日本東京。

欒城集五十卷後集二十五卷三集十卷應詔集十二卷國初刻本

此本每卷有「三晉後學蔡士英、晉屈，後學任長慶鑒定；淮陰後學陳召孫、淮陰司訓貢彧校編」款。前有貢彧序，蓋國初蔡公刊板于淮安者。《四庫提要》言：此集乃子由手定，自宋至今，未改原本。《四庫》所據乃明本，此本不知與明本何如。

拙齋文集二十卷上海徐氏藏舊鈔本

此書刻本至少，丁氏持靜齋及錢唐丁氏善本書室所藏並是鈔本。此本有「紫珊所得善本」、「渭仁」二印，乃徐氏隨軒舊藏。又有「桐華仙館」印。善本書室藏乃景宋本。每葉二十行，每行十九字，與此行款不同。然此本抬行空格之處，一仍宋代之舊，殆亦從宋本傳鈔，但非影寫耳。近吾友江叔海參事瀚欲滙刻閩中前賢著作，此書乃應刊入者。

羅鄂州小集六卷謙牧堂藏舊鈔本

《鄂州小集》六卷，附《郢州遺文》一卷，舊鈔本。前有洪武二年宋濂序及記，乙巳夏趙壎、乙巳冬李宗頤、洪武二年蘇伯衡三序，林公度題詞，洪武己酉馬城序，宋乾道二年鄭玉序。卷首尾有「謙牧堂藏書記」、「謙牧堂書畫記」兩印，又有「辛卯二月廿六日稗齋讀一過」款，稗齋不知何許人，丹鉛甚精。《曝書雜記》載此集有天啓丙寅羅朗刻本、康熙癸巳七略書堂刻本、康熙丁亥黄氏承德堂刻本，謂「第六卷《汪王廟考實》、《新安志序》爲天啓本所無，從承德堂本録補。天啓本附羅似臣《徽州新城記》，程氏謂攙附不倫，削去，今補録於郢州文後」云云。此本不載輯刻人名及時代，然卷六無《汪王廟考實》及《新安志序》，《郢州遺文》後有《徽州新城記》，殆是天啓本歟？

再，此書後又附録《月山録》，乃撮録他家之文，紀鄂州政績及事實者，諸家目録未一言及，何也？

象山先生文集二十八卷外集四卷語録四卷明正德辛巳黑口本

《象山先生集》，善本至鮮，故海内藏書家若錢氏述古堂、丁氏善本書室、繆氏藝風堂，得嘉靖四十年江西重刊三十六卷本，有王宗沐序者，已視爲善本。考《宋史·藝文志》、《通考》、《直齋書録解題》，《象山集》最初之本，乃《文集》二十八卷《外集》四卷，先生子持之所編定。至嘉靖本則改爲三十六卷，變亂舊次。此本尚仍宋、元卷第之舊，但附以《語録》四卷，乃撫守李元茂所刊，王文成爲之序。卷首並刻袁燮、楊簡二序及吴傑識語。宋元本外，此爲最善。

《四庫》所著録，即此本也。丁氏善本書室又藏《象山外集》及《語録》各四卷，即此本而缺《文集》，足見此本之罕見。十二年前得之淮安書肆。搜篋得之，爲審定題字。

竹齋先生詩集康熙刻本

宋裘司直《竹齋先生詩集》四卷。前有張鑒、張尚瑗、朱彜尊、宋犖四序，後有康熙三十一年十四世孫奏、十五世孫續跋。繕刻甚精，流傳至少。《孝慈堂書目》曾著録。此本得之吴江史氏，前有「吴江史氏藏書」、「吴江史氏貞曜堂圖書」兩印。

真文忠公文集五十五卷萬曆丁酉景賢堂刻本

此集《文獻通考》作五十六卷；明正德庚辰及嘉靖壬午兩刻，均五十一卷。此本乃萬曆丁酉刻。前有巡撫、福建都察院右僉都御史金學曾序、目録，後有刊校姓氏。國朝王刻五十五卷本，殆從此出也。光緒丁未冬，得之廠肆。

方泉詩三卷朱竹垞鈔本

《方泉先生詩集》三卷，宋陽穀周文璞撰。《四庫》著録本作四卷，謂賦一卷、詩三卷。瞿氏鐵琴銅劍樓藏本同，謂卷首賦六篇。今此本卷一有賦三首，卷二賦三首，是與《四庫》本編次不同而并無缺佚。《宋史·藝文志補》亦作三卷，所見之本，殆與此同。此本繕寫至精，極似竹垞。卷端有「朱彝尊」、「竹垞」、「謳舫」三印，爲竹垞老人手鈔無疑。又有「朱錫庚印」、「椒花吟舫」、「大興朱氏竹君藏書印」、「朱筠之印」、「結一廬藏書印」、「銅井寄廬」諸印。光緒庚子三月，得之上海醉六堂書肆。

幸清節公松垣文集十一卷上海徐氏舊鈔本

是書《四庫》列入《存目》，孝慈堂、文瑞樓及善本書室並著録。《總目》指摘其文字多鄙淺，誠所不免。然如《應詔論國是疏》備陳北宋末造時弊，有「城門閉，言路開」之語，可謂切直敢言。又謂「金虜必爲韃靼所滅。金虜既滅，韃靼勢復昌，我方退處一隅，及是時而後圖之，勝負難必矣」，亦可謂有先見。至《劾史彌遠疏》，尤忠義凜然，固不必以文字繩墨律之也。此本有「紫珊所得善本」及「寒木春華館」二印，乃隨軒舊藏。光緒庚子春，得之徐氏後人。

唷囈集孝慈堂藏元刻本

宋子虛此集，與《翠寒集》合刊。錢氏《讀書敏求記》及《愛日精廬藏書志》所著録，均合刻本也。然當時似亦單行，故諸家目録有單著録此集者。此本乃王氏孝慈堂舊藏，卷端有「蓮涇」、「太原叔子藏書記」、「梅華聖」及「顧嗣立印」、「俠君」諸印。每半葉十一行，每行二十一字，乃元槧明初印本。卷末附載子虛所著《吴逸士宋元自銘》一篇，愛日精廬、皕宋樓著録此集，均不之及，豈彼兩本均佚此篇歟？

存心堂遺集十二卷附録一卷萬曆壬子刻本。

《吴淵潁先生集》在元、明間凡三刻：一刻于至正丙午，先生之子士謂；再刻于嘉靖辛亥，九世孫邦彦；三刻于萬曆壬子，十世孫唤。此即第三次刻本也。初刻、再刻皆稱《淵潁吴先生集》，三刻乃改今名。卷首列萬曆壬子毘陵莊起元序，又嘉靖辛亥當塗祝鑾序及至正間胡翰、劉基、胡助三序；目録後更有男士謂識語。此集初編于宋文憲，而是書書首又有莊起元、惲應明重編題名，然卷第仍是十二卷。且據士謂識語稱：賦一、詩三、文八，總一十有二，而目録附録又各爲卷。案之此本均合，殆仍是初編之舊，不過更易集名耳。此集傳本日稀。光緒丁未，得之廠肆。卷端有「蓀宜館藏書」印，末有「鄉後學葉慶垣叔達校正珍藏，丙寅孟冬。覆校一過」朱書款二行。

所安遺集上海徐氏藏舊鈔本

此集《四庫》著録，《絳雲樓書目》亦有之。《提要》言明成化中，其來孫銓等重刊，卷末有舊題云：「後段蠹損，惜哉！」今以此本證之，與庫本正合。此爲上海徐氏舊藏，卷端有「寒木春華館印」及「徐紫珊秘篋印」，後有「徐氏玉林堂印」。光緒壬寅冬，得之南海孔氏。

方叔淵遺稿一卷

此集計詩四十五首。後有王東跋云：「子厚得叔淵先生吟稿，手鈔五言詩見教，異日倘示以全集，尤幸」云云。則此集乃方叔淵詩之一斑，非全稿也。後有元至元後己卯南陽樊士寬跋謂，叔淵莆陽人，居吴，今年七十七謝世。《四庫》著録稱，此集計五言詩四十二首，「二」或「五」字之誤。卷端有「甬上叢碧廬董氏金石書畫圖籍藏印」。

華陽貞素集八卷附録一卷丹徒蔣氏藏舊鈔本

元舒頔撰，計文四卷、詩詞四卷，又附録一卷，乃頔弟遠所撰《北莊遺稿》及弟遜《可庵搜枯集》，《四庫》著録與此本同，而云「後附其弟遠遜二人之集，曰《北莊遺稿》」，誤也。瞿氏《鐵琴銅劍樓書目》載此書八卷而不及附録，云：前有自序，及裔孫朝陽與戴嘉猷、章瑞、胡文彬、汪用章諸序，後有裔孫旭與孔昭跋，及方桂、董黄槐跋。今此本前更有趙春、張孟兩序，胡耀、唐仲實像贊，貞素先生自序，後又有裔孫泰跋及徐鎡序，爲瞿本所缺。《孝慈堂書目》云，尚有馮廷器序，則又此本所無也。此本得之南海孔氏，卷端有「潤州蔣氏藏書」及「白堤錢聽默經眼」二印，乃丹徒蔣春農舊藏。錢聽默，吴中書估，顧千里所謂「能視裝訂籤題根脚上字，便曉爲某家書」者也。

清秘閣遺稿十五卷明萬曆刻本

瞿氏《鐵琴銅劍樓書目》載《清秘閣遺稿》七卷，又《倪雲林先生詩集》六卷、附録一卷，謂《雲林集》有江陰、荆溪二本。《雲林詩集》六卷、附録一卷者，即荆溪本，與汲古所刻《元人十集》本同，以校《清秘閣遺稿》，則詩之次第既異，而各體中詩亦較多，殆出江陰本。惜僅存七卷，缺七言絶句與樂府雜文，序、跋亦失。又云，毛本譌字如題本「出郭」譌作「入郭」，「題墨贈李文遠」通首是詠墨，譌作「題墨竹」。又較《清秘閣遺稿》本缺五言古詩六首、五言律詩八首、五言絶句一首。今此本與瞿氏所藏《清秘閣遺稿》同，而卷八以下悉完好。卷首有錢溥、陳繼儒、高攀龍、王穉登四序；尚有一序脱末半葉，疑是蹇曦也；又有顧正誼題詩以校毛本，「出郭」誤作「入郭」，「題墨」誤作「題墨竹」，洵如瞿氏所言。惟瞿氏所稱五言古詩六首不見毛本者，檢之毛本，均載之。瞿氏所云，偶失檢耳。瞿氏謂此本甚難得，故近日所見，大率毛本外，即上海曹刻，罕見此本也。光緒丁未冬，得之上海。

《四庫總目提要》引梁清遠《雕邱雜録》，云「雲林字元鎮，而華亭夏正長寅《贈陳進之序》稱爲太宇，不知其何據，謹附識于此」云云。案：此集卷十五載《錫山志》云：「倪瓚字元鎮，先字泰宇。」又《元風雅》選雲林詩，亦題「倪太宇」，是「太宇」乃雲林早年之字也。

臨安集六卷餘姚邵氏舊鈔本

此集流傳甚少，《四庫》所著録者，乃從《永樂大典》中采輯，釐爲六卷，詩二卷、文四卷。此本與《四庫》本同，前有「晉涵」及「邵二雲氏」二印，或即二雲先生所采輯者。朱氏開有益齋、丁氏善本書室兩家目録，並載明刻十卷本，謂詩文集均有宰自序。此本則僅一序，殆是文序而佚詩序也。丁氏善本書室藏書，今歸南京圖書館，此集不知在金陵否。異日當據以補鈔，俾成完璧也。

説學齋稿不分卷鈔本

此書從江都秦氏石研齋鈔本移寫，不分卷。案：《孝慈堂書目》著録一卷，乃就歸熙甫藏本影寫，不知與此本異同何如。《四庫書目》則作四卷，亦云乃歸有光就其手稿傳鈔，皆元代所作，凡百三十二篇，則加此本一倍矣。卷中譌字極多，恨不得《四庫》本一比勘之。又，危素碑版文見於金石著録者不少，異日當可寫附卷後。

眉庵詩集二册明秀水項氏藏手寫本

此册秀水項氏舊藏，每葉有項氏印章，計二册，共七十七葉。册首籤題《楊孟載手録眉庵集》，殆項子京手書也。前有眉庵自識，謂此集蓋以詒其友方君以常者。其自識中不云手書，字迹淵雅，爲明人書無疑，項氏所題，或有所據也。册中不分卷，計五言古三十九首、七言古四十首、五言律百十有一首、五言排律十六首、七律八十四首，統計一百九十首。《四庫》著録《眉庵集》十二卷，乃鄭鋼板行，成化中吴人張習重刊。泉唐丁氏善本書室藏本亦十二卷，乃移録高安陳邦瞻重刊本。此册乃眉庵生存時所輯録，雖非足本，然當有刻本所無者，惜未得一校異同也。據郎氏《七修類稿》已稱其集甚少，此爲明代寫本，縱非眉庵手迹，亦至可珍矣。册末有「翁嵩年印」、「蘿軒書畫」二印。木匣上有吾鄉許滇生刻字，曰《楊孟載手録眉庵集》，滇生所藏。册尾又有乾隆戊申十一月，質莊親王題五古一篇，並手録《明史稿》本傳。是此册由項氏後歸翁氏，歸質邸，歸錢唐許氏，予又得之吴中顧氏。此是書之流傳大略也。

虞山人詩三卷勞季言校補知不足齋鈔本

《虞勝伯集》有三本：一《希澹園集》三卷，《四庫》著録者是也。也是園亦有鈔本，後歸皕宋樓；二《鼓枻稿》一卷，述古堂、也是園、孝慈堂、皕宋樓善本書室並有之；三《虞山人詩》三卷，即此本，皕宋樓亦有鈔本。三本編次不同，其實一也。此知不足齋鈔本，前有通介叟題字，曰「自識云三百三十三首，今本只二百九十三首，凡缺四十首。余别有《鼓枻稿》共四本，計詩三百二十一篇」云云。又有勞季言跋，云「此長塘鮑氏知不足齋藏本，從吴山賓書堂收得，僅詩二百九十四首，與自識所云三百三十三首之數不符。戊申二月，陶鼎翁復以舊鈔本見示，多詩三十九首，因命小史映郎補足，並目録八葉」云云。今合計原本及補録之數計之，正合勝伯自識篇數。在諸本中，殆推善本矣。卷端有「王熙甫氏」、「學古堂印」、「天香書屋」、「嘯傲烟霞」、「菊人」、「蓮主」、「餘春館」、「仲氏六游」、「仲氏伯子」、「仲藝之印」、「六游真畫軒」、「勞格」、「季言」等十三印，末有「仲藝印信」、「中山銅井」、「寄廬」三印。光緒己亥，得之滬上醉六堂書肆。戊申二月重裝，距季言先生校補時，恰六十年也。

蒲庵集三卷明初鈔本

此書釋來復見心撰，門人曇鍠編次。前有歐陽玄序。案：此集《明史·藝文志》著録，作十卷，季滄葦、文瑞樓兩家書目則作六卷，善本書室藏正統刊本亦六卷。此僅三卷，殆是初編未足之本，抑有佚卷，未可知也。《孝慈堂書目》又有見心《鍾山寓稿》一卷。

永嘉集十二卷琴川張氏藏精鈔本

張箸撰。《明史·藝文志》未著録，孝慈堂、愛日精廬兩家皆有之。前有宣德二年吴訥序、宣德三年王直序。永樂六年廬陵周槩所作《永嘉先生傳》，書題作「《永嘉先生集》，胤子規同弟矩集」。卷一至九爲詩，卷十至十二爲文。據傳稱，所撰尚有《長安唱和集》，今不見傳本。此本爲昭文張氏舊藏，即永嘉先生後人也。寫本至精，殆明代或國初時所鈔。前有「琴川張氏」、「小琅環清閟精鈔秘玩」、「蓉鏡私印」、「佛桑仙館」、「慧福天喜仙館主人」、「芙初女士姚畹真印」、「小琅環福地」、「仲雍山下一樵夫」、「小琅環福地秘笈」、「芙初女史」、「畹芳女士」、「蓉鏡珍藏秘笈」等印，〔六〕共二十有八。昭文張氏，代有藏書，芙川名蓉鏡，與其配姚畹真，並精鑒藏。葉鞠裳《藏書記事詩》所謂「與花同好月同明，修到雙芙有幾生」者是也。鞠裳又謂芙川藏書印記累累，不減項子京。證之此卷，洵然。

涇野先生文集四十一卷別集十三卷明嘉靖關中刻本

《涇野集》，前人著録卷數多不同。《明史・藝文志》、《呂相集》五十卷；《澹生堂書目》，《涇野先生文集》三十七卷；《文瑞樓書目》，《涇野詩集》十二卷；《四庫存目》所收汪汝環家藏本詩文共三十六卷。《提要》云「其集初刻于西安，既而佚闕。其門人徐紳、吴遵、陶欽，重爲删補編次，刻于真定，此本即真定刻也」云云。今考此本，計《文集》四十一卷，無序跋。每卷撰人名次有「西安府知府門人潁川魏廷萱會集，漢中府知府門人壽張趙鯤校正」款二行。而卷十至卷十三、卷三十四至四十一，則魏、趙兩款之次，又有「陝西督學副使、後學京山李維楨重刻，西安府知府、後學嘉定羅維垣重校」款二行。《別集》前有嘉靖癸卯胡纘宗、王九思二序，及嘉定甲寅門人河東張良知後序。每卷首撰人名次，有「門人壽張趙鯤會集，門人河東張良知校正」款二行。《文集》所載爲各體文，《別集》則爲賦頌、古近體詩、雜曲。刻本極草草而古拙，有元槧風。中間有重校重刻款數卷，字體稍異，殆出補刊。初刻原分《文集》、《別集》，及真定再刻，乃合并爲一，並有删汰。此爲關中舊刻，乃最完足之本。文瑞樓所載《詩集》十二卷，殆即《別集》，《澹生堂書目》所載《文集》三十七卷，與初刻、再刻卷數均不合。而《藝文志》作五十卷，數目亦差，或是都兩集計之。然合計兩集乃五十四卷，又不僅五十卷，令人疑不能明。而此本乃最初刻最完足之善本，則無疑也。涇野爲有明一代大儒，非尋常文士著作可比。且在明代久已難得之足本，一旦入予篋，忻快何可言喻耶！

盧次楩詩集二卷明隆慶辛未刻本

《明史·藝文志》：《盧柟賦》五卷、《蠛蠓集》五卷，國朝目録家所著録，大約均《蠛蠓集》五卷。此本《詩集》二卷，有隆慶辛未張正道及石星序，趙國璧跋。趙跋稱《次楩詩》久未有刻者，刻之自張侯始。是此本爲最初刻本，雕刻亦古雅可喜，明槧中佳本也。

張愈光詩文選六卷附録一卷明滇中刻本

此集六卷，附録一卷。前有嘉靖戊申楊慎序，後有崇禎辛巳愈光曾孫今傳跋。愈光名含，雲南永昌人。與楊用修同學，師李獻吉，而友何仲默。《列朝詩集》載：愈光詩，行世者有《禺山詩選》、《禺山七言律鈔》，皆用修手自評隲。此集亦用修評選。《愈光集》在當時似有數刻，今不但他集不可見，此本亦傳世絶少。蓋僻在滇南，故東南藏書家多不能見也。此本目録後有剜補痕，殆不止六卷。用修序中選其必傳者爲六卷，六字亦係剜補，不知所缺更幾卷也。此雖殘帙，然流傳至少，仍可寳貴。

江漢文集九卷舊鈔本

此集原題「商邱周次公撰」，而以《壯悔堂文集》校之，實侯方域撰，不知何以詭周次公之名。集中之文凡百又二篇，今《壯悔堂集》都一百二十三篇，其實乃一百十三篇，蓋屯田奏中官屯、軍屯等十目，此以爲十篇故也。統計篇數，則此本少于刻本。然此本有而刻本無者，亦三四篇。據宋牧仲所撰《侯雪苑傳》稱，文集十卷，遺稿一卷，此九卷與所謂十一卷本，不知是一是二。篇中文字，以刻本校之，略有異同。曩遊廣州，得之南海孔氏。

蒿庵集三卷附録一卷紅豆齋藏舊鈔本

《四庫存目》載《蒿庵集》三卷，周永年家藏本，凡雜文七十篇。近年山東書局新刻，即據是本。又從《濟陽縣志》補詩十三首、銘一首、詞二闋，從濰縣陳氏所藏墨跡補遺囑一篇，爲拾遺一卷。證以此本，則此本較完足，亦有刻本有而此本無者。此本總計文七十二篇、賦二篇、銘一篇、詩百有三篇、詞二闋。諸文中此本有而刻本無者十篇，刻本有而此本無者六篇。賦則刻本全無，詩則較此少九十篇，此異同之大略也。若兩本互校，當成一完善之本，惜無好古之士爲之刊行。此本爲璜川吴氏舊藏，册首有「吴省蘭印」、「稷堂」、「璜川吴氏收藏圖書」三朱記。每葉闌外有「紅豆齋藏書」，鈔本歟？

文選六十卷明唐藩覆刻元張伯顏本

明唐藩刻《文選》李善注，翻元張伯顏本。瞿氏《鐵琴銅劍樓藏書目録》謂除宋尤延之本外，即以此本爲最善。汲古本多脱誤，枚乘《七發》毛本脱自「太子有悦色」至「然而有起色矣」二段並注數百字；《思玄賦》脱二句並注；陸士衡《答賈長淵》詩脱二句並注；曹子建《箜篌引》脱二句；鮑明遠《放歌》脱二句；曹子建《求通親親表》脱一句。今細檢之，其譌字殆不勝枚舉。前有唐藩序、昭明太子序、李善及吕延祚二表、余璉序；後有唐世子跋。瞿氏及皕宋樓著録本脱吕延祚表。光緒丙午冬，得之廠肆。

高氏三宴詩三卷附録一卷舊鈔本

此本乃虞山王氏移録宋夷白堂雕本，與《四庫》著録本同，卷端有「二癡」印。二癡名玖，石谷曾孫。光緒癸卯，得之南海孔氏。

古洋遺響集一卷明翻刻宋本

此書不見著録。首列文與可知洋州時《郡齋水閣閑書》詩二十七首，嗣爲東坡寄與可洋州園池詩三十首及子由與鮮于子駿和作各三十首，東坡《篔簹谷偃竹畫記》一篇，蔡交五言排律一首，韓縝游崇法法水二院詩一首，游東山寺詩二首，游賈氏南園詩一首。後有「嘉定癸亥四月門生洋州州學學正張寅跋」。板本精雅，每半葉八行，每行十六字，頗似宋本。然紙墨不類，殆明初翻雕也。此書流傳至少，不知海内尚有他本否。

圭塘欸乃一卷桐華館傳録知聖道齋本

此書善本至少，諸家著録多係鈔本。錢竹汀先生、《元史・藝文志》作三卷；錢唐丁氏善本書室藏陳仲魚藏鈔本乃二卷；此本則一卷。後有彭文勤公朱書跋尾，云：「許文忠公至正六年以御史中丞病歸湯陰時所作。明初名熙，衡州安仁人。公《圭塘小稿》中有《送馬教授南歸》詩，蓋十年門館之舊。此編知不足齋主人鈔贈，校以辛楣宫詹潛研堂本。芸楣記，癸卯春分後三日。」册首有「桐華仙館」印，殆是又從彭本移録者。知聖道齋藏書久已散佚，此雖移録，仍可珍也。

國朝風雅殘本七卷雜編三卷汪閬源藏元刻本

蔣氏此編，焦氏《經籍志》、黄氏《千頃堂書目》、阮氏《進呈書目》、張氏《愛日精廬藏書志》並作三十卷。此殘本七卷，每卷一目，不記卷數。目録首行，上題「國朝風雅」，下題「蔣易編集」。每卷或一二家，多至七八家不等。每家各自爲編，首行上書姓字，下題姓名、籍里或並著履歷，書口亦書作者之字，不題書名。每版所記版數，亦各家分記，蓋隨得隨刊，故不相銜接。七卷中六卷有目，其吴閑閑、黄松瀑、李坦之、張伯雨、薛玄卿、何潛齋、毛靜可、僧虚谷八人之詩則無目，殆脱葉也。每家詩末或略作評論，或記作者事實，或紀選刻歲月，然非每家皆然。雜編分上、中、下三卷，目録首行題「國朝風雅新編」，次行題「建陽蔣易師文編集」。目録但書詩題，不著人名，而於卷内書之。每卷首題「國朝風雅」，書口題「雜編上」、「雜編中」、「雜編下」。每版所記版數，分三卷書之。愛日精廬所著録之三十卷本，乃士禮居舊藏。載黄蕘翁跋，謂以三十卷本與所藏殘本及香巖書屋殘本校，每多歧異。三十卷本每卷無子目，而前有蔣易自序及黄溍、虞集二序，並目録。虞序言此書三十卷，以劉靜修爲首，而終之以雜編三卷。張氏《藏書志》謂始劉夢吉，終陳梓卿，凡一百五十五家。阮氏謂卷一至二十七止，凡八十五家。今檢《雜編》三卷，上卷二十家，並馬祖常、宋本、謝端三人聯句一篇作三家，計之共二十三家；中卷三十一家；下卷二十一家，三卷總計七十五家。其他七卷都二十八家，合一百有三家，視張氏所舉少五十二家。然如阮氏言卷一至二十七共八十五家，再益以《雜編》七十五家，則都計一百六十家，與張氏百五十五家之數又不合，不可解也。黄跋又謂三十卷本當是因板片不全，子目盡失，遂按人姓名分卷，加此題頭。然則此不題卷數之本，當是未經改併者，較之足本尤足珍矣。又據易自序及黄、虞兩序，並稱《皇元風雅》，而此本實題《國朝風雅》，不知三十卷本每卷書題如何，惜蕘翁未言及也。此本爲汪閬源舊藏，每册首有「汪士鍾印」、「閬源真賞」二印。每半葉十行，行十八字。元槧元印，極精雅。《雜篇》卷尾有「蕘翁手録香巖本四册中詩人姓名、履歷並題識」二行。吴中舊書，傳是述古所藏，散失殆盡。予于光緒乙巳春，既于南潯沈氏得東海徐氏所藏宋本《肇論中吴集解》，秋間復得此書，古緣不淺矣。

蔣易字師文，建陽人，所著尚有《鶴田集》二卷，見《皕宋樓藏書志》。

從游集二卷傳是樓藏國初刻本

此書陳陸、溥乾如編輯。前有錢虞山序，稱此集乃確庵子評次其弟子之詩。確庵子名瑚，常熟人也。集中作者，起錢嘏，訖陳陸輿，凡三十一人，籍太倉者居多。卷首有「徐仲章氏」、「徐炯之印」二印，乃傳是樓藏書。又有「老曼」印，疑是種榆仙館主人也。

懷風藻一卷日本寬政癸酉刻本

此書一卷，裒集日本唐以前古詩，作者六十四人，計詩百二十篇，不著編輯者姓氏。前有天平勝寶三年當中國唐代天寶十年序，亦無姓名；又有寶永甲申松崎祐序；後有山重顯及寬政中阮秋成跋。阮氏考此書爲淡海三船所輯。三船爲池邊王之太子、葛野王之孫、大友皇太子之曾孫云云。此集爲彼邦流傳文字之最古者，編中之詩音調不諧者多，然間具六朝、初唐風味。寬政當中國嘉慶中。光緒辛丑，得之東京。

遺山新樂府五卷舊鈔本

此書向無刻本，愛日精廬、鐵琴銅劍樓所藏並是鈔本。此本得之蘇州。前有「蔣維培印」、「季卿」二朱記，後有朱書二行，曰：「己酉秋，從林屋葉氏明鈔本校繕，元愷。」《孝慈堂書目》載所藏，有葉文莊藏本。洞庭葉氏本，或即據文莊本傳鈔者耶？元愷，不知何許人。

花間集十卷明仿宋濟陽晁氏刻本

此集楊用修游蜀昭覺寺始得其本，明末汲古毛氏得南宋本重刊。後有陸放翁跋二則，不聞別有他仿宋本。此本每半葉十行，行十八字。前有歐陽炯序，前署「武德軍節度判官歐陽炯撰」，後署「大蜀廣政三年夏四月日叙」。叙後爲目録，首行作「《花間集》一部十卷」，每卷首行書題作《花間集》卷第幾，次行題「銀青光禄大夫、衛尉少卿趙崇祚集」，後有「紹興十八年二月二日，濟陽晁謙之題」。卷内凡「筐」、「敬」、「竟」、「鏡」、「競」、「弦」等字，並缺末筆。近年邵武徐氏榦曾據宋濟陽晁氏本重刊于杭州，證以徐氏跋語所述無錫朱氏所藏原本，一一與此吻合，蓋即此本也。臨桂王氏所刻聊城楊氏海源閣本及汲古本，與此均有不同，是此書傳世宋刻有三本矣。邵武徐氏謂此爲宋刻，以此本證之，其楮墨皆似明本，殆是明人翻雕，然宛然宋槧之舊。徐氏謂可訂正毛本者甚夥。異日當取臨桂王氏本、毛本，與此一對勘之，俾成完善之本。此本卷首有沈顥朗倩印，後有「太史公」、「牛馬走」、「侍直清暇」三印，乃沈朗倩先生舊藏。世人但知其善畫，不知其亦藏書家也。予所藏明葉林宗鈔《金石録》，亦有沈跋。

男福頤謹校

先祖恭敏公峕歲居淮，治經史故訓之學，而家乏藏籍。閲市借人，恒挾策出入。壯歲出游，始節清俸所餘，稍稍購致。壬寅，應粤中當事參議學務之招，適南海。孔氏嶽雪樓後人棄其書，中多精槧舊鈔，傾囊易焉，縑緗漸富。嗣通籍京朝，銜命蓬島，所至肆力蒐求，考覈同異，或捆載以歸，或移寫其副。一時同好商榷之侶，若同郡章大令壽康、宜都楊舍人守敬、江陰繆京卿荃孫、武進董大理康，聲氣應求，遠軼域外。先祖顧尤汲汲以流布爲事，非徒誇靡鬬博已也。有清藏書之風極盛，乾、嘉、同、光之季，故家寖微，繼起猶盛。然而拜經淹雅，業競千元；士禮精專，名高百宋。先祖則綆汲津逮，汎被衆流，學海攸資，罔遺勺水。又或閟枕鎮庫，世莫得窺。先祖則晨羅几案，夕飽棗梨。且也山川效靈，瑯嬛洩秘，汲冢魯壁，異世重開，遂毅然以表微章隱，守闕抱殘爲己任。數十年來，既竭一人貲力，舉殷墟甲骨、流沙簡牘、石室秘籍，與夫三代、漢、唐彝器銘刻之屬，蒐求考訂，流布之以餉世，家有其書矣。晚歲奪於塵鞅，猶惓惓以柱下之藏未蕆事爲慊。鴻都經文晚出，鳳毛虬甲，裨補彌宏，訪録再三，紙墨疲瘁，見背之歲，力疾編摩，集腋垂竟。藏書屢更轉徙，歷劫僅完，度遼再期，始於屋後拓地建樓以貯之。嘗歎平生志業，百不稱意；惟文字之福，傲視前賢。輒冀海寓粗寧，盡謝人事，課子孫於中，兼償夙願之未逮者。乃世難莫挽，幽憂載切，精氣耗鑠，噩變崇朝。嗚呼，酷已！此《題識》四卷，爲曩歲録自藏書簡端，詳於版刻源委，體製得失，類宋人《解題》。置雜書中，久且失其處。先祖不復措意，以本隨筆疏記，非有意撰述。繼祖竊檢得之，按目以稽，已間有散失，或割貽同好。不盡庫中物，亦有原録偶遺者，因悉録以益焉。釐次成卷，題曰《大雲書庫藏書題識》。大雲者，北朝寫本《大雲無想經》，居東時所署也。辛巳秋，校刊遺稿甲集於舊京。去冬，梓溪叔續刊《墓誌徵存目録》告竣，次及是編書，來命識顛末於卷尾。憶繼祖弱冠後，嗜爲簿録之學，先祖教以區别古今彙刻之書爲《叢書類目》，又命校補仁和邵氏《標注》，作輟不恒，稿纔及半，俯仰提命，已爲陳跡。循誦遺編，益不勝霜露羹牆之痛。攬素濡毫，淚與墨俱。癸未孟春十日，孫繼祖謹識於平安客次。

〔校記〕

〔一〕「子九」，第四行又作「子久」，「九」、「久」二字必有一訛。

〔二〕「丹波元堅」，後文又作「丹波元簡」，後文中皆錯出。

〔三〕卷「十二」接「十四」，原文缺卷「十三」。

〔四〕「其國神器酋長，秩要職專」，或應作「職要職專」。

〔五〕「總計十一卷，實則兩卷一，乃十四卷也」，原總計十一卷，其中有兩個卷一，析出一卷一，似應作「乃十二卷也」。

〔六〕「芙初」及下頁「芙川」，或相通，或有誤。

貞松堂秘藏舊鈔善本書目

經部

周易舉正一本
唐　郭京　道光己亥獨山莫氏影宋鈔本
朱文公易説四本
北平黄氏萬卷樓藏　四庫底本　有翰林院印
周易玩辭四本
宋　項安世　朱竹君藏本
水村易鏡一本
宋　林光世　朱竹君藏本
易通變六本
宋　張行成　朱竹君藏本
易義提綱八本
毛子晉藏　明鈔本
讀易雜記二本

明　章潢　徐紫珊藏　精寫本

易大象義一本

明　章潢　徐紫珊藏　精寫本

周易參義四本

明　梁寅　周亮工、宋蘭揮、朱竹君藏　明紅格鈔本

周易象述六本

明　吴桂森　錢塘吴氏藏　四庫底本　有翰林院印

玩易意見一本

明　王恕　朱竹君藏　明藍格印本

大成易旨三本

明　崔思訓　明鈔本

周易詮義十本

國朝　汪烜　原稿本

易附記三本　缺首册

翁方綱　翁樹培手抄　覃溪手校　原稿本

周易虞氏義二本
張臯文手稿　精寫本
周易通論月令一本
姚配中
周易乾鑿度一本
惠松崖先生鈔本　有惠定宇、翁覃溪、劉泖生諸家手校　丁儉卿跋
隸古文尚書一本
楊惺吾影寫唐本
洪範統一一本
宋　趙善湘　朱竹君藏本
禹貢山川地理圖一本
宋　程大昌　咸豐己未抄淳熙舊刻本　通志堂本無圖，此據《永樂大典》本
書説六本　缺卷一
黄度　曹秋岳藏　明鈔本
讀書叢説一本

許謙　蕭山王宗炎藏本

尚書金氏注十二本

孫淵如藏本　襯

古文尚書馬鄭注二本

孫星衍　汪志奎藏本

禹貢錐指水道録一本

莫友芝稿本

尚書記一本

莊述祖　未刻本

禹貢揭要一本

姜信　稿本

韓詩外傳二本

大興朱氏藏本　唐鷦庵藏

詩説八本

宋　劉克　徐紫珊藏　襯

詩傳旁通
梁益　曹秋岳藏　明抄本
詩考二本
盧文弨校　唐鷦庵藏本
又二本
臧鏞堂趙坦補盧校本　稿本
毛詩六帖三本
徐光啓　拜經樓藏　有吴槎客手跋
詩附記一本
存卷中　翁方綱　翁樹培手抄　覃溪手校　原稿未刻本
詩聲類二本
孔廣森　徐紫珊藏　孔氏𩓐均居原寫本
讀詩隨筆一本
章式卿手校本
三禮圖一本

明　劉績　蕭山王宗炎藏本

周正彙考二本

萬斯同　原稿本

深衣考誤一本

江永　嚴厚民藏本

儀禮韻言一本

檀萃　原稿本

禮記附記一本　存一卷

翁方綱　翁樹培手抄　翁覃溪手校　原稿本

大戴禮記附記一本附孝經爾雅

翁方綱　翁樹培手鈔　覃溪手校

禮緯含文嘉一本

天一閣藏　明藍格鈔本

樂書十本

宋　陳暘　方濬師抄本，有手跋　雪堂從宋本，補缺頁

大樂律吕元聲三本
明　李文利　葉石林樸學齋鈔本　孔廣陶題字
歷代聲律定宫七本
葛銘　原稿本
春秋集注六本
宋　張洽　上海顧氏謏聞齋藏本　比通志堂本多綱領一卷
木訥先生春秋經筌三本
秀野草堂顧氏藏　明鈔殘本　前有李鹿山手跋
春秋左傳讞二本
宋　葉夢得　燕喜堂鈔本
春秋公羊傳讞二本
宋　葉夢得　燕喜堂鈔本
春秋提綱二本
元　陳則通　朱竹君藏　明鈔本
春秋地考一本

明　季本　錢塘吴氏藏　明鈔本

春秋年譜二本

朱竹君藏

春秋年考一本

鮑士恭家藏明鈔　四庫底本　有翰林院印及「湯西崖藏書」印

春秋附記二本

翁方綱　翁樹培手鈔　覃溪手校　原稿本

皇氏論語義疏參訂四本

吴騫　拜經樓原鈔稿本　作者手校前有唐鷦庵題

五經異義纂一本

莊述祖　袁又愷手校

四書正誤偶箏四本

顔元　朱少河藏　未刻本

論語古韻八本

左喬林　原稿本

二鄭先生六經雅言圖辨二本

爾雅新義四本

陸佃　太原余氏舊鈔　精校本　有余氏魏氏手跋

異語一本

錢坫　原稿本

蒙雅一本

魏源　原稿本

説文字源一本

曲阜孔氏影元寫本　孔葒谷藏

説文解字篆韻譜二本

徐（鉉）〔鍇〕　何夢華藏本

説文諧聲類編八本

原稿本　襯

唐本木部説文質疑一本

柯劭忞稿本

説文校記一本
　王懷祖　趙撝叔藏本
六書述一本
　吴玉搢殘稿　傳鈔本
聲韻辨四本
　譚宗公　張氏篤素堂藏本
聲類一本
　錢大昕　錢繹手録本　有題　錢侗藏
七音正韻十本
　安念祖　原稿本
古韻溯原八本
　安念祖　原稿本
切韻指掌圖一本
　司馬光　唐鷦庵藏本
四聲等子一本

清文補彙四本

無刻本

契文舉例一本

孫詒讓原稿本

金石字樣八本

戴源　趙撝叔藏　原稿精寫本

詞林韻釋一本

影宋紹興本　朱竹君藏

中原音韻二本

周德清　影元寫本　有王觀堂題字

國語補音一本

宋庠　孔葒谷藏本

淨土三部經音義集三本

沙門信瑞　楊惺吾影卷子本

漢隸分韻六本

缺卷五　方昉溪藏　影元本

史部

東漢會要四本　不缺卷

徐天麟　朱竹君藏　影宋本

宋會要一本

卷二百十八

五代會要十二本

王溥　汪閬源藏

續資治通鑒長編八十本

李燾　朱少河藏　此乃一百八卷本，從宋本傳録

三朝北盟會編一百二本

恭邸謙牧堂舊藏本

建炎以來繫年要録三十本

李心傳　孔葒谷藏本　有手書題記
宋中興遺史殘本二本
　朱竹君藏
南渡録等四種一本
　劉泖生手鈔本　有王觀堂題識
續中興編年資治通鑒二本
　劉時舉　朱竹君藏本
遼史拾遺十二本
　厲鶚　朱竹君藏本
金史補五本
　杭世駿　朱少河藏本
玉牒初草一本
　劉克莊
宋太宗實録一本
　傳録宋寫本

宋季三朝政要一本

　影元至治本

大金國志四本

　宇文懋昭　讀書齋藏本

元典章三十九本

保越録一本

　蔣氏書鈔閣校本

北巡私記一本

　劉佶

明太祖實録八十本

　明内府南雲閣寫本　又補鈔六本　汪閬源藏　仍有缺卷

明太祖實録三十本

　嶽雲樓藏本

明孝宗實録四十八本

　朱竹君　唐寶儉藏

明英宗實録三十二本
朱竹君藏本
明憲宗實録五十六本
朱竹君藏本
明光宗實録八本
謙牧堂藏明鈔本
泰昌天啓遺事三本
李遜之　朱竹君藏本
崇禎遺録一本
王世德
聖安本紀一本
顧炎武　與刻本不同
姜氏秘史一本
禮邸藏明鈔本
南疆逸史八本

温睿臨　日本鈔原本　與刻本不同

行在陽秋一本

日本寫本

楊監筆記四本

浙東沈氏藏本

酌中志三本

十硯齋藏本

又　二本

楊雪滄藏本　與前本有異同

邊略四本

高拱　明善堂藏明鈔本

山中聞見録五本　缺一册

朱少河藏本

庭聞録二本

劉健

東華録十六本
　朱少河藏本
又　三十二本　缺三卷
　山陽丁儉卿藏本
濕襟集一本
　白愚　朱少河藏本　有常秋崖跋
太和縣御寇始末一本
　吴世濟
歷代年號韻編一本
　陳懋仁
東晉南北朝輿地表十本
　徐文範　朱少河藏本
漢志武成日月表一本
　陳以綱　朱少河藏本　有題識
經世大典二本

平叛記八本

　毛霦

平定兩金川方略殘本一册

　四庫本

潰癰流毒四本

　中國無傳本　内藤虎跋

夷匪犯境録八本

　中國無傳本

避寇紀略一本

　手稿本

出圍城記一本

　朱朶山鈔本

襄理軍務紀略五本　缺首册

　稿本

東夷考略一本

雪堂手鈔補序

三韓記略一本

日本伊藤長胤

瀋館録三本

記國初高麗質子事

異域瑣談二本

七十一　朱少河藏本

故唐律十一本

影元本

律音義二本

影宋本

大明律例六本

高麗鈔本　傳本極少

日本古律四本

傳本甚少　可考證唐律

聖謨治河全書十本
　張鵬翮奉敕撰　有圖　無刻本
孚惠全書三十二本
　彭元瑞奉敕撰　内府鈔本
續修漕運全書三十本
阮元　丁儉卿藏
宣宗成皇帝大事檔十本
內府鈔　無刻本　附清文二本
祖庭廣記四本
　朱少河藏　影元本
儒林宗派二本
　萬斯同　朱少河藏
司馬温公年譜四本
　顧楝高　王文敏藏　未刻本
王文公年譜五本

楊希閔　王文敏藏本

李忠定公行狀三本

李綸　論畫齋影宋鈔本

劉文簡公年譜一本

沈倜　唐風樓影明黑口本

雲東逸史年譜一本

沈竹岑手稿

杜東原年譜一本

沈周

王文成公年譜二本

楊希閔

碧血録

黄煜

長泖陸子年譜一本

烏程蔣氏藏本

陳乾初先生年譜一本

　吴騫　大興朱氏藏本

張楊園先生年譜一本

　蘇惇元

明列卿紀五十六本

　雷禮　安樂堂明善堂遞藏　藍格明鈔本

自靖録四本

　高承埏　唐鴸庵藏本

昭忠録列傳四本

滿漢列臣傳八十本

貳臣傳十一本

　缺一册　王文敏藏本

浙江歷科舉人題名録四本

輿地總圖四本

元和郡縣圖志六本

朱竹君藏書

臨安志一本

陳仲魚藏本

蘇州府志二十四本

盧熊

成化寧波郡志四本

梁寔

噶瑪蘭志八本

柯培元　寫樣未刻本

秦邊紀略四本

朱少河藏本

三州輯略九本

和寧　稿本

回疆通志十二本

朱少河藏本

喀什噶爾事宜四本
直隸河渠志一本
　陳儀　朱竹君藏本
莆田水利志十本
柳邊紀略二本
　楊賓
邊州聞見録三本　缺三本
　陳聶恒　十硯齋藏本
黄山圖經一本
陽明洞天圖經一本
　李宗諤
倆山志圖二本
　李柯溪藏本
隆興寺志二本
　韓氏玉雨堂藏本

南島志一本

源君美序

梅溪奏議二本

宋　王十朋　四庫全書文瀾閣本

奏疏彙抄十一本

缺

遼金元姓譜一本

周春

元史姓氏録等三種三本

張澍　原稿本　朱少河藏

子部

朱子全書十五本

内府精寫本

崇正辨六本

胡致堂　謙牧堂藏本

商子一本

嚴鐵橋校

南華真經義海纂微一本

褚伯秀　朱竹君藏　藍格明鈔殘本

衍極二本

鄭杓　南海吴氏藏本

廣川畫跋二本

董逌　蕭山王氏藏本

墨池璅録一本　附字學新書

楊慎　朱竹君藏　澹生堂鈔本

宣德彝器譜一本

李柯溪藏　明鈔本

觀象玩占二十八本

朱竹君藏　藍格明鈔本
〔渾蓋〕通憲圖説二本
李之藻　日本鈔本
儀象圖二本
朱竹君藏本
太乙統宗六本
高麗鈔本
天元玉歷祥異賦十本
朱竹君藏本　明鈔本
丙丁龜鑒二本
宋　柴望
空際格致二本
高一志　朱竹君藏本
煙波釣叟歌二本
趙普　明葉氏菉竹堂藏正德鈔本

革節卮言一本　缺下册

戴庭槐　日本鈔本

六壬神樞經一本

東方先生　朱竹君藏　紅格明鈔本

六壬總要九本

郇彦清、謝在杭、徐興公藏秘本　後有周道暹跋

搜精四本

步天星歌圖二本

朱少河藏本

填星經緯書一本

南海吴荷屋藏本

歷元後二百恒年表一本

南海吴荷屋藏本

太白經緯書一本

南海吴荷屋藏本

辰星經緯書一本
　南海吴荷屋藏本
熒惑經緯書一本
　南海吴荷屋藏本
木星新圖説一本
　南海吴荷屋藏本
月離經緯書一本
　南海吴荷屋藏本
列星經緯一本
　南海吴荷屋藏本
土星表目一本
　南海吴荷屋藏本
太陽經緯一本
　南海吴荷屋藏本
都天寶照經一本

楊筠松　南海吴荷屋藏本

七政選擇一本

南海吴荷屋藏本

蔣圖式一本

南海吴荷屋藏本

竈卦式一本

南海吴荷屋藏本

大藏一覽五本

陳實　朱竹君藏

明教大師輔政編殘本一本

影元延祐本

續高僧傳殘卷一本

録唐鈔本　與刻本有異同

圓覺略疏四本

密宗　日本古寫本

宋石君手寫釋圓覺經四種一本

續易簡方一本

　施發　日本古鈔本

本事方四本

　許叔微　葉天士釋義　原稿本

儒門事親一本

　張子和　日本伊澤氏影元本

産育寶慶方二本

　郭稽中　日本森氏青山求精堂藏本

奇經八脉考一本

　李時珍　四庫全書本

蘇瀋内翰良方五本

　日本古鈔本

澹療方十四本

　元僧繼洪　日本森氏青山求精堂藏本

婦人大全良方九本

陳自明　日本森氏青山求精堂鈔高麗活字本

玄珠密語三本

日本森氏青山求精堂鈔道藏本

傷寒總病論三本

龐安時　日本丹波元簡鈔本　有元簡題字

元和紀用經一本

王冰　日本古鈔本

備急灸法一本

聞人耆年　日本森氏青山求精堂影宋精鈔本

嶺南衛生方一本

日本丹波元堅藏鈔本　有元堅手跋

新修本草殘卷十本

日本森氏青山求精堂影唐寫本

松峰説疫六本

劉奎　日本森氏青山求精堂藏本

活幼口議四本

日本森氏青山求精堂藏本

飲膳正要三本

常普　日本森氏青山求精堂藏本

幾何原本二本

朱竹君藏本

默思集算法三本

高麗舊抄本

籌算一本

雅谷　汪訒庵藏本

曉庵新法一本

王錫闡

推步法解一本

江永

紀效新書八本

　戚繼光　朱竹君藏本

兵書五本

紅格明鈔本

郡齋讀書志三本　缺一册

　查查浦藏本

秘書省續刊四庫闕書二本

　李申耆藏本並題記

菉竹堂書目四本

　惠紅豆藏本

百川書志六本

　謏聞齋藏本

萬卷堂藝文記二本

　遲雲樓藏本

聚樂堂藝文目録三本

內閣大庫檔册一本

近古堂書目二本

　張叔未藏本

脈望館書目二本

千頃堂書目四本　殘

　璜川吳氏藏本

天一閣書目二本

　慈溪童氏藏本

竹垞書目四種一本

　唐鷦庵藏馮柳東輯本　後有鷦庵跋

傳是樓書目六本

培林堂書目二本

曹楝亭書目四本

佳趣堂書目一本

浙江進呈書檔册一本

抱經樓書目四本
鑒止水齋書目三本
知聖道齋書目一本
大雲山房書目三種一本
帶經堂書目二本
振綺堂書目二本
草月樓書目三本
讀書指南一本
潄芳閣書畫記一本
　皆宋元版書題跋
藏書提要四十六本
籀史一本
　丁少山鈔本　校過
廣川書跋二本
　張力臣手鈔本

輿地碑目二本
孔葒谷鈔本　有題記
寶刻類編四本
吴荷屋藏本
寶刻叢編十本
徐紫珊藏本　嶽雪樓藏　有跋
寒山金石林一本
金石文一本
徐獻忠　唐風樓抄本
鐵函齋書跋二本
南海吴氏鈔本
金石存六本
丁少山藏本　與刻本不同
又四本
原稿本　與刻本不同

歷代石經略一本

桂馥　許印林手校本

嵩陽石刻記二本

葉封　原稿本

武林訪碑録二本

陳仲魚藏本

吉林金石表一本

竹崦庵金石目二本

趙魏

天發神讖碑考一本

周在浚

研齋金石文字目一本

稿本

開成石經孝經摹本二本

魏稼孫手稿

開成石經公羊傳摹本一本
魏稼孫手稿
金石學録補一本
魏稼孫手稿
涇川金石記一本
魏稼孫手鈔
清儀閣題跋一本
魏稼孫手鈔
魏稼孫先生手稿雜記一本
記金石目録之類
續餘堂碑録未刻稿二本
甘泉鄉人金石跋一本
書鈔閣寫本
澮縣金石録一本
熊象階　凌子與校本

續古刻叢鈔一本

梁山舟藏本

劉燕庭手編金石録目二本

海東攟古志、昭陵復古録、佛幢徵古録、貞瑁闡古録四種

題名集古録目一本

劉喜海

海東金石存考一本

劉喜海

攈古録十四本

許印林　丁少山校本

蘇齋題跋一本

簠齋金文考釋一本

手稿本

南北朝存石目二本

王懿榮　原稿本

錢神志四本

洪氏泉志二本

　鮑子年藏本

錢幣考摘要一本

　鮑子年藏本

奕載堂古玉圖録二本

　瞿中溶　朱少河藏本

鐵網珊瑚四本

　朱存理　傳經堂藏本

珊瑚木難目録一本

　朱存理　葉石君藏明鈔本

希姓録一本

　楊慎

蔡氏月令二本

孫子雜著一本

孫奇逢

南部新書一本

錢希白　查查浦藏本

溪蠻蘘笑一本

朱輔　查查浦藏本

牛羊日曆　南窗紀談共一本

劉軻　顧俠君秀野草堂藏本

釣磯立談一本

史虛白　章式卿手鈔本

吹劍録一本

明鈔本

猗覺寮雜記二本

巖下放言一本

葉夢得　明鈔四庫底本　有翰林院印

席上輔談一本

俞琰　曹石倉藏本
稽瑞録二本
劉賡　知不足齋藏本
能改齋漫録四本
吴曾　查查浦藏本
霏雪録二本
明精鈔本
立齋閑録一本
宋端儀
松窗夢語四本
張瀚　梁山舟藏本
續墨客揮犀一本
朱少河藏本
負暄野録一本
陳櫄　張芙川藏本

史明古雜鈔四本

　史明古手鈔本

花史左編五本

　王路　日本鈔本

〔苕溪〕漁隱叢話十一本

胡仔　日本古鈔本

辨道一本

　日本物茂卿

紫芝園漫筆四本

日本太宰純

坦庵枕函待問編一本

徐石麒

分門古今類事一本

四庫殘本

述聞類編二本

謝晉　朱少河藏

影宋監本册府元龜十本

明文淵閣殘本

又五本

明鈔本棉紙

洛誦集六本

宋　鄒浩　查查浦藏明鈔本　未見傳本

六帖補二本

楊伯喦　查查浦藏明鈔本

廣喻林二十本

顧伯宿　朱竹君藏本

昨非庵日纂十本

鄭瑄

四方叢珠二十本

宋　葉蕡　查查浦藏明鈔本　未見傳本

沈竹岑先生札記一本

沈銘彝手稿本

從朔編一本

沈銘彝手稿本

舊事重提一本

沈可培手稿本

清儀閣雜記一本

張廷濟手稿本　繆荃孫跋

汪梅村先生札記一本

汪士鐸　手稿本

屬纊語録一本

汪士鐸　手稿本

集部

陶隱居集一本
陶弘景　趙撝叔藏　校本
杜荀鶴文集二本
章式卿手抄本
皮子文藪四本
陽湖惲氏影元本
李元賓文集一本
李觀　葉石君藏明鈔本
司空表聖文集二本
司空圖　河南常氏藏本
尹河南文集二本
尹洙　秦氏石硯齋藏明鈔本
黄樓集一本
蘇軾
寶晉山林集一本

米芾　徐紫珊藏本

李忠定公文集選八本

孔葒谷藏本

龍州道人詩集四本

劉過　查查浦藏　四庫底本　有翰林院印

陳定宇先生集四本

嘉興汪氏裘杼樓鈔本

拙齋文集四本

林之奇　徐紫珊藏本

松垣文集二本

幸元龍　徐紫珊藏本

羅鄂州小集二本

羅願　徐紫珊藏本

龜溪集二本

沈輿求　錢塘丁氏藏本

雪溪詩一本
王銍　朱竹君藏本
知稼翁集二本
四明徐氏藏本
美芹十論一本
辛棄疾
芸庵類稿一本
李洪　唐棲勞平甫藏本
南海百韻一本
方信孺　讀畫齋藏本
芳蘭軒集一本
徐照　孔葒谷藏本
茶山集一本
曾幾　查查浦藏本
遺山先生新樂府一本

元好問

雪樓文集八本

程鉅夫　四明徐氏藏本

趙松雪文集一本

趙孟頫　季滄葦藏本

趙寶峰先生文集一本

朱少河藏本

華陽真素集四本

舒頔　錢聽默藏本　潤州蔣氏藏本

五峰文集四本

李孝光　查查浦藏本

剡源文集八本

戴表元　朱少河藏本

周此山先生集二本

劉燕庭藏本

默庵集一本
　天啓鈔本　汪閬源藏
佩蘭子文集一本
全歸集三本
　張庸　朱少河藏本
梅道人遺墨一本
　吳鎮　趙撝叔藏本
存悔齋詩一本
　龔𤩽
耕學齋詩二本
　袁華　彙英堂藏精鈔本
方叔淵遺稿一本
　方瀾　甬上董氏鈔本
所安遺集一本
　陳泰　王文敏藏本

蘭庭集一本
　璜川吴氏藏本
青暘集一本
　張宣　趙撝叔藏本
聞過齋集四本
　吴海　唐風樓鈔本
鶴林類集一本
　怡邸安樂堂藏明鈔本
元人文集鈔一本
　湖州志局鈔
柘軒詩集二本
　凌雲瀚　潘文勤藏　四庫底本　有翰林院印
甘白先生詩集二本
　顧千里　翁覃溪藏精抄本
青丘詩選二本

高啓　金雲峰藏本
説學齋稿一本
危素　趙撝權藏本
又一本
王文敏藏本
鼓枻稿一本
虞堪
節庵集一本
高得暘　趙撝叔藏
覆瓿集二本
朱同　潘文勤藏　四庫底本　有翰林院印
臨安集二本
錢宰　邵二雲藏大典采輯本　破缺
又二本
朱竹君藏　十卷足本

丹崖集二本

　唐肅　查查浦藏本

劉函山集四本

　劉天民　山東巡撫進呈四庫底本　有翰林院印

滄海遺珠一本

　朱經等　趙撝叔藏本

嗚秋集一本

　趙廸　陳恭甫藏　鄭氏注韓居舊抄本

滎陽外史集十四本　卷六以上缺

　煙嶼樓鈔本

栲栳山人集一本

　查查浦藏本

陳安甫小草一本

　陳堯德　明鈔本

草閣詩集二本

李曄　鮑氏知不足齋藏本

祝氏家集一本

祝守範　查查浦藏本

張月泉元論詩一本

查查浦藏明鈔本

龍川駢語二本

朱竹君藏明鈔本

銷夏録一本

查查浦藏明鈔本

南湖集一本

張綖　查查浦藏本

擬古樂府一本

李東陽　朱竹君藏本

永嘉集二本

張蓉鏡、姚芙初夫婦藏本

斗南先生詩集二本

殘

金陵稿二本

吴兆　查查浦藏本

伽音集一本

袁九淑　查查浦藏明抄稿本

東皋集三本

妙聲　朱竹君藏本

梧岡集一本　缺上册

唐文鳳

覺庵存稿二本

查秉彝　吴兔床藏本

投筆集一本

錢謙益

亦庵詩稿二本

手稿本

梅村集外文一本

春雨草堂文集八本

宫偉鏐　朱竹君藏本

彭麓詩鈔八本

成達可　稿本

蒿菴集二本

張爾岐　璜川吴氏藏惠氏紅豆齋鈔本，與刻本不同

茗齋雜著二本

彭孫貽

江漢文集四本

周次公　精鈔本（集實侯朝宗撰，此出僞托）

己丑詩抄一本

朱竹君手稿

鮚埼亭集二本

全祖望　趙撝叔藏本

鈕匪石文集一本

鈕樹玉　手稿本

聽松閣詩二本

沈銘彝　手稿本　趙撝叔藏

大雲山房文稿二本

趙撝叔藏本

依竹山房集二本

沈可培　原稿本　趙撝叔藏本

頤志齋文稿一本

丁晏　原稿本

頤志齋詩稿二本　續稿一本

丁晏

敬恕翁詩稿一本

許巽行　手稿本　陸繼輅校

文選筆記四本
許巽行　手稿本
許印林先生未刻稿二本
朱少河手鈔唐賦一本
聖宋文選一本　殘
查查浦藏明鈔本
唐氏文選二本
唐寅　查查浦藏明鈔本
翰苑新書一本　殘
查查浦藏明鈔本
吴都文粹二本
鄭虎臣　朱石君藏本
羣英珠玉一本
范士衡　唐風樓鈔本
高氏三宴詩一本

高正臣　王二癡藏本

樂府新聲一本

影元本　王觀堂手題

懷風藻一本

日本舊鈔本

聲畫集八本

法梧門藏精鈔本

九僧詩一本

汪啓淑藏本

圭塘欸乃集二本

桐華仙館藏本

列朝詩集抄七本　缺一本

稿本　查查浦藏

虞山詩派一本

褚仙根題　鈔本

共四百七十三部　二千一百五十三本

王雙池先生遺書十三本

吴非熊集二本（按此兩種乃後來追補）

後記

此書已列爲《羅振玉學術論著集》之一。底本乃雪堂公居旅順時所手寫，仍是草稿式，其間或稱名或稱字。寫成以付羽叔清繕，中多夾簽，乃寫成追補。久藏我手，近日始檢出，亦歷劫之幸存者矣。

當時似欲將此批藏書出售而難於定價，金頌清先生自滬來，因浼劃價，今眉上所劃者是也。未幾，邈園叔祖來，公復令就金所劃斟酌之。叔祖與金有異同，書上於金所劃有改易，又於面頁分爲六類，以○上○下、○○上○○下、×上×下爲別，意已不可知，大要就書之甲乙言也。

按此批書皆公歷年行蹤所至，節所得廉俸購得，大抵得於六年京邸遊廠肆時爲多，内頗有《四庫》底本及北平黄氏、大興朱氏故物，又偶有怡邸藏書，皆可珍，其下者則唐風樓鈔本。小子視饍時，每加瀏覽，故數十年後復展，如覿故人，尚有一二仍藏敝篋者，如日本森氏求精堂鈔道藏本《玄珠密語》、汪閬源藏錢聽默鈔《宋九僧詩》、孔葒谷藏鈔本《輿地碑目》皆是。若日本森氏求精堂影唐寫本《新修本草殘本》，乃公庚子首次東渡時所獲，我藏之甚久，故友吴德鐸認爲在傳世諸本中爲最佳，已由上海古籍出版社影印行世。這是在雪堂公逝世之後，藏書中得以行世的一本書。現則原書已歸他氏，而德鐸亦倏成古人。寫此後記輒低徊不能自已。

此戔戔者本欲手鈔，以目澀而止，仍以屬小友文立，文立欣然。然文立服務電臺，實無暇晷，其鈔此每於夜漏已盡時，是可感也。

歲在丁丑（公曆一九九七年）十一月既望，上虞羅繼祖謹記於大連市白雲山莊，時年八十五歲。

宸翰樓所藏書畫録

甲　天章録

世祖章皇帝山水軸　綾本　順治乙未(十二年)仲冬

又仿吳鎮山水軸　綾本　順治丙申(十三年)夏

聖祖仁皇帝御書册八册　絹本　起康熙十八年,訖三十五年

又書《心經》册　泥金書　康熙四十九年八月一日

又臨《天馬賦》大卷　絹本　康熙壬午(四十一年)十二月臨董其昌

又卷　紙本　臨董其昌　無年月

又《喜山左豐歲歌》卷　紙本　康熙四十三年八月上旬□外山莊書

又《清明麥秀詩》立軸　紙本

又書唐詩軸　紙本

又《舟中書懷詩》軸　綾本

又《句容雨望詩》軸　紙本

又《雷聲忽送千峰雨》大字軸　紙本

又九言聯　紙本

又《雲窗》二字榜　紙本

又《慈雲廣覆》榜　紙本

又《慈育羣生》榜　紙本

又《定慧寺》榜　紙本

又《勅賜香界寺》榜　紙本

以上十一，均未署年月。

又《松風圖》卷　紙本　前行書「松風」二字，圖上未署年月。後有文淵閣大學士李光地、王掞、左副都御史揆叙、右春坊右庶子蔣廷錫、司經局洗馬張廷玉、侍讀陳邦彦、修撰趙熊詔、編修王圖炳恭跋。

世宗憲皇帝《黄岡竹樓記》卷　綾本　署雍王書

又《仁明齋詠懷詩》軸　絹本　雍正丙午（四年）

又《桃花塢即景詩》軸　絹本　雍正丁未（五年）

又詩軸　絹本　丁未季夏月下澣

又録唐人句横軸　緑絹本

又《衡平耆碩》榜　綾本

又録《柳梢青》詞扇面　金箋

以上均未署年月

高宗純皇帝《臨蘇黄米蔡四家尺牘小册》四册　紙本　未署年月

又《九符》册　紙本　雍正十年十一月勵宗萬跋

又書《佛説阿彌陀經》册　宣德磁青紙金書　乾隆十三年八月朔書於漱芳齋

又《臨趙孟頫書四十二章經》册　乾隆戊辰（十三年）秋七月書於三希堂

又《臨董其昌三官頌》卷　藏經紙書　乾隆甲子（九年）夏五月既望

又《臨朱巨川誥》卷　紙本　未著年

又《臨孫過庭書譜》卷　藏經紙本　乙酉（三十年）天中月上澣御臨

又《淮源記》卷　描金箋本　乾隆乙巳（五十年）嘉平御筆

又《臨顔魯公書》軸　紙本　己卯（二十四年）小春

又《千叟宴詩》軸　絹本　乾隆五十年新正月上澣

又《舟入小東境詩》軸　蠟箋本　乙酉（三十年）莫春月下澣

又《賜浙閩總督喀爾吉魯詩》軸　紙本　乾隆辛未（十六年）仲春

又詩軸　紙本　乾隆丁丑（二十二年）春三月

又《舫齋詩》軸　紙本　丁亥（三十二年）新正下澣

又《羊祜城詩》軸　紙本　甲辰（四十九年）仲春上澣

又七言聯　黄絹本

又五言聯　朱箋描金絹本

又《花信圖》册　宋藏經箋紙　詩各四開，序一開

又《仿元人筆意册》八開　紙本　辛卯（三十六年）仲冬

又《歲朝清供》卷　宋經紙本　甲戌（十九年）新正，恭侍聖母皇太后宴，敬成六韻，並寫《歲朝圖》，用申慶祝。

又《墨竹》軸　宋紙本　戊辰（十三年）夏日率筆來青軒

又《三益圖》軸　紙本　戊寅（二十三年）上元前夕

又《口盤小品》卷　宋紙本　辛未（十六年）立春前一日重華宫侍宴，五律

又《歲朝圖》軸　紙本　庚辰（二十五年）新正重華宫御筆

又《南極老人圖》軸　紙本　五弟與予同年，今年四十壽辰，既賦詩志慶，復寫《南極老人圖》，並録前詩賜之，以示申錫之意。庚午（十五年）長至日

仁宗睿皇帝書《抑齋記》册　紙本

又詩翰軸　絹本　壬申季秋御作

又詩翰軸　絹本　庚辰(二十五年)季秋中澣

又《修通州北倉詩》軸　黄絹本　戊辰(十三年)季春下澣

又《詠吕誨袖中彈文詩》軸　絹本　乙亥(二十年)季夏下澣

又《命大學士朱珪扶杖入朝詩》軸　絹本　丙寅(十一年)季秋下澣

又《瓊島詩》軸　絹本　丙寅(十一年)仲冬

又《寬免天津及各屬錢糧詩》軸　絹本　戊辰(十二年)季春中澣

又《淶水口中觀農詩》横幅　絹本　乙丑(十年)季春中澣

宣宗成皇帝書《御製題畫詩》册　紙本　子臣□□敬書

又同上　紙本　嘉慶十有三年歲在戊辰長至月下澣又八日,子臣□□敬書。

又《雪中觀冰戲詩》卷　描金箋本　道光丁亥(七年)十一月十八日

又《春晴即事詩》横幅　黄絹本　癸未孟秋中澣

又七言聯　絹本

又《御題文徵明花卉詩》册

文宗顯皇帝爲恭忠親王書壽字　歲次彊圉協洽上元日六弟正,□□書。

又《蘭石》立軸　紙本　癸丑(三年)仲春御筆
又《齋宿微雨詩》横幅　黄絹本　咸豐己未(九年)四月望日
又七言聯　絹本
又同上　絹本
穆宗毅皇帝《永祚三韓》榜　黄絹本
德宗景皇帝《疇離祉》三字軸　紗箋本
又《保障全淮》榜　黄絹本
又《喜來如雲》榜　紙本
又《祥風嘉氣》榜　黄絹本
又《紅梅》小幀　紙本　光緒己丑中春穀旦，李文田、徐郙題詩。
今上皇帝書册
又八言聯　紙本
又七言聯　絹本
又福字斗方　硃絹本
又福壽字　蠟箋本

又《貞心古松》榜　絹本

又《至情奇行》榜　絹本

又《凝清室》小榜　絹本

孝欽顯皇后御筆壽字幅　蠟箋本

又《介壽》二字軸　蠟箋本

又《付琴齋》榜　同上

又《喜洽祥和》榜　絹本

又畫桃軸　絹本　光緒乙未二十一年孟秋，王懿榮等恭題

又畫荷軸　絹本　風傳一水香，如意主人筆意

又同上　冰壺挹露鮮，大雅齋主人偶筆

又《松風蘿月》軸　絹本　大雅主人仿古

又《松枝牡丹》軸　紙本

孝定景皇后御書　紙本　己酉（宣統元年）仲秋月下澣

又《皇恩普被》額　蠟箋本

敬懿皇貴妃畫蘭軸　紙本

乙　天潢録

理密親王書《心經》卷　紙本　五本，皆不署款。前有張照「涅槃妙心」四字引首，後有男弘曣跋

顯親王書軸　畫絹本

皇十四子行書軸　紙本　甲申秋九月。有胡會恩、史夔跋

皇十五子行書軸　畫絹本

皇十七子楷書軸　絹本

果親王書軸　絹本

又著色山水立軸　絹本　無款，有果親王印

禮親王倣元人山水軸　紙本　有蘭亭主人印。案名永思，雍正初封貝勒，乾隆末襲伯祖爵

誠王行書軸　紙本

瑶華道人桃花蔬菜軸　紙本

紫瓊道人七言聯　花絹本

又墨松軸　紙本　辛丑春日。有「創觀齋主人」印

皇五子書册　花箋本

皇次孫八言聯　紙本　當是世宗兄弟行。爲虞疆先生書，號筠亭主人

皇四孫八言聯　花絹本

皇三子十言聯　絹本

皇六子恭書《御製五福五代堂記》册　子臣永瑢跋

又七言聯　絹本

又《瑞應雲礽》册　宋紙本

皇八子恭書《御製題畫詩》小卷　紙本　款署子臣永璇。案後封儀慎親王

又《榆塞聲吟詩》册

成哲親王《題尚書房銷寒册子詩》册　紙本

又《御製記載》册　紙本

又《書沈亞之乞巧文》卷　藏經紙本

又臨古書卷　紙本

又畫花卉卷　五段，紙本　款署「己亥郡齋」

又楷書六言詩軸　紙本

又詩軸　蠟箋紙本　丙辰春日

又行書軸　紙本　上款「易堂先生」

又《節録西都賦》軸　紙本

又行書軸　蠟金紙本

又屏　紙本

又篆文四幅屏　紙本

又七言聯　紙本

又六言聯　紙本

定親王七言聯　絹本

瑞親王聯　花絹本　樂循理齋印

和親王書臨米書軸　蠟箋本　丙辰夏四月有冰玉主人

思元主人詞册　紙本　案輔國公，名裕端，豫親王弟。

恭親王七言聯　描金蠟箋本

肅忠親王書《金剛經》册　紙本

丙　玉椀録

高宗《臨顔書送劉太沖序》軸　己卯小春　《寶笈三編》著録

又《御臨孫過庭書譜》卷　乙酉天中月　同上

又《讀歐陽修縱囚論》卷　粉箋本　丁亥（三十二年）九秋月御筆　《石渠寶笈》著録

又《命館臣重訂契丹國志論》卷　辛丑（四十六年）孟冬月中澣御筆　《石渠寶笈》著録

又《偃松圖》軸　辛巳（二十六年）清和　《寶笈三編》著録

又《仿元人筆意》册　辛卯冬　同上

宋孝宗御書《法書贊》册　《石渠寶笈》著録

元顧信書《金剛經》卷　皇慶三年　《秘殿珠林》著録

明董其昌書《田家詩》軸　《寶笈三編》著録

張照臨米帖軸　同上

裘曰修書《御製開泰説》卷附《泰平歲值泰平春詩意圖》　乾隆壬辰　《寶笈重編》著録

朱珪書《御製經筵論》册

董誥奉勅書《御製詩文》册

姜宸英進呈《南巡頌》册　附

梁詩正應制書軸　附

英和奉勑書軸　附

《孔子弟子圖象》卷　《寶笈》著録

高宗皇帝《御臨趙昌折枝花卉》小軸　甲子仲春　《寶笈三編》著録

宋人無款山水軸　同上

宋宣和御筆花鳥軸　《石渠寶笈》著録

元趙孟頫《童真菩薩象》軸　《珠林三編》著録

元魏國夫人《紫竹庵圖》軸　元貞二年　《寶笈三編》著録

元黄大癡《爲曹雲西畫山水》軸　同上

高宗御題趙仲穆《前浦理論圖》軸　乾隆戊寅春　同上

元倪瓚《楓林蕭瑟圖》軸

張渥《山陰訪戴圖》軸

明楊基《雪峰圖》軸

明沈周《溪雲欲雨圖》長卷　《寶笈三編》著録

明文徵明《蘭亭修禊圖》卷　《石渠寶笈》著録

又《溪橋策杖》小幅　同上

高宗御題鄒一桂《西峪望居圖》軸　癸酉仲春　《寶笈重編》著録

董邦達畫御製詩意册

郎世寧西洋風物大軸

高宗御題徐揚《臨大癡山水》卷　癸酉春

又御題徐揚《花鳥》軸　癸酉春

李士倬山水册

錢惟城畫柏四軸　附

館臣恭繪《御製泰山名勝詩圖》册　附

焦秉貞《南巡圖》卷　附

《蕭萸口消夏圖》卷　附

《靖海圖》卷　附

高宗皇帝小璽十八方　寶親王寶　長者居士　抑齋　隨安室　樂善堂　齊物　如如　追琢其章

菑畬經訓　千潭月印　半榻琴書　掬水月在手　愛竹學虚心　月明滿地相思　衆花深處松

千尺　落花滿地皆文章　大塊假我以文章　乾隆宸翰　懋勤殿鑒賞章
《石渠繼鑒》田黃印
高宗御用玉射決
又翠射決
葫蘆碗　底有「康熙賞玩」四字印
雕花葫蘆　底有「康熙賞玩」四字印
朱漆長春菊盤一對　背有「乾隆年製」及「長春菊盤」字
高宗皇帝御用墨二　蔣廷錫《三清圖》　乾隆乙丑御書，背李世倬《萬壽山圖》
高宗皇帝御用硯二　仿宋天成風字硯　仿漢未央磚海天旭日硯
宋瓷盤　坐刻甲字
仿古塤

續收

宋人刻絲畫鵝軸
元王振鵬《西園雅集圖》小軸

明唐寅《墨梅》立軸
又《品茶圖》卷
明冷啓敬《壽山福海圖》軸
明劉原起《雪山》軸
明尤求仕女軸
明文徵明竹枝軸
明吴彬山水軸
清王原祁《溪山圖》卷
清董邦達《仿高房山春林雨潤圖》卷　《石渠三編》著録

丁　景行録

唐顔真卿真迹　計四帖　《蔡明遠帖》、《送劉太冲叙》、《文殊帖》、《春江詩帖》
宋范仲淹《與尹師魯手札》卷
明吕柟詩册

明邵寶書卷
明羅洪先詩册
又書軸
沈鍊詩册
趙南星、高攀龍、周順昌三公手札册
劉宗周、祁彪佳書合卷
孫承宗書唐詩卷
黄道周《送何楷序》册
又自書詩册
倪元璐書軸
倪元璐、范景文書畫合卷
楊廷麟詩卷
瞿式耜家書册
喬一琦詩卷
陶汝鼎詩卷

孫奇逢書册

曹學佺書軸

顧炎武手書文册

歸莊書陶詩册

傅山書軸

又

陳洪綬書軸

又

又

又楹帖

宋珏分書軸

虎卧老人書卷

鄭簠分書軸

又

楊賓書册

陸隴其楷書册
又尺牘卷
陳鵬年書軸
錢澧楹帖
以上書
陳獻章水仙芝石軸
鄒之麐山水軸
又
程邃山水軸
又册
又册　附趙左山水
陳洪綬《仿唐人筆竹林七賢圖》卷
又《十八應尊》卷
又《觀音》軸
又《龍王奉佛》軸

又《松石羅漢》軸

又《麻姑》軸

又《鍾馗入夢圖》軸

又《鴛戲》軸

又《美人獨立》軸

又《仕女》軸

又同上

又《鬥草圖》軸

又《採菊圖》軸

又《折梅圖》軸

又《聽阮圖》軸

又人物軸

又册

又山水軸

又同上

又同上

又《枯木竹石》軸

又《木石文禽》軸

又仿元人寫生軸

又《耄耋圖》軸

又墨梅軸

又同上

又畫荷軸

又同上

又《桐桂長春》軸

又水仙卷

龔賢《霜林飛瀑圖》軸

又《深山結宇圖》軸

又松石立軸

又小軸

又山水大册
又册
又同上
又小册
徐枋《吴中山水》軸
又鷓鴣卷
戴本孝山水軸
又無款
楊補《山居讀書圖》卷
歸莊墨竹卷
惲向山水軸
又雪山軸
崔子忠白描羅漢卷
又《洗象圖》軸
又《臨池圖》軸

宋珏雪山軸
又觀物寫生册
丁元公寫生册
八大山人山水軸
又册
八大清湘寫生合册
清湘老人花卉册
又山水花卉合册
又《雲逸先生送歸圖》軸
又《溪山幽趣圖》軸
又松風泉石軸
又溪山茅亭軸
又湖橋野店軸
又山水軸
又同上

又山水卷

又枯木竹石卷

又梅蘭竹石卷

又墨竹軸

又畫蓮小軸

石溪山水軸

又

又

又《瀟湘白雲圖》卷

又觀瀑小軸

漸江山水大軸

又小軸

又《黄海松石圖》軸

又仿雲林山水軸

又《九谿峰壑圖》軸

又山水册
七處和尚山水軸
張風人物册
姜實節《一壑泉聲圖》軸
又古木寒鴉軸
又山水軸
又册
又《洞涇草堂圖》卷
戴熙仿石田山水軸
又《臨耕煙翁富春大嶺圖》卷
又山水册
湯貽汾《坐石聽泉圖》卷
鄭懷蘇烈婦花卉軸

續收

周順昌山水軸
八大山人畫雞軸
又畫鹿軸
又畫松軸
又畫枯木軸
清湘上人山水軸
又
又花卉軸
戴本孝枯樹軸
陳洪綬仕女小軸
又仕女軸
又聽松軸
又《蘆中窮士圖》軸
又仕女軸
惲向山水軸

龔賢山水軸
黄宗炎山水軸
上元老人陳書《秋風覓句圖》册
以上畫

戊　資聞録

元人贈朱德潤詩文册
如心堂元明人十九家題詠册
《吴姬秋織詞》元明八家題詠册
明楊基手書《眉庵集》二册
沈度書《華亭張公墓碣銘》卷
姚公綬詩册
倪謙《東使朝鮮唱和詩》卷
楊士奇手簡卷

吴寬手書文稿册
祝允明詩册
又
又詩卷
又《越溪諸遊序》册
文徵明手書文稿册
又尺牘册
又書《詹前山水傳》卷
又詩册
唐寅自書詩卷
王寵手書《尚書》四册
文彭書《禮部主事徐公行狀》册
李東陽聯句詩卷
王穀祥詩卷
楊慎詩册

張弼詩册

唐順之詩軸

又詩卷

又《七澤序》卷

王世貞兄弟尺牘卷

蕭敬庵尺牘卷

朱賡等尺牘卷

羅洪先等尺牘卷

霍韜等尺牘册

瞿景淳等尺牘册

戚繼光詩卷

烏鼠山人等八家書卷

申時行尺牘卷

焦竑尺牘卷

顧鼎臣等三家尺牘册

孫一元詩册
章簡書《左髻王仙師遺言》册　（跋見《稿丁》）
董其昌尺牘卷
又書《張元衡誥》軸
文震孟詩軸
越中先賢祁彪佳等尺牘册
金聲等尺牘册
史可法父從質誥勅卷　（跋見《稿丁》）
張明正父誥勅卷
吴襄等八家詩册
陸龍等十二家祝壽詩册
吴偉業尺牘册
澹歸上人金堡詩卷
冒襄詩軸
鄭簠書《姜貞毅先生傳》册

傅山《山海經類鈔》殘稿六册

丁耀亢《酒天説》册

朱彝尊詩册

又尺牘册

高士奇等尺牘册

法若真詩卷

王士禛《池北偶談》殘稿册

潘耒詩册

吴山濤等三家書簡册

趙執信《葬經改注》手稿册

楊賓手書《尺牘新編》四册

陳廷敬楹書卷　（跋見《稿丁》）

默可上人詩册

黄野鴻詩卷

朱昆田尺牘卷

梁詩正家書册

汪士鋐書徐昂發《宫詞》册

查容書《浣花詞》册　（影印入《嘉草軒叢書》）

金農書《冬心先生詩續集》册（有影印本）

又《硯銘》册

沈德潛書《唐介軒暨陸安人七十雙壽序》册

丁敬詩册

又卷

王鳴盛詩册

錢大昕書《□墨莊先生傳》册

梁同書《析産論》册

又書《明魯元寵家傳》册

又手簡册

梁素書女史詞翰軸

錢載等諸家詩卷

翁方綱《樂毅論翻刻表》手稿册

又《與錢坫書》、《南翔李氏祠記》合册

袁枚詩册

又尺牘册

蔣士銓詩册

劉墉尺牘小卷

錢伯坰尺牘册

阮元《劍鐔考》小卷

包世臣雜著手稿册

伊秉綬詩卷

又書四賢畫像詩卷

石韞玉詩册

李□□質夫詩册

陳鴻壽詩軸

何紹基詩卷

道咸諸家致何紹基尺牘册
同光諸家致彭玉麐等尺牘册
趙之謙《二金蝶堂雙鈎漢碑十種》手迹册
又跋尾稿册
又手簡册
又三册
潘祖蔭尺牘册
沈樹鏞尺牘册
吴大澂尺牘册
山東臨清營副將李應鴞曾祖父母誥勅
又内閣中書王中地誥勅
劉廷訓殿試策
勵守謙殿試策
沈可培殿試策
以上書

金章宗勅寫《麟德宫昭容真》軸　（跋見《稿丁》）

元吴草廬、虞劭庵小像卷　（跋見《稿丁》）

元王淵彝鼎圖册

元雲林子像軸

元顧仲瑛像軸

元九龍山人《孝行圖》卷

明朱之蕃畫《東坡笠屐圖》軸

又明人畫司馬温公像軸

王文成公像軸

文徵明像軸

沈周像軸

王寵像軸

李東陽像軸

王□《早朝圖》軸

魏仲雪像卷　（跋見《稿丁》）

莊邵富像軸

孫克弘蓮池大師像軸

文嘉《保竹圖》卷　（跋見《稿丁》）

文、唐、祝三先生像軸

仇英畫唐六如像軸

周兼畫南唐小周后像軸

丁雲鵬《天文地理圖》小卷

明人畫瑁湖六逸小像卷

秦良玉像軸

柳如是像册

又摹本

謝彬畫項嘉謨像嘉謨自補景像軸

陳洪綬畫漢壽亭侯像軸

鄭敷敬題張載像軸

吴偉業像軸

顧殷萬壽祺書畫合璧册
潘耒母吴太君書卷　（跋見《稿丁》）
惲壽平像軸
冒襄像卷
王士禄像軸
楊將軍《紀恩圖》大軸　（跋見《後丁戊稿》）
李次公畫參寥子像卷
陳繼儒像軸
禹之鼎畫宋琬像軸
又畫高士奇像卷　（跋見《外集》）
清初某親王像册
邵彌像軸
黄石田（宗會）像軸　（題簽誤作「沈石田像」）
吟紅詞客像軸
楊晉畫柳鶯贈菊小像軸

沈竹賓畫雲郎像軸

錢陳羣《採芝圖》小像軸

鄭燮像軸

高鳳翰自畫像軸

錢維喬像軸

巴予藉像軸

馮應榴《夢蘇圖》册摹本

董雲畫《劍門行旅圖》卷

彭玉麐采芝小像軸

方觀承像卷

湯貽汾像軸

潘遵祁《理齋讀易圖》卷

湯禄民摹唐六如像軸　（後以贈其後人孚孺睦先，見《四書對集》）

四庫館臣畫《熬波圖》册　（影印入《吉石盦叢書》）

明人畫瓷器圖册

趙飛燕玉印册

以上畫

己　書録

六朝書《大雲無想經》卷第九

六朝書《大般涅經卷》第四

又卷第十五

又《大智論》殘卷

又卷九十一

又卷第九十四

又《大智度經》卷第二十六

又《華嚴經》卷第十九

又殘卷　經闍提品第二十

又寫經卷

隋人書《金剛經》

又《摩訶般若波羅蜜放光經》卷十四

又《大智度論》卷第二十一

唐人寫《阿毗曇毗波沙》卷五十五　龍朔二年七月

又《大般涅槃經》卷第十八

又卷第十一

又卷第三十八

又《後分品》卷第四十三

又《維摩詰經》卷下

又《觀世音經》

又《大智度論・釋初品如是我聞一時》第二

又《法華經》卷第一

又同上

又卷第二

又同上

又同上

又同上

又卷第五

又同上

又《金剛般若經旨贊》卷下　曇曠撰

又《佛名經》卷第二

又卷第十

又《藥師瑠璃光如來本願功德經》　首殘

又《摩訶般若波羅蜜經》卷一　有「瓜沙州大經」印

又《説一切有部順正理論》卷四十四

又殘寫經

梁貞明六年寫《佛説佛名經》卷第八

又卷第九

《恪法師》第一抄

《佛説救護疾病經》殘本

以上並敦煌石室本

日本寫《卜筮書》卷第二十三

又寫《咒龍經》

又《瑜珈師地論》卷九四

《金光明經》序品第一

又《阿毗達摩品類足論》卷四

又《大方廣佛華嚴經》卷十三

又《方等王經虚空藏所問》第五

又《大方等大集經菩薩念佛三昧分説修習三昧品之餘》　第十

又《心經》

又《大乘大集地藏十輪經》

又《阿毗達摩識身足論》卷十六

又《大般若波羅蜜多經》卷第五十三

又卷第四百六十五

又卷第五百四十一

又《舍利弗阿毗曇論》卷第三

又《神護景雲》殘寫經

又殘寫經

又《大方廣佛華嚴經》卷十

宋人寫經

宋蘇舜欽書《莊子·繕性篇》卷

蘇軾詩卷

張□□書《古柏行》大卷

宋元四家蘇軾、陸筠、鮮于樞（三帖）、柯九思書集册

元趙孟頫書《狄梁公碑》卷　（影印入趙文敏、虞文靖法書）

又十一峰詩卷

又《琴論》卷

又《雪賦》卷

俞和《芝蘭室記》卷

明宋克章草書卷

明成祖寫經小册　藍地金書　（有影印袖珍本）

解縉草書《千字文》册

姚公綬行書長卷

祝允明草書册

又楷書軸

又行書卷

文徵明自書詩卷

又同上

又同上

又書《金粉福地賦》卷

又書卷

又書《千字文》册

又書軸

又書軸

王寵書《史記·刺客傳》册

陸師道書軸
文彭行書軸
彭年楷書軸
陳淳書《樂志論》卷
又臨《蘭亭》卷
豐坊書卷
又草書《千字文》
鄭南溟書卷
邢侗書卷
莫如忠書卷
莫是龍書軸
張弼書軸
顧汝玉行書扇面軸
明十二家書册
檇李高逸書册

范允臨行書軸

董其昌書《金陵懷古詞》卷

又小楷《阿房宫賦》卷

又書蘇詞卷

又書李益《日詩》、李白《月詩》卷

又書唐詩卷

又書詩卷

又行書卷

又行書軸

又臨《聖教序》册

又臨古各家書册

又臨《八關齋會報德記》册

又臨《郎官石柱題名記》册

又書軸

方以智楹帖

查士標臨米書册

孫承澤臨米書《天馬賦》册

又行書小立軸

崔華五言楹帖

王士禛臨諸家書册

又顔修來壽詩軸

又士禛夫人書卷

吴歷楹帖

陳字書軸

姜宸英楷書册

又臨晉帖册

陳奕禧書卷

又軸

又臨《書譜序》

陳邦彦臨董文敏書册

又書册

查慎行書軸

朱彝尊分書楹帖

何焯書軸

又同上

高士奇書軸

徐用錫書册

阮玉鉉書卷

汪士鋐臨褚書《聖教序》册

又楷書軸

又書《瀚海石賦》軸

又書漁洋詩軸

金農分書軸

又同上

又屏

蔣仁行書軸

又同上

又書楹聯

又同上

又同上

王澍書小册

又《千字文》册

又臨古册

又臨《萬歲通天帖》册

又軸

張照行書軸

又臨《九成宫》册

又臨古册

汪啓淑篆書軸

沈德潛書軸

王文治臨古帖册

又書《潤州小九華山募修啓》册

又書軸

又同上

又楹帖

梁同書書唐詩卷

又行書屏

又楹帖

又横額

又同上

黄易書畫合璧册

又分書横幅

翁覃溪臨《化度寺碑》册

又軸

又楹帖

又楹帖

又同上

潘恭壽、王文治合書楹帖

王楷書《回文詩》卷

汪恭（竹坪）書卷

嚴元照行書屏四幅

阮元行書軸

又同上

陳鴻壽臨《鶺鴒頌》軸

又屏四幅

又同上

又楹帖

顧蒓楷書《大學》、《孝經》卷

玉芑孫楹帖

余集行書楹帖

鄧琰篆書軸
又分書楹帖
鐵保臨《黄庭經》册
又書册
又同上　附鐵夫人書
又屏條二
成哲親王書屏四幅
郭尚先書軸
姚元之分書楹帖
錢泳書册
汪竹坪字册
包世臣草書軸
又行書軸
又臨《書譜》屏四幅
又臨《澄清堂帖》册

又楹帖

又同上

又同上

又同上

曾貫之楹帖

吴榮元行書楹帖

又同上

湯金釗書横幅

又楹帖

何紹基臨漢碑册

又同上

又書《易林》册

又書《藥王廟碑》册

又行書屏

又

又楹帖
又同上
又同上
潘、劉、何、馮四家合書屏四幅
吳讓之草書軸
又分書小軸
又屏
又四體書册
又楷書楹帖
又同上
又篆書楹帖
又分書横額
又同上
張廷濟書軸
又楹帖

又同上

又同上

又横幅

莫友芝篆書軸

又分書軸

又篆書楹帖

又同上

又同上

胡澍篆書楹帖

趙之謙分書軸

又分書楹帖

又楷書楹帖

又同上

又同上

又楷書汪容甫文小卷

庚　畫録

又邊鸞花鳥軸

南唐董源《江南半幅》軸

又《山居圖》軸

又山水卷

又《羣峰雪霽圖》卷

又《山園古木圖》軸

宋巨然《唐人詩意圖》軸

易元吉《松雪鹿羣圖》軸

李成雪圖軸

徐熙黄鵠軸

郭熙《寒鴉秋水圖》卷

又《寒山行旅圖》軸

蘇軾墨竹卷

又鳳尾竹軸

米芾雪山大軸

李唐《舉案圖》軸

又《泛月圖》軸

梁楷《題扇圖》卷

夏叔文《柳塘聚禽圖》軸

趙孟堅《水仙》軸

又花卉卷

又畫蘭卷

宋人無款《雪鴻圖》軸

又畫鵝軸

又畫佛軸

又花卉卷

陸行直《碧梧蒼石圖》軸

元錢選《松枝海棠》軸

又《撲蝶圖》軸

温日觀水墨《葡萄》軸

高克恭《夜山圖》卷

又山水卷

趙孟頫《南極老人像》小軸

又畫馬卷

王珪《百牛圖》卷　（王號中陽老人）

無款臨李成《魏武觀碑圖》軸

黄公望《江山清興圖》卷

王蒙《天香深處圖》軸

又《松溪隱士圖》軸

又仿董巨小軸

柯九思山水卷

沈月溪《溪山風雨圖》軸

圓嶠真逸墨竹卷

方從義《松雲仙嶝圖》軸

又雲山小軸

又《太乙龍湫圖》軸

李遵道墨竹軸

吴鎮山水册

又枯木竹石軸

倪瓚枯木竹石軸

又小軸

劉秉謙雙勾竹軸（跋見《丙寅稿》）

陸□□雪山軸

馬琬山水小軸

曹知白山水軸

陳惟允山水軸

王冕梅花軸

又同上

劉祥松鹿軸（寶熙題）

海雲上人羅漢卷

盛懋山水軸

又同上

又峽船卷

元人雲山軸

又三鴿軸

又山水小卷（後人妄題夏珪）

又水墨葡萄軸

又花卉軸

又蒼梧雙鳧軸

無款山居圖軸（諸家妄題爲「江南半幅」）

宋沈子蕃緙絲山水小軸

宋元集册

又同上

又同上

明楊基山水軸

徐賁山水軸
王紱卉石軸
又《林泉清逸圖》卷
姚公綬山水軸
又山水軸
又竹雪軸
又畫竹册
杜瓊山水軸
又同上
又同上
朱同寫生軸
胡儼三羊軸
戴文進《耄耋圖》軸
又《輞川圖》軸
陳□《海月圖》軸

邵孜《雪霽圖》軸
林良花鳥軸
又荷雁軸
張□□《灞橋詩意》軸
金湜雙鈎竹軸
錢仁夫《虞山獻秀圖》卷
陶成《白雁圖》卷
聽松老人（過儀）松泉長卷
劉珏《萬松圖》卷
又《赤壁圖》卷
吴偉《楓橋漁樂圖》卷
周臣山水軸
又畫牛小軸
周□□《老嫗索綯圖》卷　（影入《二十家仕女》集册）
祝允明山水大軸

沈周山水大卷
又仿北苑山水卷
又《臨風判袂圖》卷
又《江鄉蘆泊圖》卷
又山水卷
又雪山卷
又曇花卷
又《蕉石清夢圖》軸
又雪山軸
又山水軸
又《柳橋策蹇圖》軸
又牡丹小軸
又花卉軸
又山水册
又同上

張靈《牧羊圖》軸
文徵明仿梅道人山水軸
又《臨江草閣圖》軸
又雪山軸
又山水軸
又《秋山圖》軸
又山水册
又《溪亭消夏圖》卷
杜菫山水卷
唐寅《清宵凉露圖》軸
又粗筆山水軸
又《秋聲圖》軸
又《西廂圖》軸
又《採蘭圖》軸
又《怡情圖》軸

又山水卷

仇英仕女軸

杜陵内史仕女軸　（内史爲仇英女。影入《二十家仕女》集册）

王寵山水軸

陳淳山水軸

又寫生軸

又山水軸

又《溪谷風情圖》卷

又蘆花卷

錢穀《水閣圖》軸

又《赤壁圖》軸

陸師道山水卷

陸治畫魚軸

又山水卷

又水仙長卷

陸治、錢穀合作梅花卷

文嘉山水軸

又同上

又同上

又仿梅道人軸

又《赤壁圖》軸

文伯仁山水卷

居節《赤壁圖》軸

又《秋山行旅圖》軸

王穀祥水仙長卷

又寫生册

王綦《溪堂清話圖》軸

又《聽阮圖》軸

又山水人物册

陳栝畫蘭卷

謝時臣《甛石酌泉圖》卷　（跋見《丙寅稿》）

又《萬山飛雪》卷

又《赤壁勝遊圖》卷

又《灌芝圖》大軸

又山水軸

朱鷺墨竹軸

吴彬山水軸

又畫柏軸

宋旭《茅屋蒲團圖》軸

宋懋晉山水長卷

又《松陰圖》軸

又《豳風圖》卷

又山水軸

又《春臺曉望圖》軸

徐渭寫生卷

尤求《蘭亭圖》卷

項元汴《柳塘花塢圖》軸

又觀音像軸

莫是龍山水軸

顧(仲芳?)山水軸

又山水册

張(子羽?)山水軸

又畫鴨軸

詹(東圖?)山水軸

馬湘蘭畫蘭軸

又畫蘭石册

又畫蘭小卷

孫克弘畫水卷

又朱竹軸

又水仙竹石小軸

邢侗書畫卷

邢慈靜夫人繡畫軸

又繡畫竹石軸

鄭重《揭鉢圖》卷

張(元真?)雪山軸

李士達人物軸

丁雲鵬畫佛軸

又同上

又同上

又山水軸

又同上

侯懋功山水軸

盛茂燁《寒林圖》軸

周之冕山水册

李流芳山水

又臨梅道人山水軸
又墨戲軸
又醉墨册
董其昌仿北苑山水軸
又雲山軸
又仿雲林山水軸
又《峒關蒲雪圖》軸
又山水軸
又没骨山水
又雨山小卷
又山水册
又山水小册
陳繼儒山水軸
顧氏露香園繡達摩像軸
藍瑛《剡溪秋色圖》軸

又蘭石軸

又山水册

又與楊文驄合作山水卷

楊文驄蘭竹小軸

來陽伯《華山圖》軸

程嘉燧《雲山松桂圖》軸

又《枯木禪圖》軸

魏之璜畫梅長卷

趙左山水軸

又仿各家山水卷

曲木道人山水卷

鍾惺姬人畫蘭小卷

錢（東伯？）《梅鶴圖》軸

王武花卉軸

文點寫生軸

水繪園侍姬合臨王武寫生軸

陳舒《桂兔圖》軸

又山水軸

邵彌山水軸

又同上

又枯木竹石軸

又《山莊圖》軸

又竹石卷

又竹石軸

林佳清竹石軸　（跋見《丙寅稿》）

松石叟山水軸

尹（西村？）山水小軸

王（仲初？）山水軸

項聖謨畫荷軸

又松竹軸

又畫鷺卷

又蔬菜卷

又寫生册

又畫册

卞文瑜山水小軸

又仿大癡山水軸

又山水軸

羅牧山水軸

沈顥《羅浮梅浪圖》軸

又花卉册

又同上

又小卷

勞澂山水小軸

又山水軸

又山水册

又同上
李繼佐山水軸
又山水卷
查士標山水軸
又同上
又同上
又枯木竹石軸
又《秋溪把釣圖》軸
李因山水花鳥册
又花鳥册
清吳偉業山水軸
王時敏仿營丘雪圖軸
又仿大癡山水軸
又山水册
王鑑仿右丞雪圖軸

又仿雲林山水軸
又仿大癡山水軸
吳歷《南嶽松雪圖》軸
惲壽平山水卷
又《松禽圖》軸
又寫生軸
又《天中二妙圖》軸
又山水軸
又扇面集册
又蘭竹卷
程正揆山水長卷
王概山水軸
笪重光仿北苑山水軸
又山水册
王翬仿巨然《煙浮遠岫圖》軸

又臨北苑雪山軸
又雪山長卷
又仿唐子畏《清溪曳杖圖》軸
又仿李營《丘雪圖》卷
又《江渚秋晴圖》卷
又《竹趣圖》卷
張爾唯山水册
又同上
梅清畫松屏
梅雪坪松石軸
二梅合册
顧（雪坡？）《攤書圖》軸
顧殷仿石田《休休庵圖》軸
周之恒橅龍眠大士像册
費（葛坡？）花鳥軸

陸嗚仿北苑山水軸

禹之鼎山水軸

徐夫人《歲朝圖》軸

童心和尚花鳥軸

顧符稹仿小李將軍山水軸

吳振武《歲朝圖》小軸

高簡山水軸

又同上

王原祁仿高尚書雲山軸

又山水軸

楊晉《白頭萱花》軸

沈宗敬《長松巨壑圖》軸

諸家合畫《萬松圖》卷

李寅山水軸

顔嶧《湖北勝覽圖》軸

又山水軸
又《秋林舒嘯小景》軸
沈銓寫生軸
馬元馭寫生卷
陳書畫梅册
又《四喜圖》軸
又《桐桂長春圖》軸
金農畫竹軸
又同上
又同上
又畫梅軸
又同上
又同上
又畫鳥軸
又畫佛軸

又畫梅軸
又同上
又寫生册
又同上
又與羅聘合作册
高其佩指畫鍾馗軸
又花鳥小軸
又畫册
又《富貴圖》軸
又畫松軸
又畫梅軸
又《歲朝圖》軸
又畫蕉軸
又畫荷軸
又右畫左題册

又寫生册

又畫菊册

方士庶山水軸

又仿黄鶴山樵山水軸

又《秋涇雜樹圖》軸

又没骨山水軸

羅聘玉蘭軸

又南極老人像軸

又畫西瓜軸

又仕女軸

又慧持法師像軸

又畫東坡藥玉船軸

又墨竹軸

又與諸家合畫《四清圖》軸

又墨蘭册

又《東山煙雨圖》卷
方白蓮夫人蘭石軸
陳撰墨荷軸
又山海棠小軸
又寫生册
又軸
張惠言《湖梅宴月圖》軸
張松庵牡丹軸
張看雲山水軸
又山水軸
郎世寧萬年柏軸
李鱓蓉桂軸
又花卉軸
徐孝先《萬壑松風圖》大軸
又山水軸

沈宗騫山水小卷
又臨《西園雅集圖》卷
邊壽民蘆雁軸
又同上
又同上
又墨荷軸
又墨菊軸
又午景軸
又寫生小軸
又畫鱖魚小軸
枝富頭陀山水軸
巴慰祖《東山秋興圖》軸
張石父《打魚圖》軸
蔣廷錫墨菊軸
又葵榴軸

又墨蘭卷
李世倬山水軸
又畫牛軸
又畫佛軸
又寫生册　附尤蔭
華喦花鳥軸
又仕女軸
又寫生山水小册
鄭燮墨竹軸
又畫竹軸
錢載秋花軸
又蜀葵軸
許濱《寒林踏雪圖》軸
黄鼎山水卷
王敬銘山水軸

張宗蒼山水軸
又山水卷
王宸山水卷
又山水册
又與張敔合作寫生人物册
汪士慎花卉册
又花卉軸
蔡嘉山水軸
又山水軸
又《柳河飛絮圖》軸
沈(凡民?)魚籃觀音像軸
年希堯《博古圖》册
董雲巢《洗桐圖》軸
張洽臨黄鶴山樵山水軸
又山水軸

管□□《馬上春江圖》軸
又《春雲晚靄圖》軸
又臨《七子過關圖》軸
又臨《聽琴圖》卷
康（石舟？）仕女圖軸
又仕女軸
又仕女軸
又仕女軸
鄭（柳田？）枯樹軸
默道人《衆山皆響圖》軸
尤蔭畫蘭軸
吴（叔元？）山水軸
方士庶《山莊歲兆圖》軸
王昱山水軸
畢涵山水軸

柏立本《洛神》軸

崔錯仕女軸

駱綺蘭女史墨蘭横幅

薛（生白？）墨蘭横幅

潘恭壽古柏軸

又《雙松草堂圖》軸

又山水册

潘思牧山水軸

吴（南薌？）《松巖疊翠圖》軸

阮文達桂香軸

朱鶴年山水軸

黎簡《碧幛紅棉圖》軸

馬履泰墨竹軸

朱孝純山水寫生册

錢（松壺？）墨梅軸

宋葆淳山水册

翟(琴峰?)美人春睡軸

汪恭桐蔭仕女軸

蔣廷錫墨竹軸

又卉果軸

張賜寧山水軸

吴榮光書畫横幅

姚元之寫生横幅

宋緘夫《丹荔珍禽圖》卷(宋名無考,永四有跋)

張洽、趙之琛合作花鳥軸

姜漁畫豕小軸

江介《玉堂富貴圖》軸

翟(春波?)山水軸

徐渭仁書畫扇面

改琦善天女像軸

又洛神軸

費丹旭仕女軸

王李仕女軸

湯禄民仕女軸

趙之謙《玉堂富貴圖》大軸

又鍾馗像軸

又畫菊軸

又淩霄花軸

又石榴軸

又牡丹屏四幅

又花卉屏四幅

國朝諸家集册

葉雲谷諸家畫册

刻絲仕女軸

又寫生軸

續收

南唐董源松泉小軸

宋文同畫竹卷

蘇軾畫竹軸

夏珪山水卷

錢選《洪崖生日圖》軸

元任月山畫馬卷

倪瓚着色山水軸

柯九思竹石軸

又《職貢圖》卷

冷謙仿李將軍山水軸

又《文令圖》軸

明姚公綬《僧院清風圖》軸

沈周《吴江卧遊圖》長卷

又與石田合筆軸

又山水軸

又花卉軸

唐寅山水軸

又同上

文衡山畫凫軸　（符曾題）

又花卉卷

又墨蘭軸

又《山寺圖》卷

文彭畫蘭軸

陳道復荷花卷

文伯仁《秋聲圖》卷

跋一

《宸翰樓所藏書畫録》，乃先君居海東時所編録。内分七編：一曰天章，録所藏清代帝王御筆；二曰天潢，録清宗室之書畫；三曰玉椀，録所藏書畫曾經《石渠寶笈》著録者；四曰景行，以作者品德足資後人之景行慨慕也；五曰資聞，以書畫雖出文人手，實藝林之資料，史乘之旁枝也；五録之餘，則以書録、畫録終焉。凡得千五百四十餘件。其分類爲前人所未有。

先君嘗詔頣輩以古者道藝並重，書畫鑒賞爲游藝之一。平生購求，於名臣碩儒，事關倫紀及有裨學術者，尤所寶愛，意非第明藝已也。浮海餘生，萬事灰冷，偶一瞻對貞士節士手迹，遂如航絶港而得指歸，或展玩國之妙迹，亦覺欣戚兩忘，蓋人生立志行己，不應違道以干譽，其於鑒賞，亦不當苟同於人人。若予此編，庶上足以美〔人〕倫、厚風俗，下亦收多識之益而免玩物之譏乎？頣等謹識之，弗敢忘。

録此目時歲次戊午，實先君旅東之六年。以所藏不能無捨棄，且增益未已，迄未定稿。迨返國居津沽，不十年，更移遼東，移山逐日之志彌勤，而綸旅之望終虚，即山居諭子孫讀書之志，亦不克償。遂初之歲，乃命頤等逐食四方，以觀其志。

先君棄養越五載，而東北來復，頤伏處沉埡，兵革中竟與故居隔絶。側聞兵燹之餘，家藏古物悉罹劫火，則此册中所有，何堪聞問？頃檢故笥得此，尚出先君手寫，作者名字雜厠，體例未能劃一，審非定稿。今印行，一仍舊貫，未敢妄改。手澤僅存，子孫罪戾。臨言及此，慚顔無地矣！丁亥孟夏，男福頤謹記於瀋陽。

跋二

先祖此録意旨，已詳梓溪叔跋中。當日先祖手書，計有兩册，叔與我各藏其一，不審孰爲先後。叔所藏，丁亥歲印入《貞松老人遺稿丙集》，我所藏則亡於「文革」，而未暇取相比勘，一讐其異同也。所藏雖一一登録，然中間出售割讓與續增，時有變遷。迨我曉事後，時猶瀏覽，益我多聞，今數十年後復披覽此目，於諸迹又如久别重逢，然海桑歷劫，則已十亡八九，古人以雲煙過眼喻之，洵知言哉！

頃編《雪堂學術論著集》，此編與《雪堂所藏古器物目》、《雪堂所藏金石文字簿録》、《大雲書庫藏書題識》，同爲吾家長物留一鴻爪，物或已易主，或毁於兵燹，成爲煨燼，而得存此記録，未始非幸。以原稿出先祖隨手纂録，叙次或有顛倒，於作者多書字或别號，未合著述體例，爰重加編訂，並正刊本之誤，而先祖前有跋記者亦附注於下，俾便讀者省覽。惟一無實物憑藉，僅據個人記憶，雖加核校，訛舛仍恐難免。此外，尚有我所輯《雪堂所藏書畫紀略》一稿，亦擬藉炳燭之餘光，出以問世，彼備録作者題識，與此録不同，然可相參證。歲次丙寅八月十四日，孫繼祖謹識於連灣黑礁于氏合纖寄寓。

松翁剩稿

松翁剩稿卷一

金石書録

石刻鋪叙《貸園叢書》本　文單行本

二卷，宋淳祐中鳳墅逸客曾宏父撰，爲帖學之祖。兩宋類帖展轉傳摹，使無此書，則其祖禰子孫幾不可知，有功於帖學甚大。予有翁蘇齋手校本，頗精。世有好事者，取與後來言帖之書彙刻之，豈非藝林盛事耶？

蘭亭考《知不足齋叢書》本

十二卷，宋桑世昌撰。第一卷蘭亭讌集詩文，第二卷睿賞，第三卷紀原，第四卷永字八法，第五卷臨摹，第六、七卷審定，第八卷推評，第九卷口習，第十卷詠贊，第十一卷傳刻，第十二卷釋稧。《四庫》已著録。

臨江二王帖目録評釋鈔本

一卷，不著撰人姓名。後有丙寅元夕假守許開跋，即刻是帖者。言「清江郡博士時君澐，躬自摹搨，毫髮無遺，恨爲一洗他本而空之」云云。疑當日即刻於法帖之後者。此帖采集各帖而成，所采集之帖：曰《淳化》，曰《淳熙續帖》，曰《寶晉齋舊帖》，曰《絳》，曰《長沙》，曰《河東薛氏》，曰《賜書堂》，曰《閱古堂》，曰《豫章》，曰《建中靖國》，曰《新安》，曰《婺》，曰《龍舒》，曰《蘭亭》，曰《愛民堂》，一一注所自出。宋人談帖之書，僅《石刻鋪叙》，而《寶晉齋舊帖》、《河東薛氏》、《豫章》、《建中靖國》、《新安》、《婺》、《龍舒》、《賜書堂》、《愛民堂》九帖皆未著録，知《鋪叙》之遺漏實不少。又前人謂《汝帖》越中再刻之謂之《蘭亭帖》，不知即此書所引《蘭亭帖》内之右軍《筆精帖》否？今檢《汝帖》，刻右軍書十種，無《筆精帖》，其爲非從《汝帖》翻刻之《蘭亭帖》可知，則《鋪叙》所失載者，並《蘭亭》而十。宋以後言帖之書益簡略。此十帖者，僅《寶晉齋舊帖》殆米刻本，言舊者以別於曹刻。曾爲王元美言及。又河東薛氏，曾見所刻《書譜》，餘均不知其名。此書之有功於帖學不淺矣。其例前著題目及所自出，次載釋文，次載考證，條理秩然。異日當付梓，以廣其傳。

古刻叢鈔平津舘重編本

一卷，明陶宗儀撰。隨得隨鈔，不復叙次先後。故孫氏重爲編次，而仍將原本次第附記題下。陶氏所録各碑，除《漢建平石郫縣刻石》見於《隸續》及《漢隸字原》，《唐李無慮墓誌》見於《金石録》外，其餘諸刻，前人皆未著録，今日存者十無一二矣。又所載唐人曹汾等詩，爲從來録唐人詩者所未及。元明間著録金石之書惟此而已。孫氏此本，乃顧千里以其家藏本與戈小蓮藏本、崑山葉氏傳鈔錢罄室本互校，故頗精審。近來傳刻皆據此本，原刻流傳甚稀。予有陳仲魚所藏袁氏五研樓鈔本，仲魚復就鮑氏知不足齋本，手爲點勘。異日當再精校一過，付諸剞劂，俾與孫本並傳。

古今碑帖考明刻本

一卷，明朱晨就宋朱長文《墨池編》卷十七、八兩卷中碑刻爲藍本，而增以宋後諸石刻，直至明代朱伯原。原書已有譌誤，如列《賈伯思碑》入曹魏，《豳州昭仁寺碑》「昭」作「照」，與《蔡明遠帖》作歐陽詢書之類，不勝枚舉。朱晨所補，譌誤亦不少。而《墨池編》之誤，則大半糾正，亦間有足資考證處。

金石史《昭代叢書》本

一卷，明華州郭宗昌撰。此書乃其所藏《周秦以來金石刻跋尾》，考證頗不陋。盧抱經謂難與趙子崡方駕，然在當時實爲難得之作。

閒者軒帖考

一卷，大興孫承澤撰。紀帖自《稧帖》始，至《停雲館》止。叙帖之原流得失，大率本之《石刻鋪叙》及陶南邨、王元美諸家之説，北海不過會撮之耳。然北海生二百餘年前，所見善本較今日爲多，故頗足資考證。

濟陽學碑釋文張亟齋遺集本

一卷，山陽張弨撰。計漢碑五，唐碑、金碑各一。每碑行字悉依其舊，著録頗精審。惟意僅在釋文，故無考定耳。康熙戊口，濟寧潘兆遴得此書以付梓。顧南原加以識語。此本爲劉泖生、許珊林、許印林校本，各附校語，故頗精善。

瘞鶴銘辨同上《昭代叢書》本

一卷，《四庫》已著録。力臣於隆冬水涸時，親審碑石，詳考位置，較宋人所識多得八字。其著録亦精審，雖間有小誤，然蓽路藍縷之功，不可没也。此亦劉泖生、許珊林、許印林校本。

昭陵六駿贊辨同上《昭代叢書》本

一卷，《四庫》已著録。力臣據趙氏《金石録》辨《六駿贊》爲歐陽詢分書，並親至九嵕審視，謂贊文已泐，足訂正以前諸家著録之失。此與《濟陽學碑釋文》、《昭陵六駿贊辨》三種，皆同治中盱眙吴勤惠公棠任漕督時刊行。今書板不知尚在望三益齋否？

漢甘泉瓦記《昭代叢書》本

一卷，侯官林佶撰，《四庫》已著録。林氏之兄侗，得長生、未央瓦於陝西石門山中而爲此書。前列圖記，後録題詠。此瓦在今日爲習見，在當時則爲奇迹。記亦無多考證，然本朝瓦當著録實始此書，故存之。

石鼓文定本

二卷，南豐劉凝撰。首凡例及論，次今釋，次分章，次音訓，次篆文，次辨説，次詩歌。其音訓逐字援據許書，並采古金刻，考訂頗詳。雖不免舛誤，然國初時小學講求者少，其勤力亦不可及也。此爲國朝談石鼓最早之書，傳世頗少。予於江西得此本，亦不全。其音訓四鼓以下全闕，篆文亦闕。

中州金石考

八卷，北平黄叔璥撰。依州縣爲次，著其目及年月，書撰人姓氏，間附考證，存佚並載，直至有明，仿宋人著録金石斷至五代例也。

卜硯集

二卷。前圖宋謝侍郎橋亭卜卦硯，後載題詠。無編集人名，而有宛平查恂叔禮銘並序。考此硯曾歸查氏，疑即查氏得硯時徵題於同人而會刻之者也。

金石小箋一卷《昭代叢書》本

一卷，崑山葉奕苞撰。金僅三品，石僅漢刻。已佚者居十之七八，第不知係據拓本，抑據宋人著録耳。

鳳墅殘帖釋文《貸園叢書》本

二卷，錢大昕就其所藏《鳳墅帖》第十三、十四兩卷録之。《鳳墅帖》正續各二十卷，今久無傳本。此雖殘卷，頗有裨於談帖。

焦山鼎銘考

一卷，大興翁方綱撰。前列《無專鼎》篆文並考釋，後列諸家題詠。翁氏考訂古金文，遠不逮其考石刻之精。釋文中如釋「廟」爲「丙子」，釋「黼屯」爲「衣束」，「用割假「割」爲「匄」，又假「匄」爲「介」也。眉壽」爲「用周簋壽」，均不免譌誤。然較乾嘉以前人所釋，則已精審多矣。

唐拓武梁祠畫象

不分卷。圖武梁祠畫象凡十四幅，原本爲唐荆川家藏，相傳乃唐拓，乾隆間藏揚州汪氏。黄秋盦既於嘉祥紫雲山訪得原石，汪雪礓遂以此本歸秋盦。秋盦刻之，並刻當時諸題詠於後。

古金待問録《昭代叢書》本

一卷，汴州朱楓撰。凡古刀幣百十六品，中無贋品。惟用《路史》之説，謂中有太昊、葛天、神農、黄帝時物，則穿鑿不可信。

國山碑考《拜經樓叢書》本

一卷，海寧吴騫撰。首列碑圖，次國山圖，次釋文，次考證，次題詠。《雲麓漫鈔》始著録此碑，謂凡三十九行，止九百餘字。吴氏親至碑下，發見北面字二行，共得四十一行。又辨《吴志》之誤，謂是碑乃因天册元年海鹽六里山得石璽而改元「天璽」，非以臨平得石刻而改元，頗精核。盧抱經爲之序，翁蘇齋爲之訂正，均甚相推許，有以也。

歷代石經略海豐吴氏刻本

二卷，曲阜桂馥撰。上卷記漢、魏、晉石經，下卷記唐、蜀、兩宋、金石經。羅列諸家之説，備考其源流與經字異同，甚精博。此書乃未谷佐翁蘇齋視學山左時所撰，蘇齋欲刻未果。光緒中，吴侍郎重熹得稿本於日照丁氏，鐫板於陳州郡署，乃傳於世。

魏三體石經殘字考《平津舘叢書》本　五松書屋單行本

一卷，陽湖孫星衍撰。《魏三體石經》久亡，此書乃就《隸續》所載《尚書大誥》、《吕刑》、《文侯之命》、《春秋左氏桓公經傳》、《莊公經》、《宣公經》、《襄公經》等殘字模刻，並就諸書所引，證以經典字書，爲之音釋，極爲精詳。近日照丁氏藏《尚書酒誥》殘字，爲宋以來金石家所未見，異日當仿此書之例爲《考釋》，以補孫氏所未備。

唐石經考正家刻本

二卷，萬年王朝榘撰。《唐石經》，《舊唐書》譏其字乖師法，立後數十年名儒皆不窺之，以爲蕪累。顧亭林、朱竹垞亦謂其繆戾非一，歷舉其誤。王氏此書詳考異同，謂可正今本者不少。且謂顧、朱兩家所舉之繆戾，多屬明王堯惠等補，非《石經》本文。按之石刻，其説洵然。此書傳本甚少，蜀中向刻《石經彙函》亦未收入，亟著之録。

抱經堂淳化祖帖考

一卷，甬上盧登焯撰。盧氏得王著《模閣帖》，謂與《六研齋二筆》所記特異者各條吻合，又與何義門所記王本二條亦合，因定爲祖本，以校他刻，一一著其異同。惟盧氏此本乃每卷首行下有「臣王著模」四字者，是否祖本，實未可知。然其校勘精細，於考閣帖字畫異同，不無裨益。

汪本隸釋刊誤士禮居刻本　金陵重刻本

一卷，吴縣黄丕烈撰。乃據崑山葉氏九來舊鈔本、五硯樓袁氏舊鈔本、周香巖家隆慶四年傳鈔宋本，與顧千里同校訂汪本之異同，並證以婁氏《字源》，爲刊誤千餘則，校勘至精。向在鄂中，於吾鄉章碩卿大令壽康許，見魏稼孫校本，乃據宋刻校勘，亦精審。碩翁嘗手臨一本，惜未及刊行，與黄書並傳也。

淇泉摹古録《昭代叢書》本

一卷，增城趙希璜撰。卷中載比干墓石刻、銅盤銘、程君房《墨苑》所摹夏禹十二字、壇山石刻李斯書十八字。以比干墓字及銅盤銘爲孔子書，至《墨苑》所摹之夏禹書，乃摹自《汝帖》者。趙氏不知其所自出，可謂陋矣。此等著書，全是沿明人之習，不如其已也。

淳化秘閣法帖源流考《昭代叢書》本

一卷，周行仁撰。首列國朝重刻《淳化閣帖》御題及目次，後刻澄清堂以下各帖，至停雲館止。會撮各家之説，甄陶頗詳。

滋蕙堂法帖題跋《昭代叢書》本

一卷，嘉祥曾恒德撰。蓋録其所刻法帖内各家題，並曾氏跋語，中間頗有裨於治帖學者。

閣帖彙考

十卷，吴江趙亭衢撰。論《閣帖》之書，至本朝王虚舟《淳化閣考正》而最精詳。此書成於最後，會撮前書，每帖之後先列内本，蓋高宗重定之本；次列考正，即王氏書；繼以訂異，訂各本之異同；故視王書爲尤精，所謂繼事者易爲功也。

金石莂

不分卷，吴淞馮承輝撰。前無目録，其意蓋欲逐年增刊，乃未完書也。所載古金及磚瓦泉鏡之屬，均摹其圖形，附以考證，疏舛不少。

竹崦盦金石目鈔本

不分卷，仁和趙魏輯。就其所藏石刻編寫，始周迄元。記年月、書撰人名，偶有略附考證者。此雖隨手簿記，然巨刻必録全題，具見其精慎。

熹平石經殘字獨學廬刻本

一卷，金陵陳宗彝所刻。《漢石經》久絶於世，宋人始得《論語》二石，刻入法帖中。此就黄氏小蓬萊閣藏本橅泐，計《尚書·盤庚》篇殘字三十、《論語·爲政》篇殘字六十四，橅泐甚精，當與孫氏

《魏三體石經殘字》並傳。此書又有張文魚刻本，亦至精。

金石一隅録如見齋刻本

一卷，偃師叚嘉謨撰。嘉謨字襄亭，嘉慶中任武功縣事。因記武功金石爲此書，自隋迄明石刻凡四十五通，附古金十一通。石刻皆録全文，惟明碑中有但著跋語者，其著録尚精核。

江寧金石待訪目《靈鶼閣叢書》本

二卷，江寧嚴觀撰。因顧文莊《金陵古金石考》存佚不分，故特將已佚金石之見著録而不見拓本者凡七百餘種，各依時代，其各書載有原文者，注明見某書；僅見其目者，則注明目見某書；蒐采頗備。此書孫淵如先生曾爲刊行，舊本已日少。江君建霞得之，爲刻入《靈鶼閣叢書》中。

清儀閣金石題識《觀自得齋叢書》本

四卷，嘉興張廷濟撰，陳其榮輯。卷一論金文，卷二至卷四皆論石刻。叔未先生精於鑒賞，江浙收藏家所見古刻大率有先生題識，陳君乃裒輯成書。然予所見尚有出此編外者，異日當裒輯之爲《續編》。至浙中丁氏別刻《清儀閣題跋》，不分卷，乃魏稼孫先生就先生遺稿手録十之一。丁氏刻之金石以外，兼及書畫、磚硯等物，而《金石題跋》不及此本之詳，附著於此。

漢碑文録連筠簃刻本

四卷，魚臺馬邦玉撰。計漢碑八十餘，附魏碑三。其著録甚精慎，考證亦詳。凡碑文每行三十二字以下者，皆如原行繕録。卅二字以上者，乃次行接寫。今連筠簃刻本已不能如原式矣。此書作於乾隆甲寅，嘉慶庚午續增二石，道光三年又增一石，成書尚在翁、王之前，而傳本甚少。世鮮知者，亟著録而表彰之。

南漢金石志《瑯玕館叢書》本

二卷，嘉應吴蘭修撰。所收金石刻，自唐龍紀迄大寶，凡廿三種。無年月者五種。於南漢金石搜采甚備，並用《金石萃編》例，備載各家考證，頗精善。惟存佚錯載，若將存佚分上下卷，則體例更善矣。

九曜石刻録同上

一卷，烏程周中孚撰。專録九曜石各題名，計宋刻廿二種、元刻二種、明刻五種，共二十九種。較翁蘇齋學士《九曜石考》多米元章詩一種，在仙掌石上。其校録亦較精密，書中載藥洲石在藩署。案：今實在督署。緣曩歲英人入廣州，取此石去，置一教堂中。南皮張相國督兩廣時索回，因置督署中。予乙巳春客廣州，曾摩抄其下，並手拓數紙。異日若有好古者，將此石與他石同置一處，不至散佚，則幸甚。爰識之，以告將來。

求古精舍金石圖説劍樓刻本

不分卷，烏程陳經圖録其家所藏三代吉金及泉鏡、剛卯、磚甓而繫以説，鐫刻至精。

益都金石記

四卷，益都段松苓撰。由周至元金石刻計百十六種，後附已佚金石。校録頗精，原本未及付梓。光緒間，張文達公百熙視學山左，搜訪遺書擬付梓，以憂去，益都知縣李君乃取付剞劂。

至聖林廟碑目

六卷，曲阜孔昭薰輯録。孔林、孔廟各石刻一一著其目，起兩漢，迄於道光十八年，共五百九十餘石，較《山左金石志》不啻數倍，但未録全文，爲可惜耳。

上虞金石志鈔本

一卷，吾鄉錢玫撰。計石刻十六種，金文二種，著録考證並精慎。此書之成在杜氏《越中金石記》之前，故杜氏所録吾鄉金石，大率本之此書。此舊鈔本得於吴中，未知有刻本否。

金石屑

四卷，嘉興鮑昌熙輯。第一册金文，第二册漢石刻，第三册六朝、隋、唐石刻及漢以來磚印各物，第四册宋、元石刻及他古物。鮑氏爲張叔未先生弟子，其所藏多罕見之孤本。諸家題跋，亦照真迹勾勒上板，鐫刻至精。近日摹刻金石之書，此爲之冠。

金石索

十二卷，通州馮雲鵬輯。《金索》六卷：一鐘鼎，二戈戟及度量，三雜器，四泉刀，五璽印，六古鏡。《石索》六卷：一三代至西漢，二東漢，三漢畫象，四漢畫象及三國石刻，五晉及元石刻，六磚瓦之屬。古金皆圖形並撫原文，間有贋品。泉刀亦不免沿《錢志》之謬。石刻中録《汝》、《絳》等帖中之《僞禹書》等。然蒐訪既博，橅刻亦精，傳古之功，未可盡没也。

濟南金石志

四卷，通州馮雲鵷撰。卷一金文，由周至明；卷二以下皆石，依各縣之次録之，直至本朝道光間，但著目録，略加考證。蓋此書乃《濟南府志》之一門，别刻以行者也。近年山左出古陶器，爲三代文字，濰縣陳氏所收至多，前人金石書皆未載。而此書卷三記鄒平金石，已著古瓦豆，但尚未知其有文字。附著之，以告世之考古者。

嚴氏古磚存

不分卷。歸安嚴福基拓其所藏磚百餘品，皆就原磚椎拓，精美絶倫。前有張廷濟《釋六舟文鼎》三序，鐫刻亦精。《六舟序》中言「古磚紀月，皆六月至十月。其所藏磚惟隆昌有四月者，建和有五月者。蓋以四月之前、十月之後，時方寒沍，磚墼易冰凍，不能就範。而四月至五月梅雨較多，磚質不易得燥，故益難從事也」云云。其説頗資多聞，爲談古磚者向所未經意，故附著之。此書但存拓本，不加識語，意在存其文字，故曰《古磚存》。

宜禄堂收藏金石記

六卷，竇應朱士端撰。初並碑文録之，共六十卷；後去文而存題識，故僅六卷。考證不多，然如釋石鼓文内「騙」字，謂極似籀文，「駒」字之類，亦有理致。

金石學録

四卷，嘉興李遇孫撰。輯録古今之治金石學者，得四百餘人。搜采頗博，惟所録諸人但舉其名，而不及籍里時代，使後人無從考證。又凡評論法帖及泉幣、鉩印者，均不録。體例似失之隘，是此書未盡善處。

癖談

六卷，嘉慶中元和蔡雲撰。考古泉幣於制作源流、文字考核頗精。間有疏舛，無傷大體。大率古泉家重經驗而少學識，雖以李竹朋《古泉滙》之精博，仍不免此弊。

山右金石録歸安石氏刻本

一卷，高郵夏寶晉撰，歸安石宗建校刊。中分目録、跋尾，其所著録由周訖明計一百二種。僅就所藏入録，故漏略甚多。山右金石之著録實始此書，開創之功不可没也。夏氏以孝廉官山西知縣，出屠琴塢門，又爲顧南雅弟子。此本乃石氏從楊石卿得刻本，校訂重刊。據凌霞序言，石氏曾撰《山右金石補録》及《金石談》，皆未刊行。末附校語，殆出其手。石氏官湖北監利縣知縣，卒官。並附識之。

越中金石録鈔本

一卷，山陰沈復粲撰。但列其目，依縣分録之。多采志書及古金石書，存佚並載，體例未善。但其成書尚在《越中金石記》之前，其辛勤甄録之功，亦未可没。書未刻行，予就沈氏後人名延祚者傳鈔得之。

山樵書外紀《昭代叢書》本

一卷，海鹽張開福撰。首列宋人重刻《鶴銘》，次米元章、賀方回、陸放翁、韓元吉、吴雲壑等題刻。蓋焦山各題刻傳拓者少，至海寧僧達受，始一一拓出。故著之録，當與諸家考鶴銘書並傳。

集帖目鈔本

三卷，仁和惠兆壬得趙晉齋彙帖目數十種，增益成之。上卷南唐帖二種，宋帖五十四種；中卷元帖三種，明帖六十七種；下卷本朝帖六十五種，共百九十一種。蒐采頗富，而間有舛誤。且有僅列名而不繫説及目者，異日當爲校補，以成完書。此本乃自長洲章式之主政鈺處移録。

吴郡金石目《滂喜齋叢書》本

一卷，嘉興程祖慶撰。蓋就瞿氏古泉山館所集吴中金石文字爲之編次，並摘其考證而補其遺漏。其有曾載前籍而未見拓本者，均不著録，可云徵實。爲各地金石目中之精善者。

百磚考《滂喜齋叢書》本

一卷，陽湖吕佺孫撰。吕氏隨其先人官明州，故各磚得於明州之鹿山、鄮山爲多。吾浙古磚如武林、吴興出土較早，《寰宇訪碑録》、《兩浙金石志》著録者已不少。惟明州磚之著録，則自吕氏始。每磚詳記其尺寸、文字，並加考證。磚録中之佳者，惜未能照原形橅刻耳。

竹里秦漢瓦當文存

不分卷，嘉興王福田撰。取所得秦、漢瓦當三十二種，連復品計六十三種，依次爲圖，一一加以考證，鐫刻甚精。

吴氏磚録

不分卷，相城吴廷康輯。起兩漢迄於六朝，一一橅其圖象，鐫刻甚精。卷首李申耆先生序言：「上自嬴秦，下迄趙宋。」今卷中無秦磚，末一磚楷書「四郝明漢」，以書體觀之，似是宋磚，唐磚則無有，不知申耆先生何以云然。又吴氏官吾浙數十年，故録中吴磚最多，浙磚次之。戊子秋，予在杭州，吴氏磚凡百餘，列肆中求售，後不知歸誰某，皆録中物也。聚之之難而散之之易，可爲浩歎！書無目録，無每葉號數，疑尚是未成之書。

十二硯齋瘞鶴銘補考

二卷，儀徵汪鋆撰。蓋據翁蘇齋《鶴銘》加以按語，以補陳滄洲、汪退谷兩考之闕。凡汪書已引之書，概從删削，體例則一依汪考，采輯頗詳。

齊侯罍銘通釋一燈精舍刻本

二卷，晉江陳慶鏞撰。蓋釋阮氏、曹氏兩罍文也。阮文達公初以朱椒堂、吴子苾兩家釋文寄頌南審核，乃作此書。後此兩罍均爲歸安吴氏所得，吴平齋所作釋文即以此爲藍本。此釋大體精覈，仍不免有武斷處。蓋凡考證金文家，皆不免此習也。

二百蘭亭齋金石記吴氏自刻本

一卷，歸安吴雲撰。所著録凡三種：一齊侯罍，二聽松石刻，三《道德經》幢。罍與幢乃其所藏，此平齋咸豐時所作。後又得曹秋舫《齊侯中罍》，乃益以他古金款識，遂别撰《兩罍軒鐘鼎彝器款識》。遂不復印行，故傳本甚少。原本出儀徵吴攘之手，寫、刻、印至精。

漢建安弩機考同上

一卷，歸安吴雲輯。前刻建安廿二年弩機圖形及文字，後刻吴東發、翁蘇齋、阮文達、張叔未四家手書題跋，末爲平齋考證，頗詳贍。

續語堂碑録自刻本

不分卷，仁和魏錫曾撰。始唐迄宋，共八十一通。但録碑文，間附諸家跋語及考證，著録極精審，以前金石書皆不能及，惜爲未竟之作。

非見齋碑録同上

亦魏錫曾撰。由漢迄宋，僅廿六通。蓋亦未完之書，精審與前書同。

攀古樓漢石紀存吳氏潘縣刻本

僅漢《沙南侯獲刻石》一種，陽面三行，陰面三行，計可辨者三十餘字。前列縮本行次，照原式勾勒不苟，後附南皮張相國釋文。向來拓此碑，但拓陽面三行，陰面拓者甚少。使無此書，則世且不知有陰面字矣。

泉幣彙考唐氏紅藥山房刻本

十六卷，山陰唐與崑撰。第一卷周，二、三卷列國，四、五卷秦、漢、僞新，六卷東漢至六朝，七卷唐，八卷五代，九、十卷兩宋，十一卷遼、金、西夏、元，十二卷明，十三卷僭僞，十四卷外國，十五卷不知年代，十六卷壓勝。其著此書先後五十年，稿凡七易，可云審慎。凡例言：各種刀布，前人纂著皆列上古，未免無稽。依初氏《吉金録》之例，以爲周列國，頗近徵實。然謂周之正品爲寶貨三品及東爲一品，未免太固。又卷五載齊小刀，實僞品。又第十四卷外國錢類，所考多無稽之言，其餘均尚翔實。雖《古泉滙》出後，前人諸譜皆可作廢，然編寫之功，終不可没也。

金石學録補

三卷，歸安陸心源撰，以補李書之缺。自漢迄今，共得三百卅餘人，合之李書，共得八百餘人。陸氏自序謂古今言金石者，略備於斯。洵哉是言。惟所録譌誤不少，其所序次亦往往年代倒置。

漢石存目尹氏刻本

二卷，福山王文敏公懿榮撰。上卷字存，下卷畫存。各碑皆詳著其地，凡某山、某廟、某村、某家，著録至詳。後附周、秦及魏、晉石存目，諸城尹彭壽撰，蓋以續公書者。

山左南北朝石存目自刻本《靈鶼閣叢書》本

一卷，諸城尹彭壽撰。體例仿《漢石存目》，詳載所在。

和林金石録《靈鶼閣叢書》本

一卷，附《和林詩》一卷，順德李文田撰。計由唐迄元石刻十五種。但録其文，而未加考釋。後又附黄楙材《和林考》一篇。和林各碑，以前金石家著録者少，拓本亦至難致，故此書編寫之功甚偉。此本爲亡友江建霞標所刻。

山右訪碑録鈔本

一卷，蕭山魯燮光撰。但著目録，計得三百餘通，較夏氏書殆增兩倍。惟多就古籍及志書采録居多，不必皆見拓本，則又不如夏氏書之確也。書成於光緒初年，其時王可莊太守仁堪任山西學使，與魏撫軍榮光擬撰《山西金石志》，設局采訪。魯君方令山西，遂成是書，迄未刊行。癸巳春，予在越中，魯君以手稿見示，移録一本。

趙州金石録

三卷，貴筑陳鍾祥知趙州時與其友桐鄉蔡鶴君秀才壽臻、宛平查寄庵大令畧所著。首列學宮諸碑，次列柏林寺諸碑，再次則宋景祐經幢、大石橋州判署石獅刻字等，計二十一種。全録其文，並圖其碑式。

東甌金石志

十二卷，嘉善戴咸弼撰，瑞安孫詒讓校補。於温州古金石磚甓收羅至備，考證頗詳，近來金石著録之至精者。

奇觚室吉金文述

二十卷，嘉魚劉心源撰。一、二卷鼎，三、四卷敦，五卷尊、彝、簠、簋、匡，六卷卣、觶、角、觚、觥、壺、罍、盉、釜、鋘、盨、盂，七卷爵、斝，八卷鬲、甗、盤、匜，九卷鐘，十卷兵器，十一卷秦、漢器，十二至十四卷古刀幣，十五卷鏡，十六卷補鼎、敦，十七卷補尊、彝、簠、簋、匡、鍴，十八卷補卣、爵、觶、角、觚、壺、鈚、豆、鬲、鐪、盉、盞、盤、匜、鐘、鎛、兵器，十九至二十卷補古刀幣。此書成於光緒壬寅冬。劉氏初有《古文審》，此又增多逾倍。近日爲金文之學者，推劉氏與吾鄉孫君仲頌，所釋古金文極有可喜者，如釋《鄭同媿鼎》，謂古金文「同」字從「凡」。引《頌鼎》之「佩」字從「[illegible]」爲證。「[illegible]臨」之「[illegible]」作「臨」。向來釋爲子執旂形之「[illegible]」作「旅」。《毛公鼎》之「[illegible]」即太金文内之「[illegible]」，即「[illegible]」，與「乃」爲二字。同新穎，令人解頤，可謂好學深思者矣。

萬縣西南山石刻記況氏新刻本

二卷，臨桂況周頤撰。録萬縣西南山諸石刻，宋人題名，搜採至備。附刻南浦報恩寺兩唐碑釋文，亦前人所未著録。

古京遺文日本舊鈔本

一卷，日本狩谷望之撰。録其國南都以前金石刻廿七種，附鐘銘三，共卅種。著録精審，考證至密，東國之歐、趙也。狩谷漢學湛深，自號六漢老人。所著《倭名類聚鈔》，援據極博。此本爲東友安村喜當所贈，乃其國天保十三年山崎知雄寫本。上有校語甚精，不知出何人手也。

日本金石年表《滂喜齋叢書》本

一卷，日本天保中西田直養撰。搜輯其國千十有九年之金石刻五百餘種，依年次列表，始於推古四年，終慶長十九年。雖日本古刻出於此表外者不少，後來金石書頗有加詳者，然此書之成甚早，繼事者固易爲功也。

唐太宗屏風書釋文

一卷，日本嘉永二年小島知足撰。據石本而參以類帖本作釋文，並就此書所徵引之原書考校，爲考證附焉。至精審，寫刻亦至精。此嘉永間盧橘園初印本，彼邦傳本亦至少，異日當重爲刊行。

《金石書録》，先祖庚子、辛丑間手稿，與《置杖録》同在一册中。塗乙凌亂，每書下或注板本或否，蓋隨見隨録，草創未竟之本。凡書七十七種，雖未賅備，粗可成卷。謹略次其先後，刊入遺稿。辛巳秋仲，孫繼祖校録畢恭記。

松翁剩稿卷二

殘稿六種叢鈔

置杖録二十一則

志學以往，爲考訂之學者逾十年。壯歲稍稍從事用世之學。丙丁紀歲，專意學稼，舊業放棄，都不復省。今年春，索居無俚，復涉獵往籍，以遣離憂。偶得短義，信筆記之。遠取「丈人置杖」之文，近師「南村輟耕」之意，顔之曰《置杖録》。積習未忘，聊復爾爾，不值一笑也。庚子暮春，叔耜父。

「你」，即「爾」之俗字，加「人」旁者，以别於語助之「爾」也。讀當如其本音，今讀如「理」者，北方之土音也。《中岳嵩陽寺碑》「對衆術之摳刌」，《中州金石記》「刌」當是「紐」字。《金石萃編》：「《中州記》釋作『摳紐』，字形不類。《授堂金石跋》釋作『摳牙』，恐亦未確。」玉案：確是「牙」字。魏《張玄墓誌》「牙」字正作「外」，《鄭羲碑》「雅」字作「雃」，均其證也。

《國策》「馮忌爲盧陵君」注：忌，一本作「恴」。案：「恴」即「忌」之别字。《吕望表》「忌」字書作「恴」。

吳氏《説文古籀補》精核出前人之上，然間有譌誤，其附録可識之字尚多。兹爲補釋如下：

□，《盂鼎》。吳氏曰：疑古「敕」字。案：此即《説文·言部》之「諫」，古從「柬」從「束」隨意，不別也。□，《毛公鼎》。吳氏曰：徐同柏釋爲「執」。案：徐説是也。古從「凡」之字下多加「女」，如「執」字作「𡠗」之類甚多。□字，《彔伯戎敦》附「□」字下。案：《彔伯戎敦》之文乃朱號「□」，是□爲□二字□。即朿字，亦見《曶鼎》。□，字見《吳尊》。蓋其字不可識，吳氏混爲一字，誤也。□，《散氏盤》「至于琟莫」。吳氏曰：「琟，地名。疑古『卬』字。」案：此即《説文·隹部》「鴻」字重文。《説文》訓「鳥肥大琟琟然」，即此字無疑。□，《散氏盤》疑古「敚」字。案：石鼓文内「敚」字作「□」，與此正同，爲「敚」字無疑。□，《郘鐘》。案：當是「竈」字。□，《宗周鐘》。吳氏曰：「阮相國釋作要。」案：孫氏詒讓釋作「孳」，是。□，《諆田鼎》。吳氏曰：「疑『農』字古文。」案：丹徒劉氏藏《史農鼎》，字作□，此略省耳。爲「農」無疑。□，《伯晨鼎》。案：孫氏詒讓釋作「冑」，近似。□，《彔伯戎敦》；□，《吳尊蓋》；□，《毛公鼎》；吳氏曰：「疑皆『華』字。」案：此數字均《説文》之「□」。□，《畢仲孫子敦》。案：他金文「揚」字有作「□」者，此疑亦「揚」之省。□，《格伯敦》器。按：此乃《説文》之「斿」。□，《封敦》。吳氏曰：「疑古『肆』字」。案：以《毛公鼎》證之，爲「肆」字無疑。□，《吳尊蓋》。案：殆即「小白旂」之「白」。□，《多父盤》「用錫屯彔受害福」。吳氏曰：「『疑』『割』之省文。古通匄，與『介』同。」案：吳説是也。《許惠鼎》「用割眉壽」，可爲吳説確證。[illegible]，《父癸壺器》；[illegible]，《父癸壺蓋》。案：《宗周鐘》之「[illegible]」相近，疑亦「孳」字。[illegible]，《癸日敦》。吳氏曰：「從𢑱從女，或釋婜，非。」按：此字從肆從女，不知何字。然以《毛公鼎》「肆皇天無斁」之「[illegible]」字證之，從肆無疑。

《説文》「牽」字注，甚不瞭然。予謂「[illegible]」，全是象形。[illegible]象人手形，8爲引牛之索，[illegible]則牢也，旁爲牆一，則閑也。蓋象人手引牛外出形。

《説文》：「父，矩也。象手執杖。」案：父字古金文作「[illegible]」，從▲，爲三角形，乃矩也。《説文》：「父持矩以司教，猶母訓牧以司養也。」

東友山本君由定，出示所藏孝謙時代殘經拓本。此經有銅、木、石三種，刻之置于所造百萬塔中。經卷高約二寸，廣約尺許。字大不及二分，清勁如六朝人書，遠勝宋本書。每塔中納一卷。此爲其國鏤板之權輿，孝謙時代距今將千二百年，是在中國鏤板之前矣。

文君小坡言，河南古刹佛象，六朝製甚多。偶有佛象首破，腦後見有泥一小方，上刻年月並造象人名，俗名佛頂泥。此物既爲鑒賞家所賞，於是佛多罹斲首之厄。時吳清卿中丞方撫豫，亟禁之，乃已。聞中丞得其一，惜未見拓本。

文君又言，潘文勤所藏齊太公墳，乃贋作。王廉生祭酒所藏一枚，文字較精，乃真品也。惜亦未見拓本。

曩在紹興骨董肆，見毛西河先生推命册，乃康熙戊寅年推算。先生時年七十六。先生天啓三年癸亥十月初五日戌時生，其八字爲癸亥、壬寅、壬戌、戊戌。後又載其妾命册，同時推算，時年三十三。丙午正月十六日子時生，八字爲丙午、庚寅、丁酉、庚子。其人不知即曼殊否？推命人爲京口印天吉。

宋樓攻媿《北行日録》載由浙入江蘇途程云：十九日到揚州，四十五里至召伯埭，三十里過露筋，三十里到高郵。二十日，三十里過界首，二十五里過范水，三十五里至寶應，三十里過黄蒲，二十五里過平柯橋。其所過地名與今日同。惟氾水作「范水」、黄浦作「黄蒲」、平橋作「平柯橋」爲異耳。

東友内藤君虎次郎言，明代鄭和使西洋一事，古史所記多略。然今爪哇尚存鄭和所建碑，日本坪井博士有其照片。又言，鄭和航海之船，今尚在阿非利加州東岸。其航菲洲，在蒲萄牙人前數十年，但未至喜望峰耳。案：章潢《圖書編》有鄭和航海圖，可見厓略。

内藤君又言，其國樂書中有《高麗樂》、《拂菻樂》、《印度樂》，大學圖書館有之。傳本甚稀。明馬觀《瀛涯勝覽》記鄭和浮海事甚詳。其記外國産品，有五色硝子。案：玻璃，日本人稱硝子。初以爲東語如此，據此書則東人用中國名耳。如中國近來譯外國化學書中之原質，日本書作元素，亦用徐光啓《農政全書》中名目。蓋東人譯書時，頗讀中國書，故襲用之也。

明黄惠《海語》載，滿剌加王居前用瓦，乃永樂中太監鄭和所遺者，想見明初威力之所届矣。宋周去非《嶺外代答》「三大秦國」條：王居至禮拜堂一里許。王少出，惟誦經禮拜，遇七日即往禮拜堂拜佛。又「西天諸國」條：其地之南有洲，名細蘭國，其海亦曰細蘭海。案：七日一禮拜，及禮拜堂之名見此。又，細蘭即今之錫蘭。《瀛涯勝覽》已作「錫蘭」。

宋劉昌詩《蘆浦筆記》二「漢磚」條載，周益公出示漢五磚，皆得於劍州梓潼縣。謝君磚文曰：「元和三年五月甲戌朔，謝君久造此墓。」扈君甲磚文曰：「持節使者北宮衛令扈君千秋之宅。建武二十八年五月丙午，工李邑作。」乙磚文曰「北宮衛令扈君萬秋宅」，篆文。范君甲磚文曰：「嗟痛明時，仲治无年。結偅孳孳，履踐聖門。智辯賜張，口嗤孔言。寬博口約，性能淵泉。帶徒千人，行無遺愆。」乙磚文曰：「積德未報，曷尤乾巛。茂而不實，顔氏暴顛。非獨范子，古今皆然。相貌靚形，列畫諸先。設生有知，豈復恨焉。」漢范皮闕所出。梓潼磚文曰：「梓潼城。」案：此古磚著録之始。

京房《物理論》：「月主陰，有形無光，日照之乃有光。如以鏡照日而有影見。故月三日成魄，八日成光，皆日之所斜照而至。望則爲日月之對照，而光滿矣。」與今天文家言正合。

「雷」《説文》：「陰陽薄動，生物者也。」「雹，陰陽激耀也。」孔沖遠引《河圖》云：「陰陽相薄爲雷，陰激陽爲電。」與泰西天文家言亦略合。

《毗耶那雜事律》言：比丘有病，不得服藥，但吸藥煙。以兩盌相合，盌中置火，盌底上穿孔，孔置鐵管，長十二指，吸之。此印度吸鴉片之見著録最早者。予在上海，見印度人吸鴉片尚如此。西人用皮履，古人已有之。《士喪禮》：「夏葛屨，冬革屨。」唐人詩亦有「倒曳一雙皮履子」語。

丁未消夏記十則

廠肆送《欽定西清硯譜》來，寫本已殘，僅存三册。圖書極精緻；銘贊皆照原式。以價昂，還之。又張石舟《肙齋文集》稿本八册、《蒙古遊牧記》稿四册、《落颿樓稿》一册，上有石舟手校並何道州評語，何願船批校至精，爲士可作緣，以廿二金得之。又《詩集》四册、《亭林年譜校語》一册，價六金。

讀《鐵橋金石跋》，其《太湖投龍銀簡跋》：「聞乾隆中，太湖漁人網得玉簡一枚，亦吴越物。舊藏林屋家，今未審所在云云」。然則予所藏玉簡，即此矣。

《南澗文集》書金石文字，記嵩山太室、少室、開母三石闕銘條下，力詆亭林「少室闕亡其上一層」之説，今以小松拓本校之，知不然矣。

韓小亭《無事爲福齋隨筆》載，清真寺有天寶元年户部員外郎、侍御史王鉷碑，謂「西域有謨罕默德，生孔子之後，居天方之國。及隋開皇中，其教遂入於中國，散漫於天下。至天寶時，命工部督工官羅天爵董理匠役，創寺以處其衆，而主其教者擺都而立也」云云，此爲回教入中國之見載記最古者。

今人作書有誤，輒墨注其旁作點。魏《張黑女墓誌》：「遐方悽泣」，「泣」字上衍「長」字，旁作點以識之。可見此風自古已然。

北平李子皆在銛家藏《房玄齡碑》最有名，殆宋拓也。《萃編》所録八百餘字，此本則存完好之字八百餘，殘字三百餘，後半只燬去數十字。趙子函《石墨鐫華》云存六百餘字，則此拓爲宋代氈墨，審矣。後有翰林國史院官書朱記，殆曾入内府者。末又有成邸跋。碑字婉勁妍麗，似《雁塔聖教》。今拓則枯寂寡味，不可同年語矣。

在茹古齋購得《明瓷圖譜》十紙，彩繪極工緻，計宣德器四、嘉靖器一、萬曆器一、成化器七、隆慶器一。中國圖譜最少，此可寶也。

富華閣送《尉富娘墓誌》來，有蓋文曰：「大隋左光禄大夫、吴國公第三女墓誌」，「光」字作「[illegible]」，「夫」字作「[illegible]」，「吴」字作「[illegible]」，「女」字作「[illegible]」，墓下從「十」，極荒謬。此蓋以前未見，聞石藏李山農家。藥雨與山農之子相識，言已不知所在矣。

偶檢《舊唐書·鄭餘慶傳》：「祖長裕，官至國子司業，終潁川太守。長裕弟少微，爲中書舍人、刑部侍郎。兄弟有名於當時，父慈，與元德秀友善。」證之《新史·世系表》，則餘慶父名慈明，惟誤以少微與慈明平列。《舊傳》兄承慶，弟膺甫、具瞻、羽客，《表》又誤承慶爲弟。

廠友崔君持《雙臺高節》卷來，薛宣繪圖，畫不見佳。後有吾鄉戴南枝先生隸書《題釣臺詩册後》一篇，讀之可見明代遺老之惓惓故國。卷首尚有張光曙題語，並録於後：

釣臺擅東南江山之勝，漢會稽嚴子陵先生應詔歸來，耕釣以老之境也。今其祠在釣臺之下。趙宋南渡後之人居臺下者，嚴君友侶，入元不仕。或勸之，曰：「吾鼻祖去今千有餘載，而高風餘韻，與富山、桐水相與流峙，士豈必以仕而顯哉！」則所稱高節先生者是也。南下，即白雲原。唐詩人方玄英干故里。玄英舉進士，以補唇罷没，後賜孤魂及第。今子孫家鸕鷀灣神廟，時有讀書而成進士者，其孤魂亦可慰矣。原上松楸鬱鬱，堂斧巋然，是爲臺南之文塚。宋義士、閩人謝皋羽墓，翺遺命葬此，友人方鳳、吴思齊輩殉以玉帶、生研，從其志也。皋羽嘗參文丞相軍事，丞相就義，設主臺端，跪酹號慟。著有《西臺慟哭記》，亦孔哀已。三賢之主俱祔祠中，興亡之跡萃是矣。予故嚮往者，久不能一至、再至，每爲憾耳。昔庚戌八月既望，爰自家則水泝桐江而上，二十日晨興，謁先生祠。既登東西二臺，渡雲原，訪皋羽窀穸、許劍亭址。遍搜遺事，往來卧舟中者浹旬，詩有曰「關中三輔同王命，江上十年自客星」，思漢德之未衰也。曰「人生東漢身堪隱，客到西臺淚未休」，悲宋祚之失終也。曰「羊裘未測投竿志，馬齒徒慚擊石年」，則又以皋羽年止四十七，予時五十初度也，迄于今，年已八十矣。以三十年之久，詩積三千餘律。「此身日日似登臺，日日題詩詩可哀」，蓋誠歌以當哭也。夫以前此之七十也，流浪姑胥，入山住華山亭子陸氏山莊。「西下天池蓮子峰，予自卜坏土在焉。千巖萬壑思吾土，十月一日歸舊山。」予之自署，予之志也。六十則卧病家邑山謝子允助之宅，伏枕之詩曰：「精忠遺廟望湖開，擬向秋風瀝酒杯。回首可憐成老病，十年前事上西臺。」蓋以父母生我之日，忘其劬勞，而竟付之家人兒女子之樂，不孝之罪通於天矣。岳王墓下弔古，誠遠俗也。兹者，寄跡虎丘耳。二十年前之願，不知何待，從此得再鼓桐江之枻，尋舊迹，幸甚矣。夫岳矢報國之精忠，而賚死國之大恨，此真籲天而無從者誦。遺文舊賦四十餘律，亂餘没於土窖。近閲時人之嗟，感賦二詩：「望到棲霞欲荷殳，金牌愁説議和初。黄龍飲罷風波獄，白雁歌翻沙漠書。百五十年南渡錯，八千里路北征虚。靈旗夜夜西湖月，誰復蘄園策蹇驢。」嗟「三字獄」之爭之不力也。「君命難違將志口，尊前父老泣霑衿。草蕪橘塚銀瓶碎，水咽蘭亭玉匣沉。五國游魂雙蝶怨，千年寒食六龍吟。寄言墓下題詩客，覆轍相尋已至今。」傷今之視昔，曾是南渡君臣之輕社稷也。「血灑滿江紅，萬里河山，孤負壯懷激烈；骨埋片地淨，千年臣子，誰同死得分明。」予之所爲題柱左右也。「社稷當年歸聖主，江山此日對先生。」三千餘律中語，友人金子成謂可作嚴瀨祠堂之句也。吾衰已甚，今得緩數月無死，節賣字餬口之資，隸書鏤版，買舟載之而往，懸諸二廟。棲霞嶺下忠魂，並日月之中天；繡嶺臺上高節，傳子孫於百世。白雲家在，黑水魂來，補唇晞髮之靈，其亦有以鑒我。痛君親之已逝，思苟活之多慚，老淚盡傾，一慟以没。歸骨天池，或可告汐社羣公於地下。巢南之鳥，哀鳴之至矣。來册如命書滿，是又今春釣臺之新咏也。諸附於後，質之有道。庚辰夏七月朔，西照頭陀山陰南枝戴易頓首，時年八十。

山陰戴南枝先生高風峻節，謝皋羽、鄭所南匹也。自五十游桐江，登東西兩臺，賦詩見志，積至三千餘首。自古詩人未有及之者。今年八十矣，託跡虎丘。鷗亭先生過吳，特造其廬，兼以小册索書釣臺詩，不數日而郵致。筆墨淋漓，其詩皆慷慨激昂、驚心動魄之語。復以素紙，述三十餘年游迹甚詳。鷗翁重之，特令竹田居士繪《雙臺高節圖》，以先生之題語配焉，誠風雅盛事也。予適客桐溪，得誦詩觀畫，謹書簡首，以誌景仰之意云。曉廬張光曙識。

郊居脞録十七則

己未六月，於藥雨許見玉製之貝一，三代物也。又見銅製之物二：一如大豆，上有文字；一如大蠶豆，上有文曰※。藥雨謂之貝，然亦不能決其非貝也。子恒贈予一貝，以石爲之，亦所僅見。孫華堂持一銅印來，大約建初尺二寸，朱文四，曰「靈邱騎馬」，乃烙馬之火印也。

藥雨有二泉，一曰「大觀將馬」，一曰「崇寧將馬」，均甚精。此打馬錢也。曰大觀，曰崇寧，蓋著其時代。於孫華堂處得金印一，文曰「規運柴炭監記」，款曰「正大二年五月，行宫禮部造」。

藥雨言曾得一古釘，不知與予舊得者同否。異日當索取一觀之。

閱藥雨藏古官印，有「海陵長印」、「北海飤長」、「棘陽左尉」、「蔡陽國尉」、「平羌男家丞」、「南陽太守章」正書、「好時令印」、「長社令印」、「殿中太醫」、「司馬」、「軍中司空」、「假尉」、「羊里」諸印。又大璽三四枚，均佳。又土璽一，逕寸許，亦甚佳，惜壞一角。古「璽」字初從土，故傳世有土製者。

藥雨貽我小秦權一，刻廿六年詔，後有「平陽斤」三字，刻畫草草，然形製頗奇。得明器中古斝一，惜損其耳。

藥雨藏宣考空首布石範，其入銅之法甚奇，且面背皆具。予假歸，令阿頤手拓數紙。

南漢鉛錢「乾亭重寶」，予往在粵中，越王臺出土數十枚，乃墟墓中物。予疑是專以施之瘞藏，非正用器也。近年又出不少，以鐵瓶貯之，瓶上有六字。南漢古器傳世甚少，因購藏之，且可證吾往日之疑爲不妄也。

鐵瓶中所出「乾亭重寶」左讀、「大有元寶」兩大錢，亦鉛製，大與馬殷錢同，爲譜録家所未見。此泉出後，僞造紛出，且有作錢牌形者，可笑也。

古將棋以銅爲之，恒有出土者。以銅質及字跡觀之，大概宋代物。予嘗得「砲」字一棋，後有砲架，一人以足踏之，尚略存六朝拋車之製。此小物，亦資考古如此。

古戈下有鐏，亦以銅爲之。予曾得二枚，少鋭下，蓋以傳於車中者。車中必有小坎以容之，旁有穿，以着釘。此物前人所未知也。

古人賤鐵而貴銅。予所藏古刀柄，有花紋而中空，實以鐵。又，古矢鏃，往往鐵作梃者。簠齋藏漢膠東刀，予所藏上黨武庫戟，尚以銅爲之，不知何時始廢銅用鐵也。

在都門得一銅觹。往在中州，曾見一玉者，其字從角，古必有以角爲之者。

古弩矢括，傳世不少，向不能知爲何物。後見高麗所出弩矢，鏃與幹、括皆具，始知之。今年，予得一甚小者，乃知尋常之矢，其括亦與弩矢同也。

古四朱文曰「臨甾四朱」者，傳世甚多，亡友蔣伯斧考爲「孝文四銖」之權錢。此外，有「騶四朱」，有「丞相四朱」，有「陽邱四朱」，有「營陵四朱」，有「定襄四朱」，有「高柳四朱」，有「宜陽四朱」，有「上蔡四朱」。高柳以上皆方形，上蔡、宜陽則圓穿如古圜金，但較小耳。又有「東武四朱」，則以玉爲之。

欹枕録 一則

李岷江師

李岷江先生導源，山陽拔貢生，爲先府君及先叔父授業師。予五歲入塾，亦從先生受學。至九歲時，師卧病家居，逾年乃卒，年七十餘矣。予少羸多疾，不能力學。然王母方太淑人治家嚴，苟非卧不能興，必令入塾受書。默坐暗誦，成熟後就師背誦之，以完日課。故一歲之中，默誦者逾過半。予自五歲受《毛詩》，至九歲始畢四子書及《書》、《易》而已。師以予體弱，乃授而不講。然師爲先伯兄講授，予輒攤書靜聽，故能通大義。有所疑，輒就質於師。師賞予用心，必爲明白指導。七歲時，聞師爲伯兄講「先祖匪人胡寧忍」。予師循文講畢，且謂伯兄云：「古人質樸，故云爾。若今直斥先祖爲非人，則不可矣。」予聞之，以爲未安，乃就師質疑。師曰：「文固未安，但意實如此。然則，汝謂當作何解乎？」予曰：「此二句之意，恐與『母也天只，不諒人只』同，言先祖亦人耳，非與人異也。人情莫慈於祖父，何忍見子孫所遇如此而不之卹乎？」師聞之大驚，曰：「詩意固如此，不意予尚昧，而汝已明也。」乃大激賞，特召先府君，告之曰：「此子異日必以學術名當世。」一日，師爲伯兄講「具曰予聖，誰知烏之雌雄。」謂人皆自謂聖，然孰哲孰否，亦如烏之雌雄不辨也。予質問曰：「師言是矣，但何以獨以烏爲譬，而不以他禽獸乎？」師曰：「汝意將謂何？」予曰：「鳥獸雌雄，往往於其毛色知之，若鷄鳥之類皆是。惟烏則雌雄毛色不異，無從遽别，猶人之聖否，無從一見而判也。」師歡甚，撫予首曰：「此足以啓予。汝雖幼稚，異日必成大儒，勉之矣！惜我老，不能待汝長也。」又一日，師與先府君、先叔父入市，予與先兄侍行。過鐵工肆，叔父忽謂予曰：「汝能作偶語乎？」時師尚未授予四聲，然聞師授先兄，故亦知之。乃對曰：「稍知之。」師亟曰：「我未授彼也。」叔父曰：「彼既自謂能矣。」乃以「鐵打鐵」三字命對。少選，予應曰：「柯伐柯。」叔父曰：「此非汝所能，必汝兄爲之。能再對乎？」予復對以「人治人」。師益驚喜曰：「吾往者但期其爲學者，今觀其吐屬不凡，異日必能成大事業。」顧先府君曰：「此子善視之，必亢汝宗。」故師雖晚年卧病，所居在河下，距郡城且十餘里，時遣人至予家，問予疾否？甚相器異如此。今予且老矣，草間苟活，所謂事業文章者安在耶？然平生受知最深者，必以師爲之首。濡管記之，不禁涕泗之横集矣。

雪翁長語二則

鄧太尉祠碑

此碑，吴氏《金石存》始著録，陽湖陸氏《金石續編》與太倉陸氏《八瓊室金石補正》亦著録其文。但此碑表裏刻字，前人著録但載其陰，碑陽因文字漫没，拓工皆捨而不拓。予得黄穀原藏本，則二紙完具。陽面穿上大書「□故大□□公祠碑」。又隔一行，尚有一「宜」字可辨。至碑文則首行起「□天地」三字，行末有「□存角立」諸字，次行末存「帝室」二字，他均不可辨。金承安四年十月，段繼昌重立《鄧太尉祠碑》稱，距蒲城東北五十餘里洛水西涘，廟貌斯在，有碑，鋭上而竅，文多漫滅。首云「魏故太尉鄧公祠碑□」，其陽云「大秦建元三年，鄧能遐謂太尉祠張馮翊所造」。歲久頹折，因舊增飾，則知祠宇所建，其來久矣。今拓本首不甚鋭，殆失拓其末端，故上當有「魏」字，「公」上當有「鄧」字，此本失拓也。至金碑稱「碑陽書鄭能遐」云云，誤認碑陰爲陽。至「鄭能遐」之「遐」，今已漫滅，詳諦似是「遠」字。以字弘道考之，則以從授堂題跋作「遠」爲得。竹汀題跋作「鄭能進」，《金石補正》從金《承安碑》作「遐」，究未能定其孰是。文中「軍府□屬府」，《補正》誤作「而」。「屬」上一字，審碑字從「辶」，疑是「遣」字。諸家皆釋「使」，未確。又「遐無異才」，《補正》誤「遐」作「進」。「解虔，字巨文」，《補正》又誤「字」爲「安」。

焕彩溝漢刻殘字

《西域水道記》言，《沙南侯碑》後人刻「焕彩溝」三大字於上。予以前未見拓本，頃得一本《漢刻殘字》，前十行尚略可辨認數字。首行首一字爲「延」，行末爲「兵」。次行末爲「之」。第三行首爲「寧」，末爲「是」。四行首爲「斤」。七行首爲「中」，行末上二字爲「亻何」。九行末爲「至」。十行「乃將兵敦煌口睦」。以下尚有字三四行，全不可辨矣。「焕彩溝」後署「唐義全」。後一行題「十五年菊月立」。前人記《沙南侯碑》，但有前後拓本各三行，無見此者，故記之。

曝畫漫筆七則

《畫史彙傳》惲鐵簫未詳名格，後裔能傳家學。《耕研田齋筆記》。予家有《鐵簫畫菊》，上題二詩曰：「故園三徑久荒蕪，折盡腰圍五斗無。未謝俗塵慚吏隱，傲霜花葉久模糊。」「無情白帝渺難思，耐冷黄華香自知。誰向籬邊頻送酒，醉鄉遊去又多時。」後署「乾隆庚午春二月試筆。鐵簫惲源濬」。下二印曰「原睿」，曰「哲長」。旁又題一詩曰：「秋芳高潔少同心，欲唤南山作賞音。解識陶潛真意趣，無絃何處不鳴琴。」旁有「乾隆庚午小春李世倬步韻」。又有陳浩五言絶一首，署「辛未九月」。又有介庵福集唐詩四絶句，名下鈐「湛福」二字小印，不知爲何人也。又有何浩七絶一首，下鈐「何浩」、「虚齋」二印。庚午，乃乾隆十五年。

邵孜《關山積雪》立幀，款署「邵孜」，下鈐「思善」印。《畫史彙傳》于元載邵思善，字青門。唐隸爲宰，思善得以筆墨給事左右，學其畫，幾相埒。《佩玉齋稿類》。于明初又載邵孜，字思善，梅竹山水得唐棣之妙。《休寧縣志》。《萬姓統譜》誤拆爲二人。

邵僧彌，初名高，字彌高。後改名彌，字僧彌。予嘗於定海方氏見署名高者。《畫史彙傳》亦拆邵彌、邵高爲二人。

項易庵以萬曆丁酉生，順治五年戊戌卒。予家有《花卉册》，有一幀，署名項逸，殆國變後所作歟？

吴山尊先生工儷體之文，畫名爲文所掩。予藏先生所畫《石經觀成圖》，筆墨極爾雅。又見臨「陳老蓮」，人物古雋，幾可亂真。《畫史彙傳》據《畊研田齋筆記》云善書畫而已。

吴荷屋先生鑒賞至精，收藏名迹至富。予藏所畫山水，蕭疏淡逸，有元、明人意。

磨崖山人陳率祖作山水，能出新意，有與近歐西人畫派吻合處。

整理後記

《羅振玉學術論著集》第七集共收書六種。與役同仁分工如次：《雪堂藏古器物目録》、《雪堂所藏金石文字簿録》兩種由張中澍君整理；《大雲書庫藏書題識》、《松翁剩稿》兩種亦由張中澍君整理，復由陳維禮君校訂。《貞松堂秘藏舊鈔善本書目》、《宸翰樓所藏書畫録》兩種，收入本書時，均由本書主編繼祖先生重加審定。唯原稿字體較小且不易辨識，一經手録，再付手民，復有繁簡轉換，其所出排樣錯字不少，余乃與羅老原稿一一對勘一過。刊正錯字不少。

對以上各書整理中存在的各類問題，恭請讀者諸君勘訛正謬，以匡不逮。

王同策二〇一〇年三月十二日